이야기
넘치는
교실 온작품
읽기

신수경 | 세상이 참 아름답지만은 않은 것 같습니다. 아프지만, 그래서 더욱 더, 아름다운 세상을 위해 오늘도 아이들과 함께 책을 읽습니다. 책 속 세상도 그다지 아름답지만은 않습니다. 하지만 위로가 있고 온기가 있고 힘이 있습니다. 문학의 힘을 믿으며 내일도 아이들과 책 읽기를 하렵니다. 그것이 참 행복한 교사입니다. 춘천교대 대학원에서 아동문학을 공부했고, 지금은 혁신학교에서 아이들의 배움터, 교사들의 삶터인 학교의 새로운 모습을 찾아가고 있습니다. 어린이 시집 『쉬는 시간 언제 오냐』를 여러 선생님과 함께 엮었습니다.

이유진 | 어릴 적 장래희망대로 선생님이 되었습니다. 하지만 아직도 「어릴 때 내 꿈은」이라는 시처럼 좋은 선생님이 되는 게 꿈입니다. 좋은 작품들이 있어 조금씩 그 길이 보이는 것 같습니다. 춘천교대 대학원에서 아동문학을 공부했습니다. 지금은 수원에서 아이들과 시도 읽고, 동화도 읽고, 그림책도 보며 이야기꽃을 피워 가고 있습니다. 비룡소 비버맘북클럽 초등선정위원으로 활동하였으며, 여럿이 함께 쓴 책으로 『그림책이 내게로 왔다』가 있습니다.

조연수 | 나이 서른이 훌쩍 넘어 알게 된 그림책에 푹 빠져 마흔 되던 해에 춘천교대 대학원에서 아동문학 공부를 시작했고, 지금은 지역 선생님들과 문학으로 하는 수업을 공부하고 있습니다. 책을 읽어 주면 아이들 입에서 쏟아져 나오는 금은보화에 가슴이 두근거립니다. 문학은 정말 힘이 세다는 걸 알게 해 주는 아이들과 함께할 수 있어서 행복합니다. 교육 현장에서 새로운 학교 모델, 공교육의 희망을 만들어 가고 있습니다.

진현 | 하루에 한 번은 아이들에게 좋은 책을 읽어 주려고 노력하는 교사입니다. 책 이야기 속에 아이들이 살아가는 모습이 보입니다. 아이들이 펼쳐 놓는 수다를 마음껏 들어줄 수 있는 교사가 되고 싶습니다. 경기도 제암리에서 오늘도 5학년 아이들과 번갈아 가며 책을 소리 내어 읽고 있습니다. 한국교원대학교 교육대학원과 아주대학교 대학원에서 공부했습니다. 비룡소 비버맘북클럽 초등선정위원으로 활동했으며 여럿이 함께 쓴 책으로 『학습자 중심의 초등 문학 교육 방법』이 있습니다.

일러두기

1. 교사가 아이들에게 책을 읽어 주는 활동을 이르는 '읽어주기'는 한 단어로 표기하였습니다.
2. 1장과 3장은 수업 사례를 모아 집필 방향에 맞게 토론하며 함께 집필하였습니다. 2장은 갈래별 수업 사례를 교사 각자 집필하였습니다.
3. 본문에 수록된 아이들 글은 맞춤법과 띄어쓰기만 바로잡고 그대로 실었습니다. 그리고 아이들 이름은 일부는 가명, 일부는 실명으로 표기하였습니다.
4. 교과명과 단원은 '2011 개정 교육 과정'을 기준으로 표기하였습니다.

이야기
넘치는
교실 온작품
읽기

전국초등국어교과모임
신수경
이유진
조연수
진 현

지음

북멘토

이야기가 넘치는 교실을 꿈꾸며

"선생님, 그거 한 번 더 읽어 주시면 안 돼요?"

요즘 국어 시간에 『빙하기라도 괜찮아』로 수업을 하고 있는데, 아침부터 필준이가 1장 제목을 또 읽어 달라고 했다. 어제도 읽어 줬으니 벌써 세 번째인데 읽어 줄 때마다 재미있어한다.

"'목을길게뻗으면구름에이마가닿을락말락해서비오는날몹시불편할만큼목이긴사우르스 미르'. 이게 그렇게 재미있어?"

"네. 또 들어도 또 웃겨요."

여기저기 깔깔거리는 소리가 터져 나온다.

"삼백이도 되게 재미있었는데……."

"맞아. 그중엔 난 개귀신 얘기."

"무슨 소리. 구렁이귀신 얘기가 더 재밌지."

이런, 또 휘말렸다. 책 수다가 끝날 줄 모른다.

그림책을 읽어 주고 나면 더 그렇다. 이야기가 끝나도 제자리로 가기 싫다며 하나둘 교실 바닥에 눕는다. 전에 읽어 준 그림책 『위를 봐요』를 좋은 핑계 삼아 말이다.

"선생님, 이럴 땐 위를 봐야죠."

"위를 봐요, 선생님."

공부하기 싫어서 그런 걸 알면서도, 그럴 땐 일어나라고 채근할 수가 없다. 그래그래. 앞만 보지 말고 위도 보고 살아야지. 교과서만 보지 말고 그림책도 보고, 동화책도 보고, 시집도 보고 말이야.

좋은 교사가 되고 싶어 좋은 수업을 고민하는 자리에 우리는 '책'을 두었다. 좋은 작품을 찾아 건네주려는 노력이 교사의 수업 기술이나 아이들의 성적을 당장 바꾸지는 못했다. 하지만 분명 아이들은 변해 갔고, 교실도 바뀌어 갔다. 아이들은 살아 있는 이야기를 끊임없이 나누었고, 맥락 있는 진짜 수업을 경험하며 생각이 깊어졌다. 그리고 우리도 변했다. 작품 속의 수많은 인물, 작고 여린 것들을 만나며 우리는 비로소 아이들을 어떻게 바라봐야 하는지 눈을 뜨기 시작했다. 이 책은 그러한 변화에 대한 기록이다.

1장은 '온작품읽기'의 정의와 필요성, 올바른 방향에 대한 고민을 정리했다. 온작품읽기 수업을 시작한 시기나 학교가 다름에도 하나의 이 야기로 묶을 수 있었던 것은 그동안 온작품을 수업의 바탕에 두려고 했 던 많은 사람들의 시도와 노력이 있었기 때문이다. 2장은 2010년부터 해 온 온작품읽기의 실제 수업 사례들 중에서 유의미한 것을 뽑아 시, 그림책, 동화 갈래별로 담았다. 각 사례들은 고정된 수업 모형이 아니라 하나의 보기에 지나지 않음을 밝혀 둔다. 3장은 온작품읽기를 위한 교실 환경 조성 방법, 책과 친해지는 다양한 놀이, 책을 이용한 타과목 수업 사례를 정리했다.

같은 작품이라도 아이들이 다르고, 수업하는 교사가 다르니 얼마든지 다르게 수업할 수 있다. 이 책의 사례가 그대로 쓰이기보다 온작품읽기 수업을 시작하는 분들을 위한 디딤돌이 되었으면 한다.

'2015 개정 교육 과정'이 적용되는 2017년부터 '한 학기 한 권 읽기' 가 실행된다고 한다. 아직은 구체적인 꼴을 모르지만, 수업 시간에 온작 품읽기를 힘들게 했던 여러 걸림돌이 치워질 것 같아 희망을 품어 본다. 기능적인 독서가 아니라 삶을 풍요롭게 하는 제대로 된 온작품읽기가 여기저기에서 꽃망울을 터뜨리게 되기를 바란다.

　함께 작품을 읽으며 웃고 울었던 아이들, 매주 함께 공부하는 수원 '책과 노니는 교실' 선생님들께 고마움을 전한다. 문학 교육에 등대처럼 길을 밝혀 주신 김상욱 선생님과 한길을 걷는 전국초등국어교과모임 선생님들, 좋은 작품을 써 주신 어린이 문학 작가들께도 감사드린다. 바쁘다는 핑계로 찬찬히 수업과 자신을 되돌아볼 수 없었던 우리에게 선뜻 손 내밀어 주신 북멘토의 여러 분들이 안 계셨더라면 애초 쓰기 힘들었을 책이기도 하다. 감사하다. 물론 여름방학 내내 글 쓴다며 집을 비워도 응원해 준 사랑하는 가족들의 고마움도 빼놓을 수 없겠다.

2016년 12월

신수경, 이유진, 조연수, 진현

차례

3장 온작품읽기를 위한 책과 노니는 교실

왜 온작품읽기인가?

가장 먼 여행은 머리에서 가슴까지라 합니다.
사상이 애정으로 성숙하기까지의 여정입니다.
그러나 또 하나의 여정이 남아 있습니다.
가슴에서 발까지의 여행입니다.
발은 실천이며, 현장이며, 숲입니다.

– 쇠귀 신영복

1 온작품읽기란 무엇인가?

교과서를 펼친다. 오늘은 3일. 3번부터 교과서에 실린 지문을 한 쪽씩
읽는다. 대여섯 명이 읽으면 지문 읽기가 끝난다. 교사는 질문을 한다.
방금 읽은 지문의 내용을 파악하기 위해 교과서에서 제시한 질문들이
다. 아이들은 교과서에 질문의 답을 쓰고 발표한다. 이번 차시 목표 달성
을 위한 활동으로 넘어간다.

교실에서 일상적으로 볼 수 있는 수업의 한 장면이다. 오늘 아이들과
한 수업은 '여행'을 떠나기는커녕 한 걸음 내딛지도 못하고 머리에서만
머문 수업이 아니었을까? 흔히 우리가 하는 수업은 '이해하다'를 머리로
파악한다는 뜻으로 여기고 그런 수업에만 열중한다. 교사들은 교과서
속 내용을 전달하기 위해 애쓰고, 학생들이 그 내용을 잘 이해했는지 평

가하기에 급급하다. '머리에서 가슴까지의 여행'은 시도도 하지 못한 채.

온작품읽기? 온책 읽기? 슬로리딩?

아직 많은 교사들이 교과서로 수업을 하는 것이 현실이지만, 교과서 대신 다른 작품을 가지고 수업을 하는 교사들이 늘어나고 있다. 머리가 아닌 가슴으로, 교과서가 아닌 작품으로, 함께 삶을 나누는 여행을 준비하는 시도들인 것 같아 반갑다.

그리고 교과서로 수업하기 자리에 '온작품읽기', '온책 읽기', '슬로리딩'과 같은 말이 나타나기 시작했다. 특히 책 한 권을 오랜 시간 함께 읽는 '슬로리딩'은 방송을 통해 소개되고 나서 몇몇 학교에서 교과서 수업을 대신하는 뚜렷한 현상으로까지 부각되고 있다. 교과서에 실린 작품의 일부만을 돌아가며 읽고 문제를 풀고 다음 차시로 넘어가는 수업과 비교하면 이런 시도들은 매우 소중하다.

전문가들이 모여서 초등학교 아이들에 맞게 만든 교재가 교과서인데, 왜 굳이 다른 작품으로 가르치려고 하느냐는 의문을 갖는 교사들은 이런 흐름이 불안하고 불편하다. 하지만 일찍이 교과서 중심 문학 수업의 문제점을 간파하고 이를 극복하기 위해 노력해 온 교사들이 있었다. 그들이 시작한 다양한 모색과 시도들은 지금도 곳곳에서 꾸준히 진행되고 있다. 그 덕분에 지금은 교과서를 가지고 수업하지 않는다고 마치 큰일이 난 것처럼 질책하거나 걱정하는 일은 많이 줄었다.

그러나 '온작품읽기', '온책 읽기', '슬로리딩' 같은 말은 언뜻 비슷해 보이지만 저마다 결이 다른 말이다. 그래서인지 온작품읽기를 해 보자는 말에 뜻을 같이하는 교사들도 자신이 시작하려는 것이 무엇인지 명확히 알지 못하는 경우가 많다. 이미 시작한 교사들도 수업을 제대로 하는 것인지 궁금하기는 마찬가지다.

온작품읽기란 무엇일까? 우리는 무엇을 하고자 하는 것일까? 사실 정해진 답이 있는 것은 아니다. 다만 저마다 자신만의 온작품읽기 수업을 진행하더라도 그 중심에 함께 가져가고자 하는 것이 무엇인지 돌아보는 일은 지금 시점에서 꼭 필요하다.

'온작품읽기', '온책 읽기'에서 '읽기'라는 공통된 단어를 빼면 '온작품'과 '온책'이 남는다. 사전을 찾아보면 '온'은 관형사로서 '전체'나 '전부의' 또는 '모두의'라는 뜻을 담고 있거나, 접두사로서 일부 명사 앞에 붙어 '꽉 찬' 또는 '완전한'의 의미를 더하는 낱말이다. 이에 비추어 보면 '온작품'은 세상에 나온 '모든' 작품을 뜻함과 동시에 '완전한' 작품이라는 뜻을 아우르는 말이다. 그렇다면 '온작품읽기'나 '온책 읽기'나 모두 읽기의 대상으로 삼는 그 '무엇'이 다양하고 온전한 꼴을 갖추어야 함을 뜻한다. '온작품'과 '온책'은 또 어떠한가? '책'이라는 것은 유형의 사물을 지칭하는 말이기에 그 너머의 것을 사유하고자 하는 교육 본연의 모습을 담기에는 협소하다. '책'과 가장 밀접하다 할 수 있는 국어 교육 과정만 하더라도 아이들이 쓰는 모든 언어 활동과 함께 매체라는 것까지 그 영역이 확대되어 있는데 굳이 '온책'이라는 말에 얽매일 필요가 있을까.

그럼 '슬로리딩'이라는 말을 들여다보자. '읽기'라는 뜻의 '리딩'을 빼면 '슬로'라는 말이 남으니 이것은 읽기 교육 방법에 대한 문제 제기라

할 수 있다. 온작품읽기와 마찬가지로 '슬로리딩'도 작품 전체를 교육 내용으로 삼는다고는 하지만 아무래도 '천천히 깊이 읽어 보자'는 방법적인 부분에 좀 더 무게 중심이 가 있다. 그동안 제대로 된 '읽기' 방법에 대한 반성과 대안으로 천천히 읽어 보자는 변화와 시도는 의미 있다. '슬로리딩'은 일본의 나다 중·고등학교에서 『은수저』라는 장편 소설 한 권으로 3년 동안 수업을 진행한 사례에서 비롯한 말이다. 하지만 이미 이 말이 들어오기 전부터 우리 교육 현장에서는 아이들과 함께 하나의 작품을 선택해 깊이 읽는 활동이 이루어지고 있었다. 굳이 우리가 앞서 실천한 교육 방식을 뒤늦게 들어온 남의 말에 담을 필요가 있을까? 게다가 '슬로리딩'은 일본의 『은수저』 사례에서 비롯하여 그런지 장편 서사만을 대상으로 삼고 있다는 점에서 다양한 갈래의 작품을 담는 말로 사용하기 어렵다.

그런 의미에서 다양한 교실의 실천 사례를 담는 용어로 '온작품읽기'라는 말을 제안한다.

온작품읽기란 앞서 말한 그대로 '온전한 작품을 읽는다.'라는 것이다. '온전한'과 '작품'은 교육의 내용을 말하며, '읽는다'는 교육의 방법을 말한다. '온전한' '작품'을 '읽는다'는 말을 다시금 꼼꼼하게 들여다보자.

온작품읽기의 첫 번째 조건, '온전함'

온작품읽기의 전제 조건은 '온전함'이다. 교육 활동에 쓰여야 할 자료가 '온전함'을 전제한다는 게 당연한 것 같지만 사실 우리 교육은 그렇지 못하다. 국어 교과서만 보더라도 교과서의 분량이 제한적이다 보니 온전한 작품이 실리지 못한다. 그나마도 국어 교과 내용 영역의 갈래에 따라 더 잘게 쪼개진 형태로 실려 있다. 또 차시 목표에 매여 전체 맥락은 고려하지 않은 채 소설이나 동화의 일부만이 교과서에 인용되는 일도 많다. 그러다 보니 작품을 깊이 있게 이해하기 위한 활동이라기보다 단순히 차시 목표를 달성하기 위한 활동의 도구로 쓰인다. 쪼개진 건 작품만이 아니다. 쪼개진 과목, 쪼개진 영역, 쪼개진 성취 기준, 쪼개진 단원, 쪼개진 차시 등 효율성과 유용성이라는 측면에서 교육을 나누기에만 바빴다. 그것은 벽돌 한 장 한 장을 잘 쌓다 보면 집이 완성될 수 있다는 기능주의적인 관점이다.

최근 발행된 교과서를 봐도 그렇다. 현장의 요구를 반영하여 글의 양이 상대적으로 적은 그림책만큼은 온전한 형태로 싣고 있다고 말하지만 과연 그럴까? 1학년『국어 1-1 ㉯』의『괜찮아』(최숙희, 웅진주니어)는 중간 부분이, 2학년『국어 활동 2-1 ㉮』의『비 오는 날은 정말 좋아!』(최은규 글, 백희나 그림, 삼성출판사)는 앞부분이 삭제된 채 실려 있다. 세계적으로 손꼽히는 그림책『파랑이와 노랑이』(레오 리오니, 마루벌)는 서사가 무시된 채 몇 장면의 그림을 모아 한 면에 실어 놓기도 했다.

3학년『국어 활동 3-1 ㉯』에 실려 있는『아씨방 일곱 동무』(이영경, 비룡소)는 가로로 긴 판형이 특징인데, 획일적인 교과서 판형에 집어넣다 보니 그런 점이 전혀 고려되지 않았다. 이것 또한 온전하지 못한 형태이며, 작품의 왜곡이다. 그림책은 서사만큼이나, 어떨 땐 서사보다 그림이 더 중요한 부분을 차지하기도 한다. 작가는 매우 세심하게 그림의 판형부터 배치 순서, 색감 등을 꼼꼼하게 따져 그림책 작업을 했을 것이다. 그러나 현재 교과서에 실려 있는 그림책의 그림은 그림책 갈래의 특성을 무시한 채, 삽화 수준으로 전락해 버렸다. 글 또한 부분적으로 훼손된 채 실려 있는 것이 현실이다. 그러니 그나마 온전하게 실려 있다고 하는 그림책의 경우에도 '온전하다'는 말이 무색할 지경이다.

다른 문학 작품에 비해 분량이 짧아 온전히 실릴 수 있는 시 역시 교과서에서는 시어가 수정되거나 제목이 바뀌는 수난을 겪은 채 실렸던 역사가 있다. 시인 권오삼은 「구름 이야기」라는 시가 교과서에 수록되면서 수정된 사례에 대해,

"문학 교육이 아닌 언어 영역 교육을 위해 남의 작품을 멋대로 주물럭거리고 가위질해도 되는지 정말 분노가 치민다. (중략) 이 시의 핵심은 '그러나'에서부터 '그것은 죽음의 구름'이라는 마지막 두 연에 있다. 그런데 이걸 몽땅 빼 버렸으니 무슨 시가 되겠는가."

라고 항변한 적[1]이 있다. 그도 그럴 것이 "그러나/ 사람이 만드는 구름 보이면/ 이 세상은 끝장이다/ 땅에서 하늘을 향해 솟아오르는/ 생전 처음 보는 구름/ 버섯 구름/ 그것은 죽음의 구름.//" 교과서에는 이 부분이 빠진 채 구름의 모양에 따라 달라진 이름을 표현한 부분만 실린 것이다. 그나마 다행인 것은 이런 왜곡과 개작에 대한 끊임없는 비판으로 말미암아 최근 교과서에서 시만큼은 온전한 꼴로 실리고 있다.

---

1) 권오삼, '작가의 사전 동의 없이 작품을 멋대로 가위질하여 수록해도 되는가?'(2001, 어린이도서연구회 정기 세미나 자료집) http://www.childbook.org/news/seminar/2001/2001semi-2.htm

문학 단원만 그런 것이 아니다. 3학년『국어 3-1 ⑭』「살아 움직이는 식물」은 지식을 전달하는 글이다. 그런데 교과서에 일부가 실리면서 제목이 바뀌었다. 원래 제목은 「간지럼나무와 대추나무 시집보내기」이다. 내용과 맞지 않는 제목 때문인지, 교과서에 실린 이야기를 읽고 나서 아이들은,

"제목을 보고 식충 식물 이야기가 나올 줄 알았는데, 이런 이야기가 나올 줄 몰랐어요."

라는 반응을 보인다. 이렇게 교과서가 온전치 못하니 '온전함'을 갖춘 것을 찾아서 건네야 하는 것은 교사의 몫이 되었다.

국어 교과에만 해당되는 것은 아니다. 미술 교과서에 실려 있는 사진만으로는 실제 작품의 크기를 짐작조차 할 수 없으며, 고유의 질감도 전혀 알 수 없다. 그러니 감상 수업을 제대로 하기 어렵다. 음악 감상곡에 쓰이는 제재곡은 수업 시간이 한정되어 있다는 점을 감안하더라도 매번 지극히 일부만을 감상의 대상으로 삼는다. 단골로 등장하는 생상스의 〈동물의 사육제〉를 한두 소절만 실은 채 해당 동물을 흉내 내는 활동의 제재로 사용하는 음악 교과서도 있다. 가르쳐야 할 가치가 있는 것들이라고 한다면 원래의 모습에 최대한 가깝게 건네주어야 제대로 느끼고 제대로 배울 수 있지 않을까?

이렇게 전체적인 집의 구조도 모르고 자기가 쌓는 벽돌이 어떤 쓰임새인지도 모르면서 벽돌을 한 장 한 장 쌓기에만 열중하다 보면 결국 제대로 된 집을 짓지 못할 수도 있다. 아이들의 삶을 충분히 나누고 드러내려면 때로는 과목을 묶기도 하고, 차시도 묶어야 한다. 무엇보다 이야

기의 기승전결 어느 부분에 해당하는지 가늠할 수도 없는 글 한 토막을 읽는 것보다 온전한 작품을 가지고 이야기하는 것이 교육 활동을 더욱 풍성하게 만든다.

온작품읽기의 두 번째 조건, '작품'

'온전한' 무언가는 되도록 아이들의 삶과 맞닿아 있는 '작품'이어야 함이 두 번째 전제다. 아이들과 교사가 교실에서 이야기를 나누는 그 순간은 언제나 처음이고 마지막이며, 한 번뿐이다. 그러니 되도록이면 아이들의 삶에 울림을 주고 그로 인해 아이들의 삶의 이야기가 밖으로 울려 나올 수 있는 작품을 건네는 것이 옳다.

작품의 범주라 하면 쉽게 문학, 미술, 음악, 영화 등 예술의 갈래를 떠올리게 된다. 이런 예술 작품을 통해 우리는 삶의 한 단면을 마주하게 되고, 새로운 생각과 자각을 할 수 있다. 교육은 단순히 지식만을 가르치고 배우는 것이 아니다. 새로운 시각으로 삶을 바라보게 만드는 교육은 이런 작품을 통해 가장 효율적으로 이루어질 수 있을 것이다. 다양한 시대를 살아간 인물들의 다채로운 삶을, 예술을 통해 간접적이지만 구체적으로 경험함으로써 삶의 의미를 성찰할 수 있다. 이러한 성찰은 아이들이 자신의 인생관과 세계관을 형성하고, 자신의 인생을 꾸려 가는 데 큰 도움이 될 것이다.

『짜장 짬뽕 탕수육』(김영주, 재미마주)을 읽은 아이들은 '왕 거지 놀이'에서 따돌림을 당하는 주인공을 동정하기도 하고, 슬기롭게 '짜장 짬뽕 탕수육 놀이'로 대처한 모습에 박수를 보내기도 한다. 그러면서 이

'작품'은 다시 아이들에게 질문을 던진다. '그 상황에서 나라면 어떻게 했을까?', '나는 따돌림을 당하는 친구에게 어떤 친구였을까?'라고 말이다. 그림책 『지각대장 존』(존 버닝햄, 비룡소)은 아이들이 정말 좋아하는 작품이다. 마지막에 고릴라에게 붙잡힌 선생님의 모습을 보고, 아이들은 모두 통쾌하게 웃으며 좋아한다. 그것은 '존'의 말을 믿어 주지 않는 어른을 보고 자신들 역시 권위와 부조리함 속에 살고 있음을 어렴풋이 깨닫기 때문이다.

임길택의 시 「나 혼자 자라겠어요」의 마지막 구절에 찌릿하게 가슴을 울린 경험을 한 아이들이라면, 어른들에게 길들여져 가는 자신의 모습을 발견하고, 삶의 주인은 자기 자신임을 깨닫게 될 것이다. 아이들은 앞으로 살아가야 할 세상이 험난하여도 꿋꿋하고 씩씩하게 자라겠다며 마음을 다잡는 용기를 내 보려 하지 않을까?

온작품읽기의 세 번째 조건, '읽기'

세 번째로 전제되어야 할 것은 중요한 교육적 방법인 '읽기'이다. 단순히 글자를 읽는 것이 '읽기'의 전부가 될 수는 없다. 작품을 읽는다는 것은 일차적으로 작품의 뜻을 헤아린다는 것이고, 더 나아가 작품의 가치를 탐구하여 내 삶에 적용해 보는 것까지 확대되어야 진정한 읽기라 할 수 있을 것이다. '읽기'는 감상이라는 말보다 훨씬 더 적극적인 교육 방법인 셈이다.

교실의 수업 모습을 떠올려 보자. 아이들은 작품을 읽고 사실을 확인하는 교사의 질문에 대답한다. 아이들의 대답은 대답 자체로 그치며, 각자의 대답은 서로에게 영향을 주지 못한 채 맞았는지 틀렸는지 확인하는 정도에 머문다. 애당초 작품이 던지는 질문으로까지 확산되지 못하고, 각자의 삶과 연결하지도 못한 채 작품을 겉핥기로 읽고 마는 셈이다.

적극적인 읽기는 이를 뛰어넘는다. 작품이 던지는 질문을 탐색하고 '나라면 어땠을까?'를 생각하는 과정 속에서 자연스럽게 자신의 삶과 연결한다. 또 교사를 포함한 공동체의 구성원들과 비판적이고 협력적인 자세로 서로의 생각을 주고받으며 자신의 생각을 넓혀 나간다. 이런 경험의 축적은 공동체 속에서 나는 어떻게 살아야 할지에 대한 물음을 찾아가는 과정으로 이어진다.

'온작품읽기'는 온전한 작품을 적극적으로 읽는 것이며, 이를 통해 자기 삶을 주체적으로 바라보며 함께 살아가는 사회 구성원으로서 성장을 지향하는 교육 방법이라 할 수 있다. 이렇게 본다면 온작품읽기는 국어에만 한정할 수 없다. 남한산초등학교에서 온작품읽기를 이끌었던 교사 김영주는 온작품읽기가 '온만화, 온영화, 온동화, 온시, 온연극 따위를 모두 싸안을 수 있다고 말하며 작품을 쪼개서 도입하고 싶은 욕망은 효율성의 논리와 중앙 집권의 논리를 대변'한다고 비판한다.

맞는 말이다. 그의 말처럼 우리 교육이 중앙 집권적인 교육에서 벗어나 교사가 스스로 교육 과정을 짜고, 그 안에서 교육 내용을 담을 수 있게 된다면 모든 예술 영역이 포함된 온작품읽기가 가능하리라 생각한다. 그러나 교육 과정을 짜고 교육 내용을 담는 과정은 결코 쉽지도, 만만하지도 않다. 어떤 사람을 길러 내는 교육을 할 것인지부터 진지하게 살펴보아야 할 것인데, 이것은 교사가 혼자, 마음대로 정할 수 있는 범

주의 이야기가 아니다. 현재는 큰 틀에서 국가 수준의 교육 과정을 염두에 두고 아이들이 살아갈 세상에 필요한 가치가 무엇일지 깊이 있게 고민하고 그것에 맞춰 내용을 바꿔 보는 것부터 시작할 수밖에 없다. 그 내용도 혼자서 실험적으로 하기보다는 함께 고민하고, 여럿이 만들어가는 게 가장 좋다. 그리고 이왕이면 아이들에게 가장 유용하면서 중요한 것부터 시작하는 것이 좋겠다.

무엇부터 시작할까?

온작품읽기에서 가장 유용한 갈래를 꼽으라면 '온전한 문학 작품 읽기'를 들 수 있다. 초등학교에서 가장 많은 시수를 차지하고 가장 중요하게 다뤄야 하는 교과가 국어라서가 아니다. 효율적인 언어 사용자가 되어야 다른 교과를 더 잘 이해할 수 있다는 도구적 관점도 아니다. 이유는 간단하다. 학교 교육에서 음악도, 미술도, 영화와 사진도 '온전함'이라는 개념에 맞춰 쉽게 다가갈 수 없지만, 문학은 가능하기 때문이다. 동화책도, 그림책도, 시집도, 원래의 온전한 모습으로 학생들에게 줄 수 있다. 게다가 문학을 통한 '읽기'는 예술 작품을 포함한 다양한 텍스트를 읽는 데도 탄탄한 바탕이 된다. 모든 '읽기'는 결국 이야기와 맞닿아 있기 때문이다.

예술의 본질은 삶의 한 단면을 보여 주는 것이고, 삶은 이야기이며, 결국 예술 작품을 읽는 것은 그 속에 담긴 이야기를 읽는 것이다. 그러니 자연스레 '온전한 문학 작품 읽기'를 하면 '삶 읽기, 삶 나누기, 삶 느끼기'를 교육의 내용으로 가져올 수 있다. 그런 점에서 '온작품읽기'는 자신의 삶을 들여다보고 타인의 삶을 바라보며, 결국 서로가 서로의 삶을 보듬는 아이들로 성장하게 만드는 마중물이 될 수 있다. 교육 과정을 바꾸고 교과서를 만드는 거대 담론과 싸우는 일도 필요하지만, 지금 당장 각자의 교실에서 아이들과 즐겁게 읽을 수 있는 온전한 작품을 찾아 함께 읽는 것부터 실천해야 한다.

② 온작품읽기로 오기까지

1) 온전함을 위한 시도

'온작품'이라는 말은 남한산초등학교에서 시작된 말이다.

남한산초등학교에서는 몇 해 전부터 '온작품읽기' 수업을 해 오고 있다. 일주일 정규수업시간 중에서 두 시간을 온전히 한 권의 책으로 활동하는 수업을 일컫는다. 처음에 이름 붙일 때는 '완전텍스트' 수업이었는데 아이들과 함께 부르는 이름으로 적절치 않아 새로 이름을 붙였다. 이 수업이 제안된 해는 2008년이었다. 당시 몇 해 동안, 진정한 공부의 형식과 내용은 무엇인가, 이를 담는 그릇인 '수업'은 어떤 모습이어야 하는가에 대해 많은 논의를 거쳤다. 그동안 해 왔던 독서 교육에 대한 반성도 함께 했다. 그 결과로 제안된 수업의 형태가 한 권의 책을 모두 읽고 진행하는 '온작품읽기' 수업이다.

– 김영주 외 『남한산초등학교 이야기』(문학동네) 59쪽

남한산초등학교에서 시작한 말이지만 이제는 많은 사람이 사용하며, 앞에서 살펴본 대로 가장 적당하고 꼭 맞는 말이다. 좋은 말을 참 잘 찾았다.

하지만 이 말 안에 담긴 실천은 사실 그 전에 시작되었고, 다른 많은 곳에서도 함께 해 온 일이다. '완전텍스트'라는 말을 사용하기도 했고, '원작 읽기'라는 말을 쓰기도 했다. 교과서를 놔두고 교과서 속 작품의 원작을 찾을 수밖에 없었던 것은 교과서에 실린 작품의 일부로는 제대로 된 내용 파악조차 어려웠기 때문이었다. 교과서만으로는 느끼기 어려웠던 문학적인 감동과 다양한 의미가 원작을 읽으며 채워졌다. 애초에 그럴 수밖에 없는 것이 작품의 완결성과 갈래적 특성은 원작에서만 느낄 수 있기 때문이다. 그러니 교과서의 제재를 살리려면 원작을 구해서 수업하는 방법을 찾아야 했다.

퍼즐 한 조각으로 전체를 보라고?

교사 발령을 받고 6학년 첫 담임을 맡았던 해가 떠오른다. 지금도 비슷하지만 그 당시에도 문학 단원은 국어의 첫 단원이었다. 당시 6학년 1학기 읽기 교과서에 실린 작품은 『우리들의 일그러진 영웅』(이문열, 다림)이었다. '이문열의 『우리들의 일그러진 영웅』'이라고? 어른들도 쉽게 이

해하기 힘든 작품이 교과서에 실렸단 말이야?' 지도서를 펴서 단원 개관과 목표를 살피고 차시 목표를 훑어보았다. 기억나는 차시 목표는 '이야기를 읽고 등장인물의 말과 행동에서 성격을 알 수 있다.'였다. 이를 위해『우리들의 일그러진 영웅』이 교과서에 실린 것이다.

문제는『우리들의 일그러진 영웅』이 성인을 대상으로 한 소설이고 분량 또한 지나치게 많다는 것[3]이었다. 그래서 교과서에는 일부만 실렸는데, '한병태'가 전학 온 첫날 물을 떠 오라는 '엄석대'의 명령을 거부하는 대목이었다. 그 대목에서 '엄석대'와 '한병태'의 말과 행동으로 파악할 수 있는 성격이란 '자기 멋대로 한다', '나쁘다', '용감하다' 같은 일차적이고 단편적인 수준일 수밖에 없다. 엄석대와 한병태, 그리고 그 둘을 둘러싼 반 아이들과 두 명의 담임 선생님. 이들의 성격을 이렇게 단편적으로 들여다보고 판단해 보라는 차시 목표는 마치 얼핏 본 사람을 섣부르게 판단할 것을 종용하는 것처럼 느껴졌다. 더구나 아이들에게 이런 수업이 어떤 의미가 있을까 싶었다. 나도 재미없고 신나지 않는데

---

3) 작가가 머리말에 밝혔듯이 원래 이 작품은 성인 대상의 소설이다. 따라서 어린이가 읽고 이해하기에 어려운 문장 구조와 한자말로 쓰여 있으며 쉽지 않은 내용을 담고 있다. 교과서에 일부가 실려 화제가 되자, 아동판으로 수정하여 1998년에 출간되었다. 작가는 원작의 분위기와 문체의 맛을 그대로 살리면서 어린이가 이해할 수 있도록 문장 구조와 낱말을 쉽게 바꾸었다. 예를 들면 '국민학교', '급장' 등을 '초등학교'와 '반장'으로 바꾸었고, '의식의 굴절'은 '생각의 변화'로, '아이들의 왁자한 웃음에 압도된, 굴종에의 미필적 고의 섞인 착각이었는지도 모르겠다'는 '아이들의 왁자한 웃음에 기가 죽어, 그게 굴욕적인 복종인 줄 알면서도 석대의 말을 따랐는지도 모를 일이었다'로 다시 썼다.(http://book.naver.com/bookdb/book_detail.nhn?bid=160361 참고) 지금도 이 작품이 교과서에 실려 있다면, 아마 영화 대신 아동판을 읽어 주며 수업을 했을 것 같다.

계속 이렇게 가르쳐야 되는 것일까 싶은 생각에 다른 방법을 찾아야 했다. 하지만 초임 교사였던 나에겐 이 난감한 상황에 대처할 수 있는 방법이 그리 많지 않았고, 소설을 읽어 줄 엄두는 내지도 못했다. 결국 고육지책으로 생각해 낸 방법이 영화였다. 영화의 줄거리를 간략하게 소개해 주고 영화를 보여 주었다.

지금 생각해 보면 그 시절 초임치고는 용감한 교육 활동을 선택한 셈이다. 교과서 속 이야기에서는 별다른 감흥을 못 느끼던 아이들이 영화를 보고 나서는 인물에 대해 많은 이야기를 주고받았다. 하지만 영화를 보기 위해 수업 시간을 할애하느라 진도를 서둘러야 했다. 으레 나오는 교과서 문제에 답을 적게 하고 답을 맞춰 보며, 줄거리를 이해했는지 알아보았다. 두어 달 후 치르게 될 중간고사에서 다른 반보다 점수가 낮을까 걱정도 되었다.

교과서 속 일부를 대신하여 영화 보여 주기 방법을 선택한 것은 퍽 잘한 일이지만, 딱 한 번으로 그칠 수밖에 없었다. 교과서 속 작품이 영화화된 경우를 더 이상 찾을 수 없었을뿐더러, 교과서 속 작품이 원작인지 원작의 일부인지 하나하나 확인하기도 어려웠기 때문이다. 『우리들의 일그러진 영웅』은 잘 알려진 작품이었기에 그나마 가능했지, 그 당시 어린이 책에 대한 정보는 말할 수 없이 부족했고, 결정적으로 어린이 문학을 교사가 알아야 한다는 인식도 없었다. 현재 교과서에는 수록 작품의 출처를 밝혔으나, 7차 교육 과정 이전까지는 작품에 대한 정보가 전혀 없었다. 심지어 작가의 이름조차 알 수 없었다.

그 뒤 '2007 개정 교육 과정'에 따른 교과서에 『마당을 나온 암탉』(황선미, 사계절)이 실렸다. 어린이 문학사에 한 획을 그었다고 할 만큼 수준 높은 작품을 교과서에서 만날 수 있다는 것이 무척 반가웠다. 하지만 교과서에 실린 부분은 원작의 1퍼센트 정도에도 못 미칠 만큼 적은 분량이었다. '잎싹'이 자신의 새끼를 낳을 수 없는 양계장 안에서의 에피소드 일부와 저수지 옆에서 청둥오리의 도움을 받아 알을 품고 그 알에서 오리 새끼가 부화되는 부분만 일부 실려 있었다. 그나마 작품에서 의미 있는 부분이라고 말할 수 있겠지만 그것만으로 작품을 온전히 이해하기란 불가능한 일이었다. 당시 국어과 문학 영역의 성취 기준인 '(3) 문학 작품은 읽는 이에 따라 다르게 수용될 수 있음을 이해한다.'를 달성하기에도 충분해 보이지 않았다.

그 당시 지역의 국어 교과 모임에서 선생님들과 함께『마당을 나온 암탉』을 읽으며 마음 깊은 곳까지 울림을 주는 감동을 받았다. 그것은 교과서에 실려 있는 지문만으로는 도저히 담아낼 수 없는 감동이었다. 아이들에게도 내가 느낀 감동을 오롯이 전달하고 싶은 욕심이 생겼다. 하지만 수업 안으로 장편 동화 한 권을 온전히 갖고 들어오기에는 주어진 시간이 턱없이 부족하였다. 결국 아침 시간과 재량 활동 시간, 수업의 자투리 시간 틈틈이 아이들에게『마당을 나온 암탉』을 읽어 주었다. 처음에는 교과서에 실린 작품에 보이는 딱 그 정도의 관심만 보이던 아이들이 이야기가 진행될수록 눈을 빛내며 작품 속으로 빠져들어 갔다. 다들 자신이 '잎싹'이라도 된 듯 기뻐하고 안타까워하고 슬퍼하며 이야기를 들었다. 한 달 남짓한 기간 동안『마당을 나온 암탉』을 온작품으로 모두 읽었다. 다 읽고 나자 교사를 포함한 학급 구성원들 간에는 감동의 유대가 형성되었다. 한 권의 장편 동화를 모두 함께 읽어 냈다는 뿌듯함도 공유할 수 있었다. 그 뒤로도 한참 동안 우리는 '잎싹'과 '나그네'에 대한 이야기를 서로 주고받았다. 온작품을 함께 읽지 않았다면 불가능한 경험이었을 것이다.

'2011 개정 교육 과정'이 적용된 5학년 『국어 5-1 ㉯』 교과서에는 신수현의 『빨강 연필』이 실렸다. 이 단원의 학습 목표는 '작품 속에서 말하는 이의 관점을 생각하며 글을 읽기'이다. 교과서에는 앞 이야기를 한쪽에 간추려 놓았다. 그리고 200쪽에 달하는 작품의 일부분을 세 쪽에 실어 놓고 주인공 '민호'가 '빨강 연필', '이달의 글로 뽑힌 글짓기 작품', 그림을 그려 준 친구 '정란'에 대하여 어떤 관점을 갖고 있는가를 물었다.

교과서에서 요약해 놓은 앞 이야기를 살펴보면 다음과 같다.

학교생활과 가정생활에 의욕이 없던 민호는 어느 날 아침, 교실 책상 위에 놓인 빨강 연필 한 자루를 발견한다. 빨강 연필은 글짓기 시간에 스스로 움직여 완벽한 글을 써 낸다. 민호는 빨강 연필이 쓴 글로 선생님과 친구들에게 인정을 받고, 교내 글쓰기 대회에서 상을 받게 된다. 민호는 우리 집을 주제로 '빨강 연필'이 써 낸 글을 다시 한번 제출하게 된다.

그런데 이렇게 간단하게 요약한 앞 이야기와 교과서만 읽으면 '민호'의 관점이 어떻게 변하는지 알기 어렵다. 또 이 글은 요술 연필을 갖게 된 주인공이 요술 연필 덕분에 요술을 부리는 이야기가 아니다. 참된 글이 어떤 것인가에 대하여 말하는 작품이다. '빨강 연필'이 쓰는 글은 새롭고 멋지며 근사하지만, 가짜이다. 주인공 '민호'가 '빨강 연필'을 계기로 '유혹과의 대결'에서 스스로 성장하는 이야기가 핵심이다. 하지만 교과서의 지문으로는 작품이 말하고자 하는 바를 제대로 느끼고 이해하기에 턱없이 부족하다.

우리 반에서는 이 작품을 온전하게 다 읽기로 하고 교육 과정을 짤 때 시간을 더 확보하였다. 모두 5차시에 걸쳐 모든 아이가 장편 동화인 『빨강 연필』을 다 읽을 수 있었다. 아이들은 처음부터 끝까지 짝과 번갈아 읽기를 하면서 작품에서 말하고자 하는 주제를 찾아냈고, 교과서에서 제시한 화자의 입장 변화에 대해 자연스럽게 이해할 수 있었으며, 자신이 주인공이라면 어떻게 했을지 적용하여 생각하기까지 할 수 있었다. 그리고 며칠 동안 아이들은 '빨강 연필' 이야기를 하면서 작품을 일상생활과 연결 지어 대화를 나누었다. 달랑 네 쪽으로 실린 교과서 속 작품을 읽고 난 뒤에 이런 대화가 가능했을까? 온작품을 읽었기 때문에 아이들 마음에 작품이 스며들 수 있었다고 생각한다.

앞으로도 교과서는 분량 문제로 인해 온전한 작품을 그대로 싣기에는 역부족일 수밖에 없다. 상황이 이렇다 보니 국어 교과서와 교사용 지도서의 활용 방안에서도 '지면 관계로 전체를 실을 수 없으니, 가능하면 학생들에게 작품 전체를 읽어 보도록 권장하는 것이 좋다.'고 밝히고 있다. 집필진이 임의로 실은 줄거리는 오독할 가능성이 있고, 일부를 싣는 것은 문학의 완결성을 훼손시킬 수 있다. 처음부터 장편을 싣겠다는 발상이 무리인 것이다. 굳이 교과서라는 틀에 작품을 붙잡아 둘 필요 없이 온전한 작품을 수업 시간에 그대로 사용하는 것은 어떨까 싶다.

개작과 온작품의 '틈'

분량이 적은 단편은 온전한 형태로 실려 있을까? '2011 개정 교육 과정'에 따라 1학년부터 4학년까지 교과서에 실린 창작 동화만을 놓고 살펴보면 32편 중 전문을 수록하면서 개작을 하지 않은 작품은 1학년 『국어 1-1 ⓙ』에 실린 「슬퍼하는 나무」 한 작품뿐이라는 분석[4]이 있다. 기존에 학년별로 제시하던 성취 기준을 두 개 학년씩 묶어 학년군별 성취 기준으로 제시하면서 교과서 수록 작품 수를 줄이고, 학생들에게 한 편의 '온전한' 텍스트를 읽을 수 있는 여건을 마련하겠다는 교육 과정 개정의 취지와도 차이가 있다. 아니면, 교과서를 만드는 사람들은 사소하게 개작하거나 중간의 일부분을 삭제하여도 상당 부분이 비슷하니 상관이 없다고 생각한 걸까?

개작으로 작품이 지니고 있는 정서와 분위기, 더 나아가 작품성이 어떻게 바뀌는지 살펴보자. 방정환의 「만년 샤쓰」라는 작품은 '2007 개정 교육 과정'에서부터 4학년 『국어 4-2 ⓙ』에 실렸다. 그런데 주인공의 유쾌한 성격을 짐작하게 하는 다양한 에피소드와 이 작품의 감동을 극대화하는 어머니와의 대화 부분이 빠져 있다. 무엇보다 고개를 갸우뚱하

---

4) 박장식, 『2011 교육 과정 초등학교 국어 교과서 수록 창작 동화 연구』, 춘천교육대학교 교육대학원, 2015, 45쪽

게 만드는 점은 '만년 샤쓰'라는 제목에서 알 수 있듯 시대 상황을 보여 주는 작품을 실어 놓고는 그 당시의 문체나 작품 속 인물의 말투까지 현대어로 개작해 놓았다는 점이다.

×× 고등 보통 학교 1학년 을반 창남이는 반 중에 제일 인기 좋은 쾌활한 소년이었다. 이름이 창남이요, 성이 한 가라 비행사 안창남(당시 조선의 하늘을 난 비행사)과 같다고 학생들은 모두 그를 보고 비행사 비행사 하고 부르는데, 사실 그는 비행사같이 시원스럽고 유쾌한 성질을 가진 소년이었다.

(중략)

"선생님, 만년샤쓰도 좋습니까?"

"무엇? 만년샤쓰? 만년샤쓰란 무어야?"

"매 매 맨몸 말씀입니다."

성난 체조 선생님은 당장에 후려갈길 듯이 그의 앞으로 뚜벅뚜벅 걸어가면서,

"벗어라!"

호령하였다.

− 방정환 『만년샤쓰』(길벗어린이)

창남이는 우리 반에서 가장 인기 있는 친구이다. 이름이 창남이고 성이 한씨인데, 안창남 아저씨와 이름이 비슷하여 친구들은 모두 그를 '비행사'라고 부른다.

창남이는 비행사같이 시원스럽고 유쾌한 성격을 가진 친구이다.

(중략)

"선생님, 만년 샤쓰도 괜찮습니까?"

"무엇이라고? 만년 샤쓰? 만년 샤쓰가 무엇이냐?"

"맨몸 말입니다."

체육 선생님께서는 창남이의 말에 화가 나 뚜벅뚜벅 걸어가시며 큰 소리로 말씀하셨다.

"웃옷을 벗어라."

-『국어 4-2 ㉯』교과서

위에 인용한 것만 보더라도 교과서에서 시대적 배경을 알 수 있는 것은 '만년 샤쓰'라는 말뿐이다. 예전의 작품을 싣는데, 현대적인 분위기가 나도록 개작해 놓고, '작품 속의 세계와 현실 세계의 공통점과 차이점을 안다.'는 성취 기준에 맞는 수업을 하라는 것은 억지이다.

'2007 개정 교육 과정'에서부터 비중 있게 실려 있는 그림책[5]은 또 어떠한가? 교과서에 그림책의 글과 그림이 거의 그대로 실려 있기 때문에 온작품이라고 보아도 무방할까?

2학년『국어 2-1 ㉯』에『오소리네 집 꽃밭』(권정생 글, 정승각 그림, 길벗 어린이)이 실려 있다. 글은 대부분 원작과 비슷하다. 하지만 교과서에 실

---

5) '2011 개정 교육 과정'에 따른 국어 교과만 보더라도 그림책은 전 학년 통틀어 63편이 실려 있다.

려 있는 『오소리네 집 꽃밭』은 오소리 부부가 자신의 집 앞에 아름다운 꽃밭이 이미 있다는 것을 발견하면서 온통 꽃 천지인 장면을 보여 줄 때 '우아' 하는 탄성이 저절로 흘러나오게 하는 원작의 아름다운 색감을 담지는 못한다. 돌풍에 실려 장터를 떠돌다 학교를 발견하고 커다란 구멍으로 학교 안을 들여다보는 장면이 원작에는 펼침면에 실려 있다. 그림책을 읽는 독자들도 오소리와 함께 구멍 안의 세상을 빠끔히 들여다보며 그 안에 무엇이 있는지 궁금해 어서 뒷장을 열어 보고 싶은 마음이 든다. 하지만 교과서에는 그림이 잘리거나 작게 축소되어 한 쪽에 여러 장면이 실려서 원작에서 느낄 수 있는 흡입력을 기대하기 어렵다. 자신의 집에도 아름다운 꽃밭을 만들어야겠다는 마음으로 한달음에 집으로 달려가는 장면은 윗부분이 잘린 채로 실려 있어, 오소리네 집이 높은 산 위에 있고 그래서 가는 길이 무척 멀게 느껴지는 원작과는 달리 야트막한 동산 같은 느낌을 준다.

결국 작품이 주는 감동과 재미를 오롯이 느끼게 하고 싶어 원작 그림책을 읽어 주었다. 아이들은 구멍 안을 들여다보는 오소리의 뒷모습을 보며 "뭐를 보는 거예요? 뭐가 있어요?" 하고 질문을 하고, 오소리네 집 꽃밭 그림을 보며 탄성을 내지르기도 하였다. 교과서에는 빠져 있지만 오소리 부부가 석양을 바라보며 나란히 앉아 있는 장면을 보면서 "나도 언제 해 지는 거 본 적 있어요. 그때 굉장히 편안한 마음이 들었어요."라며 자기 이야기를 하기도 했다.

그림책은 원작의 글이 전부 실려 있기 때문에 교과서만 읽어 주어도 충분하다고 생각해서는 안 된다. 글이 못다 한 이야기를 그림이 더욱 풍부하게 담고 있다. 교과서에 담기며 왜곡된 장면, 글과 그림의 부조화, 뭉개진 색감과 질감 등을 온전한 작품이라고 하기는 어렵다. 그러니 그림책일수록 더욱더 원래의 작품을 찾아 읽어야 진정한 온작품읽기라고 할 수 있다. 단지 '그림이 있는 책'이 아닌 진짜 '그림책'을 알게 해 주려면 말이다.

지금까지 살펴본 것처럼 교과서에 실린 작품은 예나 지금이나, 문학의 갈래를 막론하고 온전한 꼴로 들어가 있지 못하다. 문학이 예술 갈래에 들어가는 이유는 그 전체가 처음부터 끝까지 완결된 것으로 더하거나 뺄 수 없는 그 자체이기 때문이다. 따라서 어린이의 이해를 돕기 위해서 개작을 하거나 일부만 실어도 괜찮다는 건 생각할 수 없는 일이다. 그러니 교과서에 실린 제재로 수업을 하려 한다면 작품이 실린 모양이 온전함을 갖추었는지부터 살펴보고, 그렇지 못하다면 온작품을 찾아 읽어 주자.

2) 작품을 찾기 위한 시도

'작품'을 규정하는 기준은 지극히 주관적이기에 '작품을 찾기 위한'이라는 말은 몹시 조심스럽다. '교과서에 실린 것은 작품이 아니고, 교과서 밖에서 진짜 작품을 찾아야 한다.'라는 흑백 논리로 보일 수 있기 때문이다. 하지만 따지고 보면 교과서에 실린 제재도 결국 선택과 배제의 과정을 거쳐 결정된 것이기 때문에, 교과서를 정전으로 보는 시각에서 자유로울 필요가 있다. 교과서 작품이 아니더라도 성취 기준에 적합한 작품을 교사 스스로 찾을 수 있으며, 교과서에서 배제되었지만 더욱 뛰어난 작품을 아이들에게 줄 수도 있다. 그래서 온전한 꼴로 건네는 것만큼 아이들이 즐겁게 받아들일 수 있으면서 문학성 높은 '작품'을 찾아서 건네려는 노력도 중요하다.

'동화 같은'이 아니라 진짜 '동화'를

교과서에 일부만 실린 원작을 찾는 과정을 거치면서 자연스럽게 어린이 문학 작품을 만나게 되었다. 마침 2000년대 무렵은 우리나라 어린이 문학이 동심 천사주의나 교훈주의를 벗어나 문학다운 모습으로 자리매김하기 시작한 시기였다. 어른이 바라는 어린이의 모습이 아니라 고민하고 아파하고 그 속에서 성장하는 어린이 그대로의 모습을 그린 『문제아』(박기범, 창비) 같은 작품이나, 어린이 문학 작품에서 보기 힘들었던 생명과 죽음까지 다룬 『마당을 나온 암탉』, 가난한 현실을 있는 그대로 보여 주는 『괭이부리말 아이들』(김중미, 창비)과 같은 문학이 등장하기 시작했다. 그뿐만 아니라 우리에게는 생소했던 '그림책'이라는 갈래의 작품이 물밀듯이 쏟아져 나왔다. 더 이상 어린이 문학은 유치하고, 수준 낮고, 단순한 작품이 아니었다. 어른이 읽어도 재미에 푹 빠져들게 될 뿐 아니라 주제와 형식 면에서 문학적으로 충분한 가치가 있었다. 이렇게 좋은 작품을 읽다 보니 아이들에게 소개하고 읽어 주고 싶어졌다.

그러나 처음부터 교과서와 전혀 상관없는 작품을 수업에 활용하기가 두려웠다. 중간고사와 기말고사라는, 학년 전체가 정기적으로 똑같이 치르는 시험이 가장 신경 쓰이는 걸림돌이었다. 또, 교사인 내가 좋다고 생각한 작품을 무턱대고 수업에 활용하려니 자신이 없었다. 관리자나 주임 교사가 "왜 교과서로 안 하고 다른 자료를 사용하느냐? 그 자료가 교과서보다 더 좋다는 근거가 무엇이냐? 이제 겨우 몇 년 되지 않은 젊은 선생인 당신이 그렇게 전문성이 있느냐? 전문가들이 만든 교과서를 왜 믿지 못하느냐?"라고 질문과 질책을 할 때 대응할 논리와 용기가 부족했다. 그래서 정규 수업 시간보다는 아침 자습 시간이나 그나마 교사의 재량을 펼칠 수 있는 재량 활동 시간을 이용하여 작품을 읽어주기 시작했다.

그런데 이렇게 소극적인 시도를 하던 중, 교육 과정이 개정되었고, 교사의 전문성을 인정하는 '열린 교재관'이 등장하면서 교육청과 학교에서 오히려 '교과서 밖의 자료를 이용할 것을 권장'하기 시작했다. 그때부터 적극적으로 좋은 작품을 찾아 수업으로 가져오는 것을 걱정하지 않아도 되었다. '대체 텍스트'라는 말도 나오기 시작했다. 남은 문제는 '어떤 작품을 선택할까?'였다. 주제와 소재의 측면에서 고리타분하지 않고 아이들의 흥미를 끌면서도 아름다운 작품, 읽고 난 후에 여운이 남고 생각할 거리가 많은 작품을 찾는 것이 중요해졌다.

하지만 좋은 작품을 찾는 작업은 혼자 하기에는 벅찬 일이었으며 혼자만의 생각으로 판단하는 것도 자신이 없었다. 비슷한 생각을 지닌 교사들이 모이기 시작했다. 어린이 문학을 같이 읽고 작품에 대해 이야기하는 모임을 만들어 함께 읽기 시작했다. 『아이들과 함께 하는 동화수업』(2000), 『아이들과 함께 하는 시 수업』(2000), 『그림동화로 여는 국어 수업』(2003), 『시로 여는 국어 수업』(2005) 등 현장 교사들의 실천 사례가 나오기 시작한 것도 이즈음이었다. 교과서 제재가 우리 교실 속 상황과 맞지 않거나 작품성이 떨어진다고 생각되면 얼마든지 다른 작품으로 수업할 수 있었다.

그렇다면 좋은 '작품'이란 어떤 작품을 말하는 것일까? 작품성이라는 측면에서 교과서에 실린 제재를 살펴보자. '7차 교육 과정'부터 '2011 개정 교육 과정'까지 학년을 달리하면서까지 계속 실려 있는 작품들[6]이 있다. 1999년부터이니 거의 20년 가까운 시간이다. 그런데 과연 그 시간의 길이만큼 이 작품이 문학적으로 빼어난 작품일까라는 질문에는 고개가 갸웃거려진다. 그중 하나를 조심스럽게 살펴보자.

「자기 자랑」[7]은 아이가 잠을 자는 사이에 눈과 귀, 코와 입, 팔과 다리가 서로 자기 자랑을 하다가 화해하는 이야기이다. 교과서에서는 역할극에 적합하도록 신체의 각 부위들이 자기 자랑을 하는 부분만 나와 있다. '밤새도록 자기 자랑은 끝나지 않았습니다.'로 끝나도록 개작한 것도 문제지만, 원작의 결말도 도식적이며, 교훈적인 주제가 너무 노골적으로 드러난다.

---

6) 「바위나리와 아기별」과 「토끼의 재판」은 3학년에, 「자기 자랑」은 1학년에 계속 실려 있는 작품이며, 「원숭이와 꽃신」은 7차 교육 과정에서는 3학년에 실렸다가, 2007 개정 교육 과정에서는 5학년에, 2011 개정 교육 과정에서는 6학년에 실렸다. 「해치와 괴물 사 형제」는 7차 교육 과정에서는 4학년에 실렸다가 2007 개정에서는 1학년, 2011 개정 교육 과정에서는 2학년에 실렸다.

7) 조성자 『겨자씨의 꿈』(현암사)에 수록된 단편으로, 원제는 '우리는 한몸이야'이다. 1학년 『국어 활동 1-2 ㉮』에 실려 있다.

다리는 무릎을 꿇고 정중하게 말했습니다.

"우리가 같이 어우러져야 몸이 되는 걸 알았어."

모두 말이 끝나자 눈과 코와 입, 귀, 팔, 다리는 기쁜 마음으로 한바탕 크게 웃었습니다.

꿈에서 하느님이 보여 주는 나라 역시 각자의 소중함을 깨닫는 곳이 아니라, 같은 기관만 모여 있을 때 일어나는 문제를 보여 주고 있어서 다소 아쉽다. 교과서에 실린 부분을 참고로 원작을 찾아 수업할 수도 있으나, 이보다 더 큰 재미를 줄 수 있는 대체 작품이 있다면 그것으로 수업을 해 볼 수도 있다. 비슷한 내용으로 그림책 『입이 똥꼬에게』(박경효, 비룡소)라는 작품을 들 수 있겠다. 자신이 제일 잘났다며 뻐기는 '입'은 다른 신체 부위는 치켜세워 주지만, '똥꼬'는 더럽다고 무시한다. 「자기 자랑」과 마찬가지로 꿈속에서 일이 벌어지는데, 똥꼬가 없어지는 바람에 먹은 것을 배설하지 못하고 토해 내면서 '입'이 자신의 잘못을 뉘우친다는 이야기다. 비슷한 이야기를 담고 있지만 사건의 개연성도 높고 재미도 있다.

또한 그림책 『아씨방 일곱 동무』는 어떨까? 3학년 『국어 활동 3-1 ㉯』에 실렸지만, 역할극 차시에 활용하여도 아무 문제가 없었다. '빨강 두건 아씨'와 함께 '자, 가위, 바늘, 실, 골무, 인두, 다리미'가 서로 자기 역할이 최고라고 다툰다. 아씨의 꿈으로 해결의 실마리를 찾지만, 모두가 서로 도와야만 바느질이 이루어짐을 깨닫고, 모두 힘을 모아 즐겁게 일을 하는 것으로 이야기가 개연성 있게 흘러간다. 일곱 가지 사물들이 개성 있는 인물로 표현되어 인물의 성격이나 목소리를 살려 역할극을 할 수 있다는 본 차시 학습 목표에도 적합하였다. 그래서 「자기 자랑」 대신 『아씨방 일곱 동무』를 읽고 간단한 역할극도 하였다.

수업 후에 1학년 아이들 입에서 "우리도 서로 잘난 척하지 않아야 해요."라는 이야기가 절로 나왔다. 아이들 이야기로 바꾸면 재미있을 것 같아서 "어떤 친구들이 우리 반에 있으면 좋을까?"라고 물으니, '규칙을 잘 지키는 친구', '정리 정돈을 잘하는 친구', '친구의 말을 잘 듣는 친구' 등의 대답이 나왔다. 그래서 그런 친구들이 자기가 제일이라고 자랑하는 내용으로 바꾸고, 아이들은 그에 맞게 한 장 한 장 그림을 그려서 우리 반 그림책을 만들기도 했다.

작품성을 이야기할 때, '동화 같은'이라는 말에 갇히지 말아야 한다. 흔히 '동화 같은 아름다운 이야기'라는 말을 상투적으로 하는데, 이 말은 동화란 착하고 아름다운 이야기라는 오해를 낳는다. 이러한 표현에는 동화를 읽는 어린이 독자들은 교육적으로 계몽해야 할 대상이니 작품성을 떠나 교훈적이고 아름다운 이야기를 들려주면 된다는 생각이 깔려 있다.

3학년 『국어 3-2 ㉯』에는 '이야기를 듣고 들은 이야기에서 감동적인 내용 말하기'라는 학습 목표가 있다. 이 단원에 실린 이야기 중 하나가 「삼계탕에 담긴 행복」이다. 제목만 듣고도 어떤 이야기가 나올지 뻔히 짐작이 간다. '어머님은 짜장면 싫다고 하셨어'라는 대중가요 가사에서 대상만 바뀌었을 뿐 이야기의 흐름은 비슷하다. 잔뜩 아름답게만 꾸며 낸 이야기를 읽고 억지 감동을 느끼라고 강요한다. '자식들을 위해 젊은 시절에는 삼계탕을 못 먹는다고 했던 어머니가 죽음을 앞두고 막내가 해 준 삼계탕을 맛있게 먹었다.'는 이야기에서 열 살 아이들은 어떤 감동을 느껴야 할까?

이에 비해 『내 짝꿍 최영대』(채인선, 재미마주) 같은 작품이 오히려 열 살 아이들 삶에 진실한 울림을 주지 않을까 싶다. 영대와 영대를 둘러싼 아이들의 삶과 그 속의 아픔을 고스란히 보여 주는 이 작품은 그 구체성으로 말미암아 생명력을 가지며, 읽는 이로 하여금 영대의 교실 속으로 자신을 밀어 넣게 만든다. 작품의 정서에 공감하며, '나라면 어떻게 했을까?'라는 질문이 가슴속 깊은 곳에서 울려 퍼진다. 자연스레 '나는 영대와 같은 느낌을 느껴 본 적이 있는가?', '나는 영대와 같은 친구를 따돌린 적은 없었는가?'라는 자신의 삶과 연관된 질문으로 이어지니 교과서에서 말하는 '감동적인 내용 말하기'도 꾸며 낼 필요 없이 솔직한 자신들의 이야기를 풀어 놓을 수 있다.

'동시 같은'이 아니라 진짜 '시'와 '동시'를

시 또한 문학 감상 활동에서 중요한 부분을 차지한다. 다른 문학 갈래와 비교해 시는 완결된 작품 한 편의 길이가 짧다. 그래서 대부분 온전한 작품의 형태로 교과서에 실릴 수 있다. 좋은 시 한 편은 우리가 일상적으로 사용하는 언어들을 낯설게 볼 수 있게 해 주며 짧고 강렬한 표현으로 마음의 한 부분을 울려 깊은 감동을 전해 준다. 그러나 다른 문학 갈래에 비해 아이들이 많이 접하지 못하고, 스스로 찾아 읽지도 않는 갈래이기 때문에 어찌 보면 교과서를 통해 접하는 것이 전부라고 해도 지나친 말이 아니다. 그나마 다양한 작품을 교과서에 많이 싣는다면 제대로 된 시 감상 수업이 이루어질 가능성이 높다. 하지만 현행 교과서는 개정 전 교과서에 비해 실린 시의 편수가 오히려 줄어들어 안타깝다.

내용 면에서도 아이들의 수준에 맞고, 소재도 아이들과 가까운 시를 골라서 쉽고 친근하게 다가가면 좋겠다. 기쁨이나 희망 등의 밝은 정서 뿐만 아니라 슬픔이나 두려움, 불안 등 다양한 감정이 반영된 시가 많이 실린다면 이를 통해 '인간의 삶을 총체적으로 이해하고 문학적 상상력 이 향상[8]'되는 데 많은 도움이 되리라 생각한다.

그러나 교사로서 아이들과 함께 수업을 할 때 시는 어떤 갈래보다 난 감한 영역이기도 하다. 특히 교과서에 실린 작품들을 읽고 나면 그 난감 함은 배가 된다. 구체적인 사례를 들어 보자.

아기의 대답

박목월

신규야 부르면,	신규야 부르면,
코부터 발름발름	눈부터 생글생글
대답하지요.	대답하지요.

『국어 1-1 ㉮』

---

8) 교육과학기술부(2008), 초등학교 교육 과정 해설(Ⅲ), 교육과학기술부, 15~16쪽. 문학 영역의 성격 일부 발췌

그만뒀다

문삼석

신발 물어 던진
강아지 녀석
혼내주려다
그만뒀다.
살래살래 흔드는
고 꼬리 땜에······

우유병 넘어뜨린
고양이 녀석
꿀밤을 먹이려다
그만뒀다.

쫑긋쫑긋 세우는
고 귀 땜에······

『국어 1-1 ㉯』

미술시간

정용원

하얀 도화지에
파란 하늘 그리고
푸른 바다 그린다.

어느새 나는
갈매기 되어
너울너울
푸른 도화지 위를 날고 있다.

『국어 3-1 ㉮』

이 시들은 현재 국어 교과서에 (교육 과정이 바뀌어도 변함없이) 실려 있다. 이런 시를 읽고 '재미있는 낱말(발름발름, 생글생글, 살래살래, 쫑긋쫑긋, 너울너울 등의 모양이나 소리를 흉내 내는 말)'을 찾고, 느낌을 살려 읽어 보는 활동을 한 후 수업을 마치게 될 가능성이 높다. 재미있는 부분이나 내 경험과 비슷한 부분, 공감하는 부분도 별로 없는데 시에서 그것을 찾으라 하고, 심지어 감동을 받은 부분에 대해 서로 이야기를 나누어 보기까지 해야 하는 것은 교사와 학생 모두에게 매우 곤혹스러운 일이 아닐 수 없다. 하지만 교과서에는 더 감상하고 싶어도 감상할 시가 없다.

그래서 교사는 교과서에 실린 작품 외에 다양한 시들을 찾아 아이들에게 건네줄 수밖에 없다. 아이들이 쉽게 공감할 수 있는 시, 익숙한 일상을 새롭게 볼 수 있는 시, 시의 문학적 특성이 잘 드러난 시들을 말이다. 다행히도 시는 주어진 시간 안에 여러 편을 함께 공유할 수 있다는 장점이 있다. 교과서 시 한 편뿐 아니라 다양한 시를 건네면 아이들도 각자의 경험과 연결 지을 수 있는 시를 선택하여 시에서 받은 감동을 이야기할 수 있을 것이다.

교과서 제재만으로 '작품'에서 만나는 감동을 다 느끼기는 현실적으로 어렵다. 감동을 포기하고 성취 기준이나 학습 목표를 달성하기 위해서라면 모를까, 굳이 교과서에 머무를 필요가 없다. 사실 좋은 '작품'은 가르쳐야 할 모든 것(문학의 구성 요소, 장르의 특성, 주제 등)을 이미 담고 있다. 어떤 성취 기준도 달성할 수 있으며, 성취 기준을 넘어선다.

지금 내 앞에 있는 아이들을 위한, 꼭 맞는 작품은 결국 교사가 선택해야 한다. 아이들이 처한 물리적 환경과 정서적 환경에 따라 적합한 작품이 다를 수 있다. 어떤 작품도 모든 어린이에게 딱 들어맞는 최고의 작품일 수는 없다. 지금 내 앞에 있는 아이들을 살펴보아야 한다. 그리고 교사부터 어린이 문학을 찾아 읽어야 한다. 가능한 한 많이. 동화책, 그림책, 시집까지도. 그래야 작품을 감식하는 안목이 생긴다. 이것은 혼자서 하기에는 어려운 일이다. 교사들이 모여 함께 읽어야 한다. 동학년 모임에서 함께 읽고 토론하여 학년 교육 과정에 반영하면 더할 나위 없이 좋다. 교사들이 자꾸 모여야 한다. 모여서 어린이 책을 읽고, 이야기판을 벌여야 한다.

3) 제대로 읽기를 위한 시도

활동≠제대로 읽기

어떤 작품을 읽어 줄 것인가에 대해 어느 정도 살펴보았다면, 이제는 어떻게 읽을 것인가 하는 방법적인 문제가 남는다. '온전함'을 찾았다고 하여도 다시 교과서 활동을 하며 언어의 기능을 습득하는 수업을 했다면, '작품'을 찾았다고 하여도 마찬가지로 교과서에서 자유롭기가 어려웠다면 무슨 소용이 있을까. 온전하고 좋은 작품을 찾았다면 수업 역시 작품이 갖고 있는 힘과 미적 자질에 기대어야 한다. 기능적으로 아이들을 몰아세우는 활동이 아니라 아이들의 구체적 삶, 일상 경험과 연관시키는 활동이어야 한다. 무엇보다 중요한 것은 '감동'을 맛보게 하는 것이며, 그러기 위해서는 느긋한 마음으로 기다려 줄 수도 있어야 한다.

수업 목표에 도달하기 위해 활동 1, 활동 2, 활동 3으로 아이들을 몰아세우는 수업에서 감동을 느낄 수 있을까? 작품을 읽은 후 '다음 물음에 답하시오.'를 해결하고 활동을 하면 1차시가 빠듯하다. 잠깐 멈칫하거나 딴짓을 하는(사실 감동을 느끼는 중일지도 모르는) 아이들을 향해 "빨리 써라.", "어서 해라." 다그치면서 말이다. 이렇게 도식적인 수업은 작품을 꼼꼼하게 읽어 보지도 않은 채 질문에 해당하는 부분만 읽고 답을 채워 넣는 요령만 늘게 한다. 이런 식의 '읽기'를 통해 우리 아이들은 어떤 의미를 만나고, 만들어 냈을까?

한때는 읽는 과정에서도, 읽은 후에도 충분한 이야기를 나누지 못한 채 오로지 읽기 후 활동에만 고민의 초점이 머물렀던 적도 있었다. 그래서 주인공에게 편지 쓰기, 네 컷 만화로 표현하기, 책 표지 그리기, 내용 요약하기와 같은, 어떤 책에도 활용할 수 있는 학습지를 만들기에 바빴다. 그 후에는 조금 더 신경 쓴다고 책마다 퀴즈를 내고, 십자말풀이나 그림 보고 내용 요약하기와 같은 학습지를 한 장씩 만들어서 이런저런 독후 활동을 시켰다. 심지어 한 장씩 내 주는 학습지를 아예 한 권의 독후 활동집으로 제작하여 아이들에게 '던져' 주기도 했다. 아이들이 읽기 능력을 높이고 여러 가지 다양한 감상 표현을 할 수 있도록 시간과 정성을 쏟아 만든 자료집이라면서 몹시 뿌듯해하기도 하였고, 주변 교사들에게 선심 쓰듯이 건네주며 스스로 만족해 왔다.

독후 학습지가 구태의연한 활동이 된 즈음에는 책 만들기(북아트)라는 새로운 활동에 빠져 작은 책, 팝업 책, 회전 책, 여러 모양의 책 등을 만드느라 '읽기' 수업이 '만들기' 수업이 되기도 했다. 그림책『바바빠빠』

(아네트 티종, 시공주니어)를 읽고 주인공 '바바빠빠'를 만든다며 풍선에 밀가루를 넣고 몇 달 두었다가 엉망이 되었던 기억도 있다. 책 읽기를 즐겁게 만들고자 했던 그 다양하고 화려한 읽기 후 활동이 정말 제대로 된 읽기 교육이었을까?

학습지를 받아 들면, 생생하게 느낌을 나누던 아이들이 이야기를 멈추고 학습지의 문제를 해결하기에 바빴다. 작품을 이해하는 데 도움을 주려 만든 학습지가 오히려 아이들의 살아 있는 이야기를 글자 속에 가두고 만 셈이다. 책 만들기 활동도 마찬가지였다. 책을 만드는 동안 작품에서 만났던 감동이나 생각은 사라지고, 예쁘고 아름답게 만드는 활동만 남았다. 차라리 아이들이 작품에서 받은 느낌을 충분히 즐길 수 있도록 읽은 후에 시간을 넉넉히 주었더라면 더 좋았을지 모르겠다. 아이들 스스로 작품을 내면화하는 시간이 중요하다는 것을 미처 모른 채 눈에 보이는 결과물에 교사 스스로 만족했다.

읽기 후 활동에 대한 강박에서 벗어난 뒤에야 읽기의 즐거움을 느끼는 그 자체가 무엇보다 중요하다는 것을 깨달았다. 그래서 자투리 시간마다 짬을 내어 책 '읽어주기'[9]를 하였다. '읽어주기'는 가장 쉬우면서도

---

9) 교사들에게 '읽어주기'의 유용성을 이야기하면 '동화 구연'이라고 생각하며 꺼리기도 한다. 실감나게 읽는 것이 지나쳐 과장되고 억지스러워 보인다면 오히려 작품에 몰입하는 것을 방해한다. 자연스럽게 읽어도 충분하다. 가장 중요한 것은 목소리나 몸짓이 아니라 읽어 주면서도 아이들의 반응에 귀 기울이고 작은 소리도 들으려고 노력하는 태도다. 인물에 맞는 목소리나 말의 빠르기, 목소리의 크기 등은 읽어 주다 보면 자연스럽게 그에 어울리게 나온다.(물론 이것은 미리 교사가 작품을 읽었다는 전제 아래에서다.) 그러니 작품을 연기해야 한다는 부담 때문에 읽어주기를 꺼렸다면 부담을 내려놓아도 된다.

아이들이 책을 좋아하게 만드는 가장 효과적인 방법이었다. 문자를 해독하지 못하는 유아나 저학년 시기에만 읽어주기가 유용한 것이 아니라, 전 학년에 걸쳐 꼭 필요한 방법이다. 오히려 책 읽기의 즐거움에서 차츰 멀어졌던 고학년 아이들에게 더욱 유용하기도 하다. 지속적으로 책 읽어주기를 하면서 아이들이 달라지기 시작했다. 교사가 읽어 준 책을 도서관에서 빌리기도 하고, 책을 사 달라고 부모님께 조르기도 했다. 또 손도 대지 않았던 장편을 스스로 찾아 읽고, 친구와 책에 대해 이야기를 나누기도 했다. 이렇게 교실에는 책 수다가 퍼져 나갔다.

작품은 작품답게 읽기

읽어주기를 통해 온작품의 즐거움을 느끼는 아이들을 보며, 수업 안으로까지 그 즐거움을 이어 가고 싶었다. 교사의 읽어주기만으로는 놓치기 쉬운 것들이 많았다. 작품을 자세히 보고, 스스로의 삶과 연결 짓고, 유의미한 지점에서는 한 번 멈칫하여 다시 곱씹어 볼 수 있는 수업이 필요했다. 작품을 자세히 보자는 말은 작품을 밑줄 치듯 읽어 가며 분석적으로 뜯어보자는 말이 아니다. 절대. (어른들도 학창 시절에 밑줄 치고 '복선'과 '낱말 뜻'을 찾아 가며 작품을 읽으면서 감동과 즐거움을 오히려 반감시켰던 아픈 기억이 다 있지 않은가.)

작품을 자세히 보기 위해서는 유의미한 '질문'을 해야 한다. 작품은 그 안에 많은 질문거리를 안고 있다. 교사는 그냥 지나치기 쉬운 이 질문거리를 의식적으로 아이들에게 제시할 필요가 있다. 이 과정은 보통 읽기 중에 활발하게 일어난다.

읽어주기 전부터 '예측하기' 등의 질문을 하고, 중간중간 내용을 확인하는 질문도 할 수 있다. '아이들이 어려워하면 어쩌지?'라는 걱정은 교실이라는 공간의 특수성에 기대어 접을 수 있다. 여럿이 함께 읽으면 다양한 질문과 대답으로 사고의 깊이가 깊어지고 확장될 수 있다. 교실 속 아이들 중에는 작품에 공감도가 높은 독자가 있어 각자 혼자 읽기에서는 놓치기 쉬운 지점들을 함께 찾아낼 수 있기 때문이다. 또 같은 장면을 읽어도 서로 다르게 반응하고 느끼는 모습을 보며 작품을 다양하게 해석하는 방법을 깨치게 된다. 서로 다른 생각에 대해 질문을 주고받으며, 교실 안에서 해석 공동체가 만들어진다.

'질문'의 마지막은 작품 밖의 존재인 나 자신과 연결하는 방향으로 가야 한다. 작품이 내게 어떤 의미인지, 내 삶과 어떻게 이어질 수 있는지를 찾아보는 것이다. '인물의 선택에 대한 내 생각은?', '나라면 어떻게 했을 것인가?'와 같은 질문에 대해 생각해 보는 것은 소중하다. 구체화된 삶의 단면을 보여 주는 작품과 나의 연결 고리를 생각해 보는 것은 내 삶을 적극적으로 이끌어 가겠다는 의지이다.

교사의 책 '읽어주기'는 '제대로 읽기'로 가기 위해서 꼭 필요한 전제이다. 『아이의 두뇌를 깨우는 하루 15분 책 읽어주기의 힘』의 저자 짐 트렐리즈, 『수업 중 15분, 행복한 책 읽기』의 저자 도날린 밀러, 『소설처럼』의 다니엘 페나크 등 수많은 독서 교육가들도 교사와 학부모의 읽어주기가 아이들의 읽기 능력을 향상시키고, 책 자체를 사랑하게 만드는 비법이라고 말한다. 이들은 14세까지도 읽어주기가 유용한 독서 방법이라고 한다.

읽어주기는 그림책부터 시, 단편 동화와 장편 동화까지 다 가능하다. 흔히 그림책이나 짧은 분량의 동화는 쉽게 읽어 주지만 장편 동화는 상대적으로 부담스러워 시도하지 않는다. 하지만 장편 동화 읽어주기야말로 이야기의 재미를 제대로 느낄 수 있으며, 긴 분량만큼 큰 감동을 주는 활동이다.

온작품읽기는 읽어주기를 바탕으로 교실 속에서 함께 읽고, 함께 공유함으로써 더욱 풍부하고 깊어진다. 그리고 교사는 작품과 아이들을 연결하는 역할을 해야 한다. 2장에서 구체적인 작품과 함께 자세히 살펴보겠지만, 지금까지의 경험으로 얻은 '읽기'의 몇 가지 방법을 이야기하려 한다.

먼저 책을 읽기에 앞서 작가, 출판사 등 책의 서지 정보를 일러 두면 좋다. 그리고 제목이나 표지의 그림 등을 살펴보며 앞으로 일어날 이야기를 예측해 보는 활동을 할 수 있다. 질문을 던질 때는 아이들의 경험을 끌어오는 질문이면 더욱 좋다. 그렇게 되면 아이들은 앞으로 읽어 줄 작품 속에 자신들을 쉽게 이입할 수 있기 때문이다.

본격적으로 작품을 읽어 주는 과정에서는 유의미한 대목에서 읽어주기를 멈추고 질문을 던져 보는 활동이 필요하다. 앞으로 펼쳐질 이야기를 상상해 보게 하거나, 다시 한번 되짚어 보는 질문을 함으로써 사건을 정리해 가며 들을 수 있다. 또 인물의 입장이나 기분을 묻는 질문에 답하며 인물이 처한 상황을 더욱 잘 이해하고 집중을 지속할 수 있다. 여기서 읽기 중의 질문과 활동은 읽어주기에서 가장 풍성하게 일어날 수 있지만, 너무 잦은 질문이나 활동을 위한 끊어 읽기는 작품에 몰입하는 것을 방해할 수 있으니 유의해야 한다.

　읽기 후에는 작품의 사건을 정리해 보고, 인물의 성격과 주제를 파악해 보는 질문을 던질 수 있다. 물론 이는 작품을 이해하는 가장 기본적인 수준이며 꼭 묻고 답하는 형태에 얽매일 필요 없이 관련 활동[10]을 해도 좋다. 그리고 자신의 생각과 느낌을 글로 쓰는 활동을 하는 것이 중요하다. 말하기나 그리기 등의 표현 방법도 있으나, 결국 이해의 완성은 글쓰기이기 때문이다.

　처음에는 교사의 읽어주기에서 시작하고, '짝끼리 읽어주기'나 '모둠에서 돌아가며 읽어주기'의 형태도 가능하다. 또 읽어주기 후, '혼자 읽기'로 다시 작품을 읽어 보면서 각자에게 울림이 있는 부분을 찾는 시간도 필요하다. 많은 교실에서 실천하는 토론도 작품을 깊게 이해하는 데 좋은 활동이다. 여기서 토론은 논쟁거리에 대해 찬반 입장을 두고 의견을 주고받는 좁은 의미의 개념이 아니다. 서로 의견을 주고받는 모든 과정이 토론에 해당하며, 설사 논쟁에 해당하는 토론을 하더라도 작품의 맥락 속에서 토론하는 것이 진정한 의미의 문학 토론이라 하겠다.

　온작품 제대로 읽기는 이렇게 요약할 수 있다. 읽어주기를 통해 작품을 '듣고', 그 과정 속에서 각자의 생각을 '말하고', 다시 작품을 '읽고', 자신의 생각과 느낌을 '쓰고', 친구들과 '토론하고' 더 나아가 다시 깊게

---

10) 작가에게 편지 쓰기, 인물과 가상 인터뷰하기, 역할극으로 인물이 처한 상황 이해하기 등의 활동이 있겠다.

'쓰는' 과정을 거친다. 이것이야말로 '총체적 언어 교육'이며, 교실을 바꾸고 아이들의 삶을 바꾸어 나가는 실천적 교육 방법이다.

4) 걸림돌과 우려

교과서 내려놓기

교사들에게 온작품읽기의 가장 큰 걸림돌은 교과서를 내려놓지 못하는 학교 풍토였다. 사실 온작품읽기라는 말이 있기 전에도 수업 시간에 문학책이나 비문학책을 가지고 수업하는 교사는 많았다. 그들은 틈만 나면 동화책이나 그림책을 읽어 주었고, 수업 시간에 문학책으로 수업을 하기 위해 재구성도 마다하지 않았다. 그리고 지금은 교육 과정 재구성이 허용되는 여러 학교에서 다양한 형태로 문학 수업이 진행되고 있다. 그러나 아직도 대부분의 학교는 '국어는 교과서로 수업해야 한다.'는 신념을 버리지 못한다. 사실 교과 시간에 사용하는 비문학책은 참고 도서라는 이유로 크게 문제가 되지 않는다. 게다가 교과서를 가지고 수업하지 않는 교과목들도 허다하다.

그런데 유독 국어는 국어 교과서에 실린 지문을 읽고 활동하지 않으면 수업을 하지 않은 것처럼 생각한다. 학교 관리자들과 학부모, 심지어 교사들마저 교과서에 실린 지문을 읽고 문제를 해결하고 활동 몇 가지를 해야 차시 목표를 달성할 수 있다는 통념이 깊게 박혀 있기 때문이다. 더구나 수업에 활용할 다양한 글이 교과서에 친절하게 실려 있는데 왜 굳이 수고로움을 사서 하느냐는 거부감도 교사들 사이에 도사리고 있다. 그래서 교과서를 내려놓지 못하는 풍토를 비집고 자투리 시간이라도 문학책을 아이들에게 읽어 주고 수업을 하려는 교사들은 늘 시간 부족을 외칠 수밖에 없었다.

이미 우리 사회는 학교 교육에 대한 불신이 높다. 학교는 책을 어떻게 읽고 이해하고 즐길 것인지 알려 주지도 않고 그저 읽으라고만 했다. 많이 읽고 독서록을 많이 쓴 아이들에게는 읽은 권수에 따라 인증장을 주었다. 가끔은 잘 읽었는지 확인하기 위해 독서 골든벨 대회 같은 각종 대회를 열어 상을 주는 것으로 역할을 다했다고 생각했다. 교사들은 권장 도서를 읽지도 않은 채 아이들이 쓴 독서록에 도장만 찍어 주거나 의례적인 칭찬과 문장 지도를 해 왔다. 학부모들은 '독서록을 어떻게 써야 할지 가르쳐 주지도 않고 1학년 아이들에게 일주일에 한 번씩 독서록을 써 오라고 하면 사교육을 시키라는 거냐, 부모 숙제를 내 주는 거냐'라며 학교를 불신한다. 일부는 학교를 졸업한 학생들이 책 한 권 제대로 읽어 내지 못한다며 학교 교육을 비판한다.

하지만 이제 사정이 달라졌다. 2017년 3월부터 적용되는 '2015 개정 교육 과정'에서 국어 교육의 주요 개정 방침의 한 축이 독서 교육인데, 기존의 독서 교육과 차별화되는 점이 뚜렷하다. 문서에는 통합적인 독서 활동에 초점을 맞추어 '한 학기 한 권 읽기를 통한 지속적인 독서'를 강조한다. 한 학기에 책 한 권을 읽고, 자기 생각을 표현하면서 듣기·말하기·읽기·쓰기를 한꺼번에 익히게 한다는 구상이다. 풍부한 독서 경험을 통해 평생 책을 읽는 사람으로 성장할 수 있도록 한다는 생각도 깔려 있다. 이를 위해 초등학교의 경우 한 단원 혹은 두 단원을 책 읽기 중심으로 수업할 수 있도록 제시할 계획이라고 한다.

이는 전국초등국어교과모임을 중심으로 펼쳐 온 온작품읽기 운동과도 문제의식을 같이한다. 많은 사람의 문제 제기와 실천으로 마침내 '한 학기 한 권 읽기'라는 문학 단원이 교육 과정에 담기게 되었다. 이것은 '교과서는 참고 도서일뿐 문학 작품으로 수업하는 것이 더 이상 문제 되지 않음'을 의미한다. 이제 그간의 실천을 교사들과 나누고 교실에서, 학교에서, 문학 작품으로 온전한 수업을 펼치면 될 일이다.

우려, 넘어서기

걸림돌은 치워졌다. 하지만 여전히 우려는 남는다. 맨 먼저 드는 우려는 교사들의 준비 정도다. 온작품읽기를 시작하려는 선생님들에게 걸림돌이 무엇이냐고 물어보면 교사 자신이 걸림돌이라는 답변이 의외로 많다. 어린이 책을 읽어 보지 않아서 무엇이 좋은지 모르고, 또 어떻게 수업을 해야 할지 아는 것이 없다는 것이다. 사실 그렇다. 무엇보다 문제는 그동안 대부분의 교사가 어린이 책을 찾아 읽지 않았다는 점이다. 아이들에게 좀 더 좋은 작품을 전해 주기 위해 교사는 어린이 책을 읽어야 한다. 다양한 작품을 읽고 아이들의 상황과 수준을 파악하여 작품을 선정하는 눈을 꾸준히 길러야 하는 것은 교사의 몫이다. 학교에서 함께 토론하고 목록을 만들어 가는 것도 좋은 방법이 될 수 있다.

여러 사례를 참고하여 좋은 작품을 많이 읽고, 그중에 적당한 작품을 고르는 노력이 우선되어야 한다. 그런 노력 없이 무작정 다른 학교의 성공 사례를 따라서 우리 교실에 성급히 적용하려고 하면 온작품읽기 본래의 의미를 제대로 살리기 어려울 수 있다. 2014년 EBS 〈다큐프라임〉에서 방영된 '슬로리딩' 열풍으로 박완서의 『그 많던 싱아는 누가 다 먹었을까』를 읽는 학교가 늘고 있다고 한다. 이 작품을 선정하여 30차시 정도의 수업을 진행한다는데, 다른 작품과 견주어 보고 가장 적합하다고 생각하여 선정하였을까? 그것을 제대로 된 온작품읽기 수업이라 할 수 있을까? 선정된 책이 과연 초등학교 5학년 아이들에게 적합하다고 할 수 있을까?

방송된 시기와 비슷한 시기에 출간된 『슬로리딩, 생각을 키우는 힘』(EBS MEDIA, 경향미디어)이라는 책을 보며, 몇 가지 내용에서 고개가 갸웃거려졌다. 실험이 진행된 학교 아이들은 독서량이 하루 평균 3~4권, 한 달 전체 평균 50권에 달할 정도로 독서 수준이 높은 아이들이었다. 그러나 얇은 책 한 권도 읽기 힘들어하는 아이들에게 과연 『그 많던 싱아는 누가 다 먹었을까』 같은 책이 먼저 주어지는 것이 옳은지는 따져 볼 일이다. 물론 가르치려면 가르칠 수야 있다. 하지만 교사라면 가르쳤을 때 아이들이 따라올 수 있느냐, 그래서 아이들이 책 읽기를 좋아할 수 있느냐를 먼저 판단하고 고려해야 할 것이다. 또 이렇게 긴 소설을 선택하여 오랜 기간 수업을 진행할 때에는 그 책이 다른 책을 포기하고 한 학기 동안 읽힐 만큼 최선의 선택인지 되짚어 봐야 한다.

아이들은 좀 더 많은 작가와 작품을 만날 수 있어야 한다. 작가가 작품에 담아낸 다양한 인물 속에서 자신을 만나고 타인을 만날 기회를 가져야 한다. 실제로 아이들과 책 읽기를 하다 보면 저마다 선호하는 작품이나 분위기, 정서가 다름을 확인하게 된다. 좋아하는 작가나 장르가 생기기 때문이다. 그러니 이제 막 문학 교육을 받기 시작한 초등학교 아이들이 좀 더 다양한 문학 갈래를 경험하고 작품을 즐길 권리, 선택할 권리를 보장해 주어야 한다. 다양한 책 읽기 지도를 통해 아이들이 문학적 취향을 찾아 갈 수 있도록 도와주는 것이 온작품읽기의 옳은 방향이 아닐까.

두 번째 우려는 작품을 다루는 방식이다. 한 작품을 지나치게 쪼갠 후 매 차시별로 활동을 전개하다 보니 너무 오랜 기간 읽기도 하는데, 그러다 보면 아이들의 읽는 즐거움을 방해하기 쉽다. 또 처음부터 끝까지 서사의 흐름을 이어 가지 않고 몇 줄, 혹은 몇 쪽 단위로 나누어 읽은 후, 단어를 찾고, 노래를 불러 보고, 그림을 그리며 진행하는 책 읽기가 초등학교 아이들의 문학 수업으로 적합한가에 대해서도 검토가 필요하다. 모르는 단어가 나오면 찾아보는 것이 교육적으로 좋은 습관을 들이고 책을 정확하게 이해하는 데 도움이 되는 것은 맞지만, 자주 멈추어서 단어의 의미를 파악하는 방식이 과연 적절한지도 의문이다. 가끔 모르는 단어가 나온다 하더라도 맥락 속에서 의미를 파악할 수 있어야 한다. 그래도 파악하지 못하고 궁금해서 묻는다면 간단히 뜻을 설명해 주고 다시 서사를 이어 나가면 책이 전하고자 하는 주제를 찾아 나갈 수 있다.

더구나 슬로리딩 수업에서는 한 작품으로 긴 기간 동안 수업을 하려다 보니 굳이 이 작품에서 다루지 않아도 될, 어쩌면 다른 작품을 선택하는 것이 더 좋을 성취 기준까지도 한 작품에서 무리하여 모두 다루게 된다. 결과적으로는 교과서처럼 작품을 기능적으로 다루는 방식과 비슷해질 우려가 있다. 한 권의 책을 쪼개어 읽고 활동을 하는 동안 그 책에서 문학적 감동은커녕 즐거움도 찾기 힘든 아이들에게는 힘든 시간이 될 수도 있음을 교사는 생각해야 한다.

중요한 것은 교사가 읽어 주든 혼자서 읽어 나가든, 우선 책 한 권을 통독하며 스스로 서사를 구성하고, 다양한 갈래의 작품을 매개로 이야기의 즐거움을 맛보게 하는 것이다. 결국 아이들에게 좋은 작품을 많이 건네주는 일이 우선이다. 분석적 읽기는 좀 더 성장한 후에 해도 늦지 않다. 아이들은 한 권으로 많은 활동을 했을 때가 아니라, 좋은 작품으로 맥락 있는 수업을 했을 때 변화한다. 수업 속에서 자기 이야기를 만났을 때 비로소 그 수업은 살아 있는 진짜 수업이 된다. 그러니 아이들에게 좀 더 많은 나를, 너를, 우리를 만나게 해 주자.

2장

온작품읽기,
어떻게 할까?

불볕더위에 모두 불쾌지수가 높아졌던 어느 날,
"염소 삽니다, 개 새끼."
재우의 입에서 이안 시인이 낭송해 준
시의 한 구절이 별안간 툭 튀어나왔다.
그랬더니, "개 삽니다, 염소 새끼."라고 자연스레
화답하는 아이들을 보았다.
우리 반은 더위를 잊고 웃으며 시인과의 만남을 떠올렸다.
그래, 그렇게 잊고 있지 않으면 된다.

1 시는 시답게

시 한 편도 온작품이다!

온작품읽기 수업에 대해 관심이 많은 선생님들도 의외로 시 수업에는 관심이 없다. 아니, 관심이 없다기보다 시 수업까지는 아직 고민이 미치지 않았거나 해 보고 싶어도 어찌해야 할지 엄두를 내지 못하고 있다는 게 맞을 것이다. 그러다 보니 교과서에 실린 시가 마땅치 않아도 차시 목표에 따라 재미있는 표현을 찾고 그 표현이 주는 효과를 찾아보고 제목이나 일부분을 바꾸어 보는 활동을 한다. 간혹 재미나거나 아이들이 좋아할 만한 시가 실려 있으면 그 시로 그나마 즐겁게 시 수업을 할 수 있어 다행이라고 생각한다.

하지만 초등학생이라고 해서 시를 만날 때 흉내 내는 말이나 반복되는 말만 찾고 익혀야 하는 것은 아니다. 비유적인 표현과 그 효과를 분석하는 것으로 끝나는 것도 아니다. 한 편의 시에는 삶이 들어 있고, 한 번 읽으면 자꾸 되뇌게 되는 시어가 있고, 떠오르는 심상이 있게 마련이다. 아이들에게 시집이나 교사가 고른 시에서 마음에 드는 시를 고르라 하면 대부분 자기 삶이 들어 있는 시를 고른다. 그리고 그 시에서 특히 마음에 와 닿는 표현을 콕 집어 시를 고른 이유를 말한다.

따라서 수업 중에 시의 일부분이나 제목을 바꾸어 보는 기능적인 활동 위주의 시 공부에만 머물 것이 아니다. 시 한 편으로도 시를 낭송하는 기쁨과 낭송하는 시를 들으며 혼자 눈으로 읽을 때는 맛볼 수 없는 시어의 즐거움을 느낄 수 있다. 또 시를 몸으로 표현해 보거나, 자기 이야기를 시로 표현할 수도 있다. 교사가 좋은 시들을 가려 뽑아 아이들과 함께 수업을 한다면 아이들은 시 한 편, 한 편을 온전한 문학 작품으로 받아들이며 시가 주는 즐거움을 맛볼 수 있을 것이다.

시는 시집이 집이다!

교과서는 참 특별한 재주를 가졌다. 아무리 좋은 시라도 그 안에 담기는 순간 그저 그런 글로 만들어 버린다. 삽화와 함께 실린 시에 이어서 시를 읽고 하는 활동이 연달아 제시되는 교과서의 구조는 시의 맛을 제대로 살리기 어렵게 한다.

간혹 좋은 시도 있지만 많아야 한 학기에 4~5편 실리는 교과서 시로 시를 제대로 감상할 수 있을까? 고민하다 생각한 것은 시를 골라 아이들에게 나누어 주는 것이었다. 여러 시집을 쌓아 두고 아이들에게 맞을 것 같은 시를 골라 유인물을 만들어 나누어 준다. 사실 그것만으로도 아이들은 교과서에 실린 시로 공부할 때보다 훨씬 흥미롭게 수업을 한다. 시를 좀 더 잘 만나게 하려면 시집으로 수업하는 것도 방법이다. 시인들은 시를 쓸 때 시어 하나, 행갈이 한 번, 연의 구분, 심지어 쉼표마저 고민하며 시를 쓴다. 그리고 시가 들어갈 집을 어떻게 만들까를 두고 편집자와 시인이 모여 머리를 맞댄다. 시가 담길 책의 크기, 질감, 표지, 시와 어울릴 그림들도 시를 더욱 시답게 만들어 줄 수 있기 때문이다. 요즘은 큰 시집이 나오기도 하지만 대체로 시집은 작다. 또 아래로 길게 쓰기 때문인지 세로로 긴 모양이다. 비록 아이들 손에는 쏙 들어가지 않지만 시집을 손에 들고 읽을 때는 그 작은 시집이 주는 또 다른 감성이 있다. 그래서 시는 시집이 집이다.

다음에 나올 사례들은 시 또는 시집을 교실로 가져오기 위해 시도했던 노력의 일부분이다. 시 한 편으로 하는 다양한 활동은 얼마든지 많겠지만 주제에 맞게 좋은 시를 가려 뽑아 하는 수업, 표현별로 좋은 시를 가려 뽑은 시선집으로 하는 수업, 시집 한 권을 깊이 읽고 시와 놀고 시인과 만나는 수업, 여러 권의 시집 가운데 내 마음에 드는 시를 골라 가며 다양한 시를 맛보고 시적 취향을 찾아가는 수업에 대한 안내다.

시 역시 온전한 작품이니 교과서에만 머물지 말고 시집을 꺼내어 보물 같은 시를 찾아 아이들과 함께 즐겨 보자.

1) 주제별로 모은 시, 함께 읽어요

놀이와 노래로 시를 만나다

올해도 아이들과 한 해 동안 시 읽기를 계획한다. 시 읽기를 계획하기에 앞서 '나는 왜 아이들과 함께 시를 읽으려고 하는가?' 스스로에게 질문을 던져 본다. 어렸을 때 '누구누구는 누구누구를 좋아한대요, 좋아한대요' 운율에 맞춰 노래 부르며 서로를 놀렸던 기억, '아침 먹고 땡, 저녁 먹고 땡, 창문을 열어 보니 비가 온대요. 아이구, 무서워. 해골바가지' 노래를 부르며 해골을 그리고 서로 보여 주며 즐거워했던 기억도 떠오른다. 온 동네 친구들이 골목으로 쏟아져 나와 엄마가 밥 먹으라고 부를 때까지 뛰어놀던 시절에는 노래와 놀이는 떼려야 뗄 수 없는 관계였다. 놀이를 하려면 노래가 있어야 했고 꼭 노래가 아니더라도 말을 할 때도 일정한 리듬에 맞추곤 했다.

친구들끼리 모여 앉아서도 가끔 말을 섞을 뿐, 함께 놀지 않고 각자의 핸드폰으로 게임을 하는 모습을 보며 아이들의 삶에서 놀이가, 노래가 빠져 있다는 생각이 들었다. 결국 내가 아이들과 함께 시를 읽으려는 이유는 아이들 삶에 빠져 있는 놀이와 노래를 채워 주고 싶은 마음에서였다. 특히 저학년 아이들과 시를 읽을 때는 '시'라기보다 '노래'와 '놀이'에 더 초점이 모아진다. 학기 초에는 『께롱께롱 놀이 노래』(편해문, 보리)에 실린 노래들을 함께 부르며 놀이를 한다.

햇볕 따뜻한 봄날, 운동장에서 서로 어깨를 걸고 '어깨동무 씨동무 보리가 나도록 놀아라 동무동무 씨동무 보리가 나도록 놀아라' 노래를 부르며 '씨동무'라는 말에서 모두 같이 앉았다 일어나며 걸어다녔다. 노래를 부르며 돌아다니다 보면 어느새 '어깨동무 똥동무 냄새가 나도록 놀아라'라는 가사로 바꾸어 부르는 아이들이 생긴다. 놀이를 하다 보면 원래 노래의 가사를 바꾸었다며 들어 보라는 친구들이 생기고, 노래를 바꾸어 부르면서 놀이는 더욱 활기를 띠기도 한다. 그렇게 어깨동무를 걸고 다닌 친구들끼리 한 팀이 되어 '우리 집에 왜 왔니' 노래를 부르며 놀이를 한다. 손잡고 왔다 갔다 하며 친구의 이름을 부르고 가위바위보를 하는 사이 학기 초에 어색했던 사이에도 봄기운이 스며들었다.

또 시로 만든 노래들을 부르며, 마음에 드는 시 노래를 골라 자기가 쓴 시로 가사를 바꾸어 부르기도 했다. 어린이 시에 백창우가 곡을 붙인 〈박진산〉이라는 노래가 있다. 노래 가사는 '내 친구 이름은 내 친구 이름은 한라산도 백두산도 아닌 박진산'이다. 매우 짧고 곡도 쉬워서 금방 따라 부를 수 있다. 학기 초 친구들 이름 외우기가 한창일 때 이 노래의 가사를 바꿔 부르면 재미있게 친구 이름을 외울 수 있다. 단, 친구가 싫어하는 별명을 넣어서 부르는 것은 사전에 주의를 주는 것이 좋다.

일주일에 한 번씩 한 편의 시를 골라 시 감상지를 나누어 준 뒤 공책에 옮겨 적고 매일 함께 읽어 본다. 일주일이 다 되어 가면 아이들이 시를 거의 외우게 된다. 교사가 시를 읽어 주고 아이들은 시를 보지 않고 공책에 받아쓴다. 꼭 수업 시간이 아니더라도 일상생활 속에서 아이들이 시와 함께 놀고 노래 부른다. 아이들의 삶이 곧 시가 되기를 바라는 교사의 욕심(?)으로 꾸준히 아이들과 함께 시 읽기를 하고 있다.

김하랑

이태준(2학년)

내 친구 이름은

내 친구 이름은

하늘도 파랑도 아닌

김하랑

안예서

이율재(2학년)

내 친구 이름은

내 친구 이름은

예술도 예끼놈도 아닌

안예서

'가족', 시로 만나다

5월 들어 '가족'이라는 주제로 주제 통합 수업을 구성하였다. 부모님의 어린 시절 사진을 보며 지금과는 많이 다른 부모님의 어린 시절 이야기를 나누었다. 부모님이 어렸을 때 좋아했던 만화 영화 주제가('은하철도 999', '모래요정 바람돌이', '독수리 오 형제' 등)를 들어 보기도 하였다. 부모님의 하루를 관찰한 뒤 보고서를 쓰고 발 씻어 드리기 과제를 한 후 소감문도 작성해 보았고, 부모님과 닮은 부분 사진 찍기, 『돼지책』(앤서니 브라운, 웅진주니어)을 읽고 집안일 도와 드리기 등의 과정을 진행한 후 가족과 관련된 시를 감상하고 시 쓰기 활동을 하였다.

'가족'이라는 주제로 시를 쓰는 것이기 때문에 시집 한 권을 읽는 것보다 주제에 맞는 시를 교사가 골라 주는 것이 더 좋을 듯하였다. 『쉬는 시간 언제 오냐』(초등학교 99명 아이들, 휴먼어린이), 『아까운 똥』(여주초등국어 교과모임 밭한뙈기), 『근데 너 왜 울어?』(동시마중 편집위원회, 상상의힘) 등의 시집에서 총38편의 '가족' 관련 시를 골랐다. 주로 어린이들이 쓴 시를 골랐고 어른들이 쓴 시 중에서 표현이 재미있는 것도 일부 골랐다.

수업 시간에 아이들은 교사가 나누어 준 '가족' 주제의 시들을 읽으며 가장 마음에 드는 시를 고르고 모둠 친구들과 그 시가 마음에 드는 이유를 나누었다. 그러다 보면 시 속에 드러난 삶의 이야기와 맞닿아 있는 자신의 이야기가 나오게 된다. 처음에는 편수에 상관없이 마음에 드는 시를 모두 골라 이야기를 나누고 그중에 정말 마음에 드는 시 다섯 편을 고르게 하였다. 다섯 편을 추리는 아이들의 표정이 자못 심각했다. 그렇게 고른 다섯 편의 시를 자신이 만드는 시선집에 옮겨 적고 그림을 그렸다. 마지막 한 편의 시는 '가족'을 주제로 아이들이 직접 쓴 시를 옮겨 쓰고 그림을 그려 넣었다. 시집 제목은 자신이 쓴 시의 제목으로 붙이게 했다. 주제와 관련한 시들을 여러 편 읽고 느낌을 나눈 뒤에 시를 쓰니 아이들도 많이 어려워하지 않고 시를 썼다.

자신이 쓴 시의 내용이 부모님과 관련된 아이들은 시도 부모님과 관련된 시를 많이 고르고, 형제자매와 관련된 시를 쓴 친구들은 형제자매에 관한 시를 많이 골랐다. 가족에 대한 아이들의 생각을 들여다볼 수 있었다.

'가족' 주제로 시선집을 만든 후에 부모님께서 보내 주신 영상 편지를 함께 보았다. 교실 텔레비전에 부모님 얼굴이 나타나자 처음에는 당황하는 눈치더니 부모님의 영상 편지를 본 후에는 눈시울이 붉어진다. 소리 내어 우는 친구들도 있었다. 아이들에게 영상 편지를 보내신 부모님들 눈가도 촉촉이 젖어 있는 경우가 많았다. 부모님의 영상 편지를 보고 나서 부모님께 드리는 상장을 만들고 감사의 편지를 썼다. 활동을 마친 아이들의 표정이 무척 뿌듯해 보였다.

우서윤

우동윤(2학년)

내 동생은 서윤이다.

나는 공부를 하고 있다.

서윤이는 논다.

서윤아! 너는 왜 공부를 안 하니?

나는 아주 많이 하는데!

너도 나처럼 지구만큼

공부를 해 봐!

나랑 너랑

역할이 바뀌었으면

좋겠다!

우리 아빠 술쟁이

김동영(2학년)

우리 아빠는 술쟁이다.

왜냐면

꼭 술을 먹고

들어오기 때문이다.

그때면

우리 엄마는

술 좀 그만 먹으라고 한다.

'가을', 시로 만나다

2학기에는 '가을'을 주제로 10월 한 달 동안 아이들과 수업을 진행하였다. 가을에 하는 다양한 학교 행사, 학교 밖 행사들과 함께 '가을'에만 누릴 수 있는 계절의 선물을 마음껏 만끽하였다. 4학년과 함께 벼 수확 체험도 하고, 가을 숲에서 색색의 낙엽을 모으고, 숲 속을 마음껏 뛰어다녔다. 모아 온 나뭇잎으로 재미있는 모양을 만들어 붙이고, 가을 열매들을 관찰한 뒤 가을 열매 바구니를 만들기도 하였다. 2학년끼리 청백으로 팀을 나누어 작은 운동회를 하였다.

한참 가을 속에서 놀며 수업하던 어느 햇볕 따뜻한 날, 아이들과 함께 학교 옆 공원에 나갔다. 공원에 서 있는 울긋불긋한 나무들이 가을이 한창임을 말해 주고 있었다. 아이들은 공원을 뛰어다니며 예쁜 나뭇잎을 줍기도 하고 잡기 놀이도 하였다. 한참 뛰어 노는 아이들을 불러 모았다.

"선생님, 뭐 할 거예요?"

"얘들아, 오늘 날씨 어때? 햇볕이 참 좋지? 하늘도 구름 한 점 없이 파랗다. 이런 날에 하면 딱 좋은 것이 있어."

아이들은 이런 날 하기 좋은 일이 무엇일지 자기들끼리 또 재잘재잘 이야기를 늘어놓는다.

"이런 날은 딱 시 읽기 좋은 날이야."

아이들에게 준비해 간 '가을'을 주제로 한 시들을 나누어 주었다. 눈으로 각자 한 번씩 읽어 보라고 하였다. 시를 읽은 후 아이들이 서로 이야기를 나눈다.

"맞아, 은행 열매에서 똥 냄새 나. 지나가다 밟았는데 냄새가 지독해."

"그래도 은행 먹으면 맛있어. 나 언제 먹어 봤는데 진짜 맛있었어."

"선생님, 이 시랑 이 시는 다 귀뚜라미 우는 거에 대해 썼는데 여기는 '귀뚤귀뚤'이라고 하고 여기는 또 '귀똘귀똘', '귀뚜르르' 이렇게 썼어요."

"야, 어떨 때는 '귀뚤귀뚤' 들릴 때도 있고 또 어떨 때는 '귀똘귀똘' 들릴 때도 있어."

아파트에서만 사는 아이들이 귀뚜라미 소리를 들어 본 적이 있을까 싶은데 시를 잘도 해석하여 이야기하는 모습에 웃음이 나왔다.

마음에 드는 시를 골라 보라고 했다. 아이들이 열심히 별표도 하고 동그라미도 하며 시를 고른다. 같은 시를 고른 아이들끼리 공원의 작은 나무 무대 위에서 시 낭송을 하였다. 시 낭송 뒤에 각자 마음에 들었던 이유도 한 마디씩 하였다.

"이제 우리도 가을에 대한 시를 한 번 써 볼까? 가을 날씨에 대한 시를 써도 좋고 가을 열매에 대한 시를 써도 좋고 가을에 느껴지는 마음에 대한 시를 써도 좋아요."

"선생님, 할머니 집에 갈 때 봤던 거로 시를 써도 되요?"

이야기를 나누며 시를 쓸 소재를 찾고 시 쓰기를 하였다. 1학기에도 시를 여러 번 써 보았고 얼마 전 국어 시간에 '일상에서 겪은 일에 대한 시 쓰기'를 한 뒤라 그런지 제법 시의 형태를 갖추었다.

낙엽

연시후(2학년)

나뭇가지 침대에서

떨어진 낙엽

색색깔 나뭇잎

아름다운 무늬

바스락 바스락 밟으면

나도 모르게 깔깔깔

나뭇잎도 집을 찾나

정신없이 날아가네

감

배정윤(2학년)

나뭇가지로 감나무를 탁탁

후두둑 후두둑

감이 떨어진다

씻어서 깎아 먹고

말려서 곶감 해 먹고

많이 익혀서 홍시 해 먹고

맛있고 달달한 감

시를 쓰고 이번에는 각자 쓴 시를 친구들 앞에서 낭송하였다. 교실로 돌아와 학교 축제 때 우리가 쓴 시에 가을에 어울리는 그림을 그려서 전시회를 하면 어떨까 제안을 하였다. 아이들이 좋다며 지금 당장 시화를 만들자고 하였다. 하지만 시간이 부족해 아쉽지만 다음 날, 시화 만들기를 하였다. 깃발 모양의 도화지에 시화를 그려서 장식물을 만들었다. 학교 축제 날, 나무에 걸려 있는 자신들의 시를 보며 뿌듯해하는 아이들 모습이 가을 하늘처럼 맑다.

주제별 시 읽기를 한 후에

주제 중심 시 감상 수업 이전에 아이들과 시집 한 권을 읽고, 좋아하는 시를 고르고, 그 이유를 이야기하는 시 감상 활동도 진행했다. 시집 한 권을 읽으면 다양한 주제의 시들을 만날 수 있고 그만큼 다양한 아이들의 이야기를 들을 수 있어 좋다. 하지만 주제 통합 수업을 진행하면서 주제별로 선정한 시를 감상하니 아이들이 하나의 주제에 더 깊이 빠져

▲ '가을'을 주제로 쓰고 그린 시화 장식물

드는 느낌이 들었다. 시 쓰기 활동만을 따로 떼어서 진행하지 않고 일련의 주제 통합 수업 과정 안에서 시 감상하기와 시 쓰기 활동을 진행해서인지 아이들의 감정이 더욱 풍부하게 드러날 수 있었다.

　하나의 주제로 시를 선정해 아이들에게 건네는 것은 어찌 보면 교사에게는 조금 귀찮은 과정일 수도 있다. 여러 권의 시집을 미리 읽고, 그중에 주제와 관련된 시를 고르고, 고른 시를 타이핑해서 인쇄하고, 작은 시집 모양으로 묶어 건네는 것은 시간과 노력이 많이 드는 일임이 분명하다. 하지만 초등학교 저학년의 경우 주제 중심으로 통합 교과가 구성되어 있고, 요즘은 많은 학교에서 '주제 통합 프로젝트'로 교육 과정을 재구성하고 있다. 시 속에 흥미진진하고 박진감 넘치는 이야기는 없을 수 있지만, 마음을 콕콕 찔러 내 마음속에 있던 이야기들을 바깥으로 흘러나오게 만드는 시인의 마음은 담겨 있다. 그래서 주제별 시 읽기를 하

▲ 아이들이 만든 시선집. 언제든 꺼내 보도록 교실 한편에 꽂아 두었다.

면 아이들의 이야기로 수업 시간이 더욱 풍부해지곤 한다. 혼자 준비하기가 힘들다면 동학년에서 협의를 통해 함께 준비하면 수업 내용도 다양해지고 품도 덜 수 있어 좋다.

아이들이 만든 시선집을 읽다 보면 마음이 보인다. 시를 통해 아이들과 이야기를 나누는 일, 참 멋진 일이라는 생각이 든다.(신수경)

2) 표현별로 모은 시, 함께 읽어요

시가 되는 말, 시가 되는 표현

같은 주제를 말하지만 어떤 표현을 어떻게 썼느냐에 따라 시의 맛이 달라지기도 한다. 시인이 고심하여 고르고 골랐을 말들, 고심하여 바꿨을 행과 연. 시가 입고 있는 옷은 사실 옷이 아니라 시 그 자체인지 모른다.

말이 어떻게 놓이는가에 따라 시가 되고 안 되고가 판가름 난다. 말을 어떻게 쓰는가에 따라 주체의 세계 인식이 달라지고, 이제까지 당연하게 맺어 왔던 관계에 변화가 온다. 명명되지 않은 것은 인식되지 않은 것이며, 이미 인식된 것은 새로운 명명을 통해 새롭게 태어날 수 있다. 이는 언어의 한계이자 가능성이며, 시의 한계이자 가능성이다.

-이안『다 같이 돌자 동시 한 바퀴』(문학동네) 32쪽

그러니 시에 담긴 시인의 인식 세계를 시의 형식과 떨어뜨려 생각하기는 어렵다. 참신한 시는 참신한 형식, 참신한 표현의 그릇에 담겨 있기 때문에 더욱 빛이 날 수 있다. 하지만 교육 과정에서 시 갈래의 성취 기준을 보면 '재미있는 표현'이나 '감동적인 표현', '비유적 표현'이라는 말로 시의 다양한 문학적 특징을 대신하려 한다. 그 성취 기준에 따른 교과서 제재를 보면 몇몇 새로운 표현이 보이는 시도 있지만, 아직도 흉내 내는 말이나 반복되는 말 위주의 시가 다수를 차지한다. 교과서로 시 수업을 하면 한 학기에 6~7편 정도의 시를 만나는데, 이렇게 학기마다 주어진 몇 편의 시만 만나다 보니 아이들은 시를 쓰라 하면 '조물조물'이나 '톡톡' 같은 말을 반복해 사용하고 '~해요'나 '~하네'의 종결 어미로 끝내면 된다고 생각한다. 그리고 무엇보다 큰 문제는 '시는 재미없다.'라는 생각을 갖게 되는 것이다. '재미있는 표현'을 찾아보는 성취 기준과 학습 목표인데, '재미없다'라는 결론에 이르는 아이러니한 수업이라니!

우리 반 시선집으로 수업하기

3학년 『국어 3-2 ㉮』 1단원은 시에서 재미있는 생각이나 표현을 찾아보며 특성을 파악하도록 한 뒤에 재미있는 생각이나 표현을 떠올리는 여러 가지 방법을 알고, 이를 바탕으로 하여 한 편의 시를 써 보는 활동으로 구성되어 있다. 여기서 여러 가지 방법이란 흉내 내는 말을 넣거나, 사람처럼 의인화하여 표현하거나, 빗대어 표현하거나, 글자의 위치를 다르게 하여 표현하는 등의 방법을 말한다. 이런 방법의 예로 「꼬물락꼬물락」(강지인), 「발가락」(류호철), 「수박씨」(최명란), 「돌매미」(박명호 어린이), 「팝콘」(신유진 어린이) 같은 시가 실려 있다.

시의 느낌이나 분위기, 시적 화자의 마음이나 주제 등을 알아보는 활동에서 벗어나 시의 표현 방법을 공부하는 것도 좋고, 제재 시로 실린 시도 크게 나쁘지 않다. 하지만 이 몇 편만으로 아이들이 시의 참신한 표현에 대해 어렴풋이나마 깨달을 수 있을지 의문이었다. 이왕 표현에 대해 공부한다면 교과서 시보다 더욱 잘 표현한 시, 그리고 한두 편이 아니라 좀 더 많은 시를 만나게 하여 '아, 이렇게 표현할 수도 있구나.', '이렇게 표현하니 더욱 재미있구나.'라고 느끼게 해 주고 싶었다.

고르고 골라 여러 시를 표현별로 모아서 시 감상 자료를 시집처럼(이하 『우리 반 시선집』) 엮었다. 물론 모든 시가 이렇게 표현별로 무 자르듯 딱 떨어지게 분류되는 것은 아니었다. 글자의 배치에 따라 재미를 준 시의 경우는 그래도 명확하게 뽑을 수 있지만, 빗대어 표현한 시가 반복되는 말의 재미도 느낄 수 있는 시이기도 하니 말이다. 그럼에도 보통 생각했을 때 '동시' 하면 떠오르는 상투적인 표현이나 형식으로 쓰인 시들은

1부 | 아, 재미있는 시

재미있게 빗대어 표현한 시	감기(정유경), 금붕어(유강희), 팝콘 교실(문현식) 감자(김바다), 차가운 아파트(최수진) 바지락(진현정), 사물놀이(김희정), 개미는 여덟 살(김륭)
글자의 배치에 따라 재미를 준 시	비밀(정유경), 하진이1, 하진이2(이안), 고드름(문현식) 팝콘(신유진 어린이), 미로찾기(강기화), 봄비(이장근) 비밀번호(문현식), 손 안의 미꾸라지(박방희)
반복되는 말, 흉내말이 들어간 시	밥솥 여행(윤미경), 논갈이(김오월), ─랑(정유경) 꼬부랑 늙은이(함경남도 옛노래), 쳇바퀴(최승호) 개울물(권정생), 깨(권오삼), 콩 한 쪽(김유진)
그림을 보는 듯 생생한 시	까만 밤(정유경), 모과나무 달(이안), 염소(정완영) 비 오는 날(김용택), 새(김훈섭) 눈 온 날(유미희) 파도(김경진), 새 그리는 방법(송진권)
소리를 듣는 듯 생생한 시	수박씨를 뱉을 땐(송찬호), 냄비가 달린다(장옥관) 물오리 떼(김희석), 돌매미(박명호 어린이) 까마귀(양승찬 어린이), 빗방울(오규원) 주전자(방주현), 바람이 불면(정유경), 싸움(이상교)

2부 | 내 마음을 울린 시

내 마음을 꼭 말해 주는 것 같은 시	놀이터에서(주미경), 다 그래(정유경) 공기 놀이(문현식), 소풍 가는 길에서(안진영) 자석이 달린 글자(임복순), 이따 만나(김유진) 그걸 알아주셨으면(황인숙)
이야기를 발견할 수 있는 시	좋아, 세 마리(장영복), 마늘 일곱 형제(주미경) 달팽이(송찬호), 하늘 혼자 보고(정지용), Z교시(신민규) 내 몸이 나한테 이럴 수 있나?(김창완), 내 별(김상욱)
새롭게 세상을 다시 보게 하는 시	지렁이(김개미), 호주머니(윤동주), 우리 반 여름이(김용택) 웅덩이(김개미), 함박눈(경종호), 봄(민경정) 때(조하연), 둥글다는 것(박월선), 집(박소명)

최대한 배제하고, 아이들이 참신하고 재미있다고 생각할 만한 시, 그러면서 건강한 세계관을 담고 있는 시를 고르려 애썼다. 최근에 나온 동시만이 아니라 근현대 동시까지 살펴서 좋은 시를 골라 모아 보았다. 그리고 편집까지 신경 써서 시집 크기로『우리 반 시선집』을 만들어 수업 시간에 교과서 대신 사용하였다.

1부는 1단원의 '재미있는 표현을 생각하며 시를 읽을 수 있다.'는 부분에 초점을 맞춰 '재미있게 빗대어 표현한 시', '글자의 배치에 따라 재미를 준 시', '반복되는 말, 흉내말이 들어간 시', '그림을 보는 듯 생생한 시', '소리를 듣는 듯 생생한 시'의 꼭지를 만들었다. 2부는 7단원의 '감동적인 부분을 생각하며 시를 읽을 수 있다.'는 차시와 통합하기 위하여 '내 마음을 꼭 말해 주는 것 같은 시', '이야기를 발견할 수 있는 시', '새롭게 세상을 다시 보게 하는 시'라는 꼭지를 만들어 교육 과정을 재구성해서 시 수업을 진행하였다.

① 마음에 드는 시 골라 대표로 낭송하기

교사가 고르고 골랐다고는 하지만 모든 아이가 모든 시를 다 좋아할 수는 없다. 사람에 따라 이상하게 더 마음에 끌리고 공감 가는 시가 있기 마련이다. 한 권의 시집을 읽어도 그렇듯 말이다. 그래서 우선은 시선집을 자유롭게 읽는 시간을 갖고 마음에 드는 시를 고르게 했다. 마음에 드는 시를 골라 시 낭송회를 하는 것[1]은 1학기에 해 보았기 때문에, 이번에는 교사가 엮은 『우리 반 시선집』의 시를 시간이 걸리더라도 한 편씩 모두 함께 읽기로 했다.

한 편씩 돌아가며, 그 시를 고른 친구가 대표로 낭송하고 다른 친구들은 눈으로 읽기로 했다. 낭송한 친구가 그 시를 고른 이유를 말하면, 그 시를 뽑은 또 다른 친구들이 이유를 덧붙였다. 그러면 그 시를 고르지 않은 친구들도 그 시를 다시 읽게 되고 새롭게 만나는 계기가 되었다. 자신이 고른 시를 다른 친구들도 골랐다고 손을 들면, 같은 시를 골랐다는 유대감이 생기고, 자기와 똑 닮은 시를 골라서 웃음을 짓기도 했다.

특히 '글자의 배치에 따라 재미를 준 시'는 낭송의 재미가 더욱 유별났던 부분이다.

정유경의 「비밀」(『까불고 싶은 날』, 창비)을 읽을 때였다. 그 시를 뽑은 아이는 '여자애의 마음을 말하듯이 쓴 게 인상적'이라는 이유를 댔다. 이 시의 진짜 비밀은 아무도 눈치 못 챈 것 같아서 살짝 힌트를 주려고 "그런데 도대체 왜 제목이 비밀일까?"라고 물었다. 그러자 아이들이 하나둘 비밀을 풀어 갔다.

"우아, 진짜 비밀이었어."

"그래서 이 시가 '글자의 배치에 따라 재미를 준 시'에 들어가 있었구나." 하며 말이다. 뒤늦게까지 비밀을 눈치채지 못한 아이들은 친구들의 도움으로 비밀을 풀어야 했지만, '시가 참 재미있다.'라는 감탄사가 연신

---

1) 다음 사례인 '한 권의 시집, 함께 읽어요'에서 자세히 소개하고 있다.

나왔다.

또 문현식의 「비밀번호」(『팝콘 교실』, 창비)를 읽을 때 이 시를 뽑은 지우가 3연의 마지막 두 행 "보고 싶　은/ 할 머 니"를 쑥스러워 서둘러 읽어 버리고 앉자, 가희가 다시 읽어 보고 싶다며 손을 들었다. 그리고 할머니가 누른 비밀번호 소리의 사이만큼 띄어 쓴 것을 살려 낭송했다. 지우를 비롯한 다른 아이들도 '비밀번호'의 여운을 딱 느끼는 순간이었다.

비밀

정유경

동네에선 알아주는 싸움 대장
수업 시간엔 못 말리는 수다쟁이
동수 장난이 하도 심해 혀 내두른 아이들도
수십 명은 되지, 아마?
난 도무지 이해가 안 가, 그런 동수를
좋다고 쫓아다니는 여자애들.
아무래도 제정신이 아닌 것 같아.

참 한심해 보이기도 해.
좋아할 남자애가 그리도 없나?
아! 생각만 해도 머리가 아파.

비밀번호

문현식

우리 집 비밀번호

□ □ □ □ □ □ □

누르는 소리로 알아요

□ □ □ □ □ □ □ 는 엄마

□ □ □ □ □ □ □ 는 아빠

□ □ □ □ □ □ □ 는 누나

할머니는

□ □ □ □

□ □ □

제일 천천히 눌러도

제일 빨리 나를 부르던

이제 기억으로만 남은 소리

보고 싶 은

할 머 니

박방희의 「손 안의 미꾸라지」(『하느님은 힘이 세다』, 청개구리)는 어떻게 낭송해야 좋을지 몰라 난감해하자, 해성이가 음의 높낮이를 살려 읽으면 좋겠다고 하였다. '손', '가', '락'은 음을 높여서 읽고, 다음부터는 점점 낮아지다가, '나', '가', '네'는 다시 높여서 읽으면 된다고 말이다. 그래서 아이들마다 제멋대로의 높낮이로 시를 낭송했다.

이장근의 「봄비」(『2012 오늘의 좋은 동시』, 푸른사상)에는 '(((·)))'라는 기호가 들어 있는데, 이 시 역시 이 부분 때문에 처음에 낭송하겠다는 아이가 없었다. 그러자 윤혁이가 초인종이니까 '땡동'이라고 소리를 내되, 소리가 울려 퍼지는 모양이니까 '동'을 메아리의 울림처럼 읽는 게 좋겠다고 했다. 주연이는 제목이 '봄비'이고, 연못에 떨어지는 모양이니까 '톡톡'을 울림 있게 읽는 게 더 어울린다고 했다. 다 맞고 다 재미있는 생각이라 읽고 싶은 대로 읽었다.

시는 역시 낭송해야 제대로 만날 수 있으며, 함께 읽어야 더 깊게 만날 수 있다는 것을 또 느낀 시간이었다.

② 시 만화책 만들기

아이들은 시키지 않아도 『우리 반 시선집』의 여백과 표지에 어울리는 그림을 그려 넣기도 했다. 그 그림들을 자세히 들여다보면 시를 나름대로 해석하여 그려 넣은 게 눈에 띄었다. 이 역시 시화이다. 따라서 시집의 삽화를 그대로 따라 그려 넣는 활동, 예쁘게 꾸미고 장식하는 시화 그리기 활동보다 시를 해석하여 그림으로 표현하는 활동이 되도록 이끌면 좋겠다.

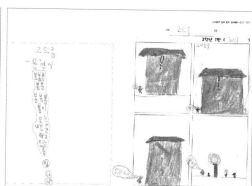

▲ 아이들이 그린 시 만화

　　우리 반에서는 더 나아가 시에서 발견한 이야기를 4컷 만화로 그려 보는 활동을 했다. 만화라는 그림 형식이 우선 자유롭다는 면에서 아이들이 좋아하고, 시적 상상력을 펼쳐 말풍선을 넣을 수 있고, 시의 여백을 이야기로 해석해 낼 수 있다는 점에서 재미있는 활동이다.

　　우리 반 친구들이 그린 시 만화를 게시판에 붙여 두었더니 '아, 이 시를 이렇게도 볼 수 있구나.' 하며 재미있게 보았다. 그리고 각자의 시 만화를 모아 묶어서 시 만화책이라고 했더니, 아이들이 아주 좋아하였다. 시 수업이 끝난 후에도 시와 친구들의 해석이 담긴 시 만화를 두고두고 돌려 보았다.

③ 나만의 시 쓰기와 우리 반 시집 만들기

　　마음에 드는 시를 골랐을 때부터 아이들이 시를 쓰고 싶다고 야단이었다. 좋은 생각이 떠오를 때마다 시선집 여백이나 표지에 적어 두라고 했다. 시 감상 활동이 끝나고 우리도 저마다의 시를 쓰기로 했다. 몇 몇 아이들은 기발한 아이디어를 떠올려 쓰기도 했고, 또 몇몇은 자신들에게 있었던 일을 솔직하게 쓰기도 했다. '구름 둥실, 비눗방울 동동' 같은 상투적인 표현을 쓰는 아이들은 다행히 없었다.

그래 봤자 기존의 시를 흉내 내어 써 보거나, 형식을 놔두고 내용만 바꾸어 쓴 것 아니냐고 되물을지 모르겠다. 하지만 아이들은 시를 쓰고 싶어 한다. 때로는 마음대로 술술 잘 써지기도 하고, 참신한 표현이 나올 때도 있지만, 반대로 어떻게 표현해야 할지 몰라 쓰기 힘들어하기도 한다. 어떻게 써야 할지 잘 모르겠다는 아이들에게 '이렇게 써 보는 건 어때?'라고 도와주는 방법이 바로 『우리 반 시선집』의 시처럼 시 써 보기 활동이다. 시선집에 다양한 형식과 표현의 시가 실려 있어서 아이들은 자기만의 생각과 느낌을 담을 시를 골라 마치 음식을 알맞은 그릇에 담듯 어렵지 않게 시를 썼다.

시를 보는 눈이 새로워진 것 같아요

한 달에 한 번 그달의 좋았던 일, 아쉬웠던 일, 다음 달에 해 보고 싶은 일을 나누는 학급 다모임 시간, 〈좋.아.해〉가 있다. 좋았던 일을 꼽으라니 체육 시간에 피구와 여러 놀이를 한 것이 재미있다는 의견이 절대 다수였다. 그다음에 좋았던 일이 바로 『우리 반 시선집』으로 시 수업 한 것이란다. 시는 재미없는 것이라고 생각했는데, 새로운 시를 만나서 재미있고 좋았다고 한다. 어떤 아이는 아주 멋진 시집 한 권을 선물받은 것 같다고 했다. 교사의 수고를 알아주는 그 마음이 참 고마웠다. 여러 시를

▲ 시선집의 시를 따라 아이들이 쓴 시

만났으니 조금은 더 세상을 보는 눈이 새로워지고 넓어졌으리라. 시가 재미있다는 것을 알았으니 더러 시로 마음도 표현해 보고, 시집도 읽어 보고 그러리라. 혹 그러지 않더라도 여러 시를 만나는 동안 재미와 기쁨, 공감을 얻었다면 그것으로 의미 있는 수업이 아니었을까.

시를 표현별로 고르는 일이 쉽지 않았다. 고른 시를 편집하고, 아이들 수에 맞게 복사하고, 시선집으로 묶는 일도 손이 많이 갔다. 동시집을 꾸준히 읽어 온 터라 그나마 가능했지만, 수업을 하고 나서 좀 더 다듬어야 할 필요를 느끼기도 했다. 이 사례를 지역 모임 선생님들, 동학년 선생님들과 나누니 학급 특색에 맞게 저마다 좋은 시선집을 만들어 볼 수 있겠다는 이야기들이 나왔다. 좋은 시들이 계속 나오기 때문에 꾸준히

늘려 나갈 일이 남은 셈이다. 그리고 학년에 따라 다른 시들을 고를 수
도 있겠다. 고학년 아이들의 현실과 저학년 아이들의 현실이 꼭 같지만
은 않으니까 말이다. 그러니 이 사례는 첫 발자국을 뗀 이야기이며, 여러
선생님과 함께 채워 나갈 이야기이기도 하다.(이유진)

3) 한 권의 시집, 함께 읽어요

시집으로 수업하기, 출발!

다들 시 수업은 왠지 어렵고 재미가 덜하다고 생각한다. 1차시에 1편
정도 실린 교과서 시로 수업을 해야 할 때는 좀 더 활동적인 수업을 생
각해 내야 했고(시로 이야기 만들어 역할극 하기, 시화 그리기, 시인에게 질문하기,
몸으로 놀기, 시노래 가사 바꾸기 등), 교과서 시가 너무 판에 박힌 시라는 생각
이 들면 다른 시를 가지고 와 수업하기도 했다. 또 수업 시간에 시를 만
나는 기회가 너무 적다는 생각에 자투리 시간에 꾸준히 시를 만나게 하
였다.

이런 시 수업을 통해 내가 만난 아이들은 시에서 감동을 느끼고 시를
좋아하고, 더 나아가 시집을 찾아 읽게 되었을까? 선생님과 함께 동화를
읽으면 그 책을 사거나 빌려 읽는 등 아이들의 관심은 폭발적이었다. 그
림책도 마찬가지였다. 하지만 시는 달랐다. 간혹 몇몇은 시집을 빌려 읽
기도 하고 쓰라고 하지 않아도 시를 쓰고 싶어 하기도 했지만, 시집 읽
는 아이들은 상대적으로 너무 적었다. 그래서 온전한 시집을 읽는 경험

을 해 보고 싶었다. 한 권의 시집을 읽으면 적어도 그중 한 편은 마음에
진한 울림을 주리라, 그런 경험이 모여야 시를 좋아하게 되리라고 생각
했다. 또 동화책이나 그림책과는 다른 시집이라는 책의 모습을 만나는
과정도 무척 소중하고 유의미한 경험이라 생각했다.

새 학년 교육 과정을 짜려고 2월 말에 모인 여섯 분의 동학년 선생님
들에게 이런 생각에 대하여 조심스레 동의를 구했다. 처음에 몇몇 선생
님은,

"난 시가 어려워. 시 수업은 부담스럽고."

하며 망설였다. 시 수업도 재미있게 할 수 있도록 함께 고민하며 준비해
보자고 설득했다. 시집을 하나 선정하여 학생들과 교사가 함께 읽고 시
인과의 만남을 가진다면 기존 수업 방식보다 의미 있는 수업이 될 것 같
았다. 그래서 3학년 1학기에 시 수업으로 제시된 7차시의 시간보다 3차
시 늘려 국어 시 수업 시간을 10차시로, 미술 4차시와 창체 2차시를 연
계하여 모두 16차시의 프로젝트 수업으로 교육 과정을 계획했다. 선생
님들끼리 최근에 나온 여러 동시집을 돌아가며 읽고 3학년 아이들 수준
에 맞을 것 같은 시집으로 『글자동물
원』(이안, 문학동네)을 골랐다.

이후 3월 교육 과정 설명회 때 3학
년 교육 과정 운영을 하면서 가장 중요
한 활동으로 시 프로젝트 수업 계획을
소개하였더니, 거의 모든 학부모님들
이 기꺼이 시집을 구매해 주셨다. 『글

자동물원』을 사서 학교에 가져오는 아이들이 늘어나고, 예정된 시인과의 만남을 기다리는 아이들이 하나둘 생겨나기 시작했다.

수업 시간에 시집을 읽다!

2월 말에 계획을 얼추 짜 두기는 했지만, 시 프로젝트 수업을 본격적으로 준비한 것은 4월에 들어서면서부터였다. 학교는 늘 바빴고, 교사들끼리 머리를 맞대고 협의할 수 있는 시간은 늘 부족했다. 시인과의 만남을 3주쯤 앞두고 동학년 선생님들끼리 『글자동물원』을 갖고 모였다. 아이들과 해 볼 활동을 먼저 교사들끼리 해 보기로 했다. 『글자동물원』을 처음부터 찬찬히 읽고 각자 마음에 드는 시 5편을 뽑았다. 그리고 또다시 한 편을 골라 돌아가면서 낭송하고 왜 그 시를 뽑았는지 이유도 나눴다.

"오랜만에 시집을 읽으니 괜찮네."

처음엔 시 프로젝트에 난색을 표했던 동료 선생님의 말에 마음이 환해졌다.(동시집을 처음 읽어 본다는 선생님도 계셨다.) 시를 빌려 자기 마음속 이야기를 나누었더니 서로 더 가까워진 기분이 든다고들 했다. 그 생경한 활동을 하면서부터 비로소 교사들의 마음이 적극적으로 움직였고 프로젝트 수업에도 힘이 실리기 시작했다. 계속 상의하면서 아이들과 재미있게 놀 만한 시를 찾아서 몸짓으로 놀기, 그림 그리며 놀기, 시인에게 궁금한 점 찾기, 시인에게 편지 쓰기, 시 바꿔 쓰기, 시화 그리기 등의 활동으로 프로젝트 내용을 구체화했다.

우리 반 친구들은 체육 시간에 '시 보물찾기'를 하자는 의견을 보냈고, 음악 전담 선생님은 노래가 된 시 〈토란잎 우산〉[2]을 아이들에게 가르치겠다고 했다.

그중 몇 가지 활동을 자세히 소개하려 한다.

① 국어 시간에 시집 『글자동물원』 읽기

시집으로 온작품읽기 수업을 할 때 가장 중요한 활동이었던 수업 시간에 『글자동물원』 읽기!

각자 찬찬히 시집을 읽기로 했다. 미리 읽어 온 친구들도 있지만, 수업 시간에 시집을 읽는 낯선 경험에 모두 진지하게 임했다. 천천히 읽기 시작하던 아이들의 입에서 "아, 재미있다!"라는 말과 웃음이 터져 나왔다. 옆 친구에게 "이거 좀 봐." 하며 킥킥대기도 하고, 혼자 슬며시 웃기도 했다. 시집을 읽으며 마음에 드는 시를 5편 뽑아 보라고 했다. 뽑힌 시에 붙일 포스트잇을 5장씩 나눠 주니 처음부터 마음에 드는 시를 골라 거침없이 붙여 나가는 아이들도 있었고, 고심하면서 붙였다 떼었다 반복하는 아이들도 있었다. 다행스럽게도 시집이 재미있었는지 시 5편을 고르지 못한 아이들은 없었고, 오히려 더 고르고 싶어 하는 아이들이 있었다. 하지만 5편만을 고르라고 하니, 처음부터 다시 읽고 망설이기를 반복하며 저마다 5편을 골랐다. 시 고르기를 마치자, 그중 딱 한 편을 골라 '나의 시'로 뽑으라고 했다.

---

2) 「토란잎 우산」이라는 이안 시인의 시에 백창우가 가락을 붙여 노래로 만들었다. '동시마중' 카페에 들어가면 악보도 있고, 음원도 들을 수 있다.(http://cafe.daum.net/iansi)

"또요? 그런데 2개 고르면 안 돼요? 이것도 좋고, 저것도 좋은데……."

갑자기 아이들은 시의 주인처럼 어느 것 하나도 버리기 어렵다고 아우성이었다.

처음부터 한 편만 고르라고 했다면 어땠을까? 아마 반응도, 결과도 달랐을 것 같다. 맨 처음 마음에 들어온 시 하나를 뽑고 말았을지도 모른다. 하지만 5편을 고른 후 다시 하나만 고르라고 하니, 5편을 다시 읽고 또 읽어서 한 편을 골랐다. 이어서 왜 이 시를 골랐는지 이유도 생각해서 쓰라고 했다. 자신의 경험과 비슷해서 고르기도 하고, 표현이 재미있어서 고르기도 했다. 의성어, 의태어를 찾는 교과서의 단순한 활동보다 훨씬 더 즐거운 시 읽기였다.

수업 시간에 시집 한 권을 처음부터 끝까지 읽는 경험은 시를 제대로

▲ 『글자동물원』 시낭송회

만나게 하는 가장 쉽고 효과적인 방법이었다. 그리고 그냥 읽어도 좋지만 좀 더 자신의 마음에 가깝게 다가온 시를 고르라는 주문을 하니 더욱 진지하게 시를 읽을 수 있었던 것 같다. '나의 시'를 뽑은 후에는 '우리 반 시'도 뽑았다. 스티커를 4장씩(스티커가 마침 4장뿐이어서) 나눠 주고 좋아하는 시, 멋진 시에 스티커를 붙이라고 하였더니 자기가 좋아하는 시가 뽑히기를 바라는 마음에 친구들을 설득하는 일도 일어났다. 아주 기초적이긴 하지만, 이것도 일종의 비평 활동이 아닐까?

② 우리 반 시 낭송회

열심히 고르고 고른 이유를 썼던 '나의 시'로 우리 반 시 낭송회를 했다. 먼저 시를 어떻게 낭송하면 좋겠는지 아이들의 이야기를 들었다. 분위기를 살려야 한다, 행과 연에서 여운을 주며 낭송해야 한다, 리듬감이 느껴지게 읽는다, 표정이나 목소리도 시랑 어울려야 한다 등 교과서적인 답변이 나오는 중,

"산책하듯 낭송해야 해요."

라는 대답이 나왔다. 그렇지, 시는 달리기가 아니지. 그 친구의 말 한마디에 시 낭송회가 산책길이 되었다. 책상을 뒤로 밀고 의자만 꺼내 빙 둘러앉은 후 가운데에 예쁜 화분을 하나 두었다. 그리고 모두 『글자동물원』을 들고 한 명씩 돌아가며 산책하듯 시를 낭송했다. 고른 이유도 함께 말했다. 처음에는 쑥스러워하였지만, 모두 진지하게 자신들이 뽑은 시를 어울리는 분위기로 낭송했다. 장난꾸러기 남자아이 한 명은 「고릴라」라는 시를 어울리는 몸짓과 함께 목소리도 바꾸어 낭송했다. 우리 반

모두는 한바탕 웃었고, 그 덕분에 시 낭송회는 즐겁게 마무리되었다. 나도 참여하여 「노랑이네 집」이라는 시를 떨리는 마음으로 낭송했다. 시를 읽으니 세월호의 아이들이 떠올라 마음이 슬펐다고 고른 이유를 말하는데, 진짜 울컥하여 말이 잘 나오지 않았다. 아이들에게서 저마다 고른 이유를 들으니 아이들의 몰랐던 마음을 엿볼 수 있는 기회가 되어 교사인 내게 참 의미 있는 시간이었다.

또, '시 바꾸어 쓰기' 활동도 했는데, 그것을 우리 반 시집으로 묶어서 자작시 낭송회도 하였다. 시집에 '2렇게 재미난 시', '시야, 내 마음을 부탁해!'라는 제목을 붙였는데, 자기들이 쓴 시를 시집 형태로 받으니 더욱 좋아했고, 자작시 낭송회도 모두 흥겹게 참여했다.

③ 놀이하며 시 자세히 만나기

시집을 다 같이 읽었기 때문에 초성 퀴즈를 하는 것도 수업 전 흥미를 유발하기 좋은 활동이었다. 칠판에 시의 제목을 초성으로 써 놓으면 아이들이 퀴즈처럼 맞히는 활동이다.

"(칠판에 'ㄱㄹ ㅂㅂ' 쓰고) 이 시는 어떤 시일까?"

여러 번 읽었기 때문에 아이들은 대부분 잘 맞혔고, 혹시나 못 맞히면 얼른 그 시를 찾아 다시 읽어 보기도 했다. 그렇게 시어에 대한 관심을 높인 후 『글자동물원』의 맨 앞에 나오는 「른자동롬원」과 「1학년」을 가지고 글자 놀이를 했다. 이 두 시는 3학년 모든 반에서 두루 인기가 높았다. 이 두 시를 읽고 글자 놀이를 하여 시 바꿔 쓰기를 해 보자고 하니 아이들의 관심이 높았다. 우선 우리말 중에 「른자동롬원」에 나온 것처럼 뒤집혀도 글자가 되는 말을 칠판 한가득 써 놓고, 「1학년」처럼 숫자가 들어가 말이 되는 낱말도 칠판 한 가득 써 놓았다. 그러고 나니 다들 시 쓰는 게 어렵지 않다며 즐겁게 시를 바꿔 썼다. 또, 자유롭게 쓰고 싶다고 하여 쓰고 싶은 대로 시를 쓰기도 했다.

5특급 2안 시인님 5시극 날

유은찬(3학년)

5특급 바로 높요!

2안 시인님이 5시극 날

그래서 아주 좋긍 날

2런 시 처믐 아니지?

2안 시인님2 어떻게 생겼긐지

난 안다.

네2버에서 찾아봤지울.

몇 시에 5실까?

8딱8딱 뛰다 보면 5실까?

땅콩

김밀준(3학년)

으드득 딱딱

소리가 나는 땅콩.

땅콩 껍질을

손으로 까자마자 바로 먹는다.

얼마나 고소한지

그 맛이

작년에 먹었는데도

생각난다.

　　몸짓으로 놀기에 적당한 시로 「안아요 놀이」가 있었다. 시를 읽고 시에 맞춰 '안아요 놀이'를 한 후, 어떤 때 자신을 안아 주면 좋을지 이야기 나누면 좋겠다고 생각했다. 먼저 모두 일어났다. 교사의 시 낭송에 맞춰 따라 해 보기로 했다. "눈을 감아요"라고 하면 눈을 감고, "두 팔을 양옆으로 벌리고"라고 하면 그대로 벌리는 거다. 마지막에는 자신을 포옥 안아 준다. "누워 해도 좋아요" 할 때는 교실 바닥에서 뒹굴뒹굴해도 (꾹 참고) 그냥 놔뒀다. 그것도 시와 즐겁게 놀이하는 거니까. 그리고 우연히 찾은 곰 인형 그림이 있어서 시 놀이 후에 활용하기로 했다.

"이 곰은 '안아요 곰'이
야. 자신을 언제 안아 주면
좋은지 이 곰에 써 볼래?"

그랬더니 부끄러움이
많은 우리 반 민주(가명)는
'친구들 앞에서 실수해서
부끄러울 때 나 자신을 안
아 줄래요.'라고 썼다.

▲ 시를 해석하여 그린 그림

「누가 한 말일까?」는 그림이 없고 옆에 빈 면만 있는 시[3]다. 누가 한 말인지 맞혀 보라는 시인의 말에 화가는 아예 빈 공간으로 놔두었다. 그래서 누가 한 말인지 예측도 해 보고, 만화처럼 말풍선도 넣어 보면 재미있겠다 싶어서 아이들과 그림을 그리기로 했다. '누가'를 맞혀 보라고 하니, 한참 갸웃거리다가 '눈사람'이라는 대답을 제일 많이 했다. 그러는 중에 '나무'나 '내 꿈'이라는 특별한 대답을 내놓는 아이들도 있었다. 그러고 나서 오른쪽 빈 화면에 저마다 해석한 대로 그림을 그려 넣었다. 저마다의 그림에는 저마다의 이야기가 담겨 있으니, 이것은 시 해석의 첫걸음이 될 수 있겠다.

---

3) 시집을 유심히 보다가 알게 된 사실인데, 시화가 그려진 면은 쪽수가 없고, 시화가 없는 면에만 쪽수가 있었다. 그런데 「누가 한 말일까?」가 실린 면은 왼쪽에만 시가 있고, 오른쪽에는 빈 화면인데 쪽수가 없어서 일부러 비워 놓았다는 생각을 하게 되었다. 이렇듯 정성들여 만든 시집은 이런 사소한 것에서도 의미를 찾을 수 있다. 직접 시집을 읽으니 얻게 되는 것들이 많다.

④ 시인과의 만남(창체 2차시)

시 프로젝트 수업의 절정은 시인과의 만남이었다. 이안 시인이 학교 정문에 오셨다는 전화를 받고 중간 놀이 시간에 내려가는데, 어떻게들 알고 운동장 여기저기에서 흩어져 놀고 있던 아이들이 모여들었다.

"이분이 이안 선생님이에요?"

순식간에 모여든 아이들에게 에워싸여 계단을 올라갔다. 겨우겨우 교사 연구실로 모시고 왔더니, 갑자기 시집을 들고 온 아이들이 연구실 문밖에서 시를 낭송하고, 〈토란잎 우산〉을 목 터져라 불렀다. 프로젝트 기간 내내 아이들이 손꼽아 기다린 것을 잘 알기에 무척 좋아할 거라고 예상하기는 했으나, 그 예상을 훨씬 뛰어넘는 환영의 열기에 시인도, 교사들도 무척 놀랐다.

5층 강당에 올라가서는 더 뜨거워졌다. 먼저 〈토란잎 우산〉으로 환영하는 마음을 노래한 후 이안 시인을 소개하였다. 그리고 반별로 '우리 반 시'를 낭송하고, 시인은 다시 그 시를 낭송해 주었다. 다 같이 낭송하니 입도 안 맞고 웅성웅성했지만, 저마다 열심히 낭송하는 게 눈에 쏙쏙 들어왔고, 자신들이 낭송한 시를 다시 시인이 낭송할 때는 다들 귀를 쫑긋했다.

그리고 진행된 '그것이 알고 싶다' 시간. 시인에게 궁금한 사항을 미리 받아 보니 반별로 비슷한 질문이 많았다. 질문통에서 무작위로 뽑으면 겹치기도 해서 아까운 시간을 허비할까 봐 많이 나온 질문을 다섯 개로 추렸다. 그 대신 반에서 몇 명이 궁금해했는지 밝혀 두니 긴 시간 내내 아이들의 관심이 계속 이어졌다. 그 외 질문은 질문통을 만들어 시인

▲ 이안 시인과 만난 아이들

이 직접 뽑고 답하도록 했다.

또 아이들이 시인에게 쓴 편지를 책으로 묶어 전해 드렸다. 자신들이 쓴 편지를 시인에게 직접 전달하는 모습을 보여 줄 수 있어서 좋았다. 세상에 하나뿐인 책 제목은 '이 안에 담은 우리들'.

이안 시인이 직접 이야기해 주는 시의 세계는 깊디깊었고 시인이 낭송하는 시는 더 맛났다. 그래서 그런지 시인과의 만남 이후 시인에게 더 큰 관심이 생긴 것 같은 아이들. 교실에서 함께 급식을 드시기로 했는데, 어디에서 드시느냐는 것 가지고도 우리 반 아이들과 한참을 실랑이해야 했다. 다른 반 아이 하나는 기어코 쫓아와,

"왜 1반에서 급식 드세요? 이거 누가 정한 거예요?"

억울하다는 듯 말하고 가더니 제 교실에서도 한참을 담임에게 따졌단다. 그날 하루만큼은 우리 학교에서 이안 시인이 연예인보다 더 뜨거운 인기인이었다.

『글자동물원』 온작품읽기 후에

프로젝트 수업이 끝났다. 이번 달 돌아보기 시간에 아이들은 가장 좋았던 일로 '이안 시인을 만난 일'을 꼽았다. 아마 3학년 말에 가서 올 한 해 가장 좋았던 일을 꼽으라고 해도 이 일을 꼽을 것 같다. 그만큼 아이들에게 매우 특별한 시간이었다. 많은 학교에서 작가와의 만남을 통해 작품을 더욱 깊게 이해하는 계기로 삼곤 하는데, 이번 프로젝트를 준비하면서 만나기 전에 활동들이 뒷받침되면 될수록 그 만남의 깊이가 다르다는 생각을 하게 되었다.

우리 반에는 아직도 자투리 시간마다 나만의 시집을 읽고 시를 옮겨 적는 아이들이 있다. 작은 변화지만 참 아름답다. 또 학부모 공개 수업 때는 「안아요 놀이」를 학부모와 함께 나눴다. 아이들과 학부모가 「안아요 놀이」 시에 맞춰 눈을 감고 자신을 꼬옥 안아 주는 모습이 아름다웠다. 시는 참 힘이 세다는 걸 그날 또 느꼈다.

그렇지만 시집 온작품읽기를 했다고 모든 아이가 항상 시만 생각하는 것은 아니다. 사실 학기 말인 요즘은 시를 생각하지 않는 아이들이 대다수라고 해야 솔직한 말. 그래도 나는 온전히 시를 만난 경험이 있기에 그 아이들 마음속에는 여전히 불씨가 살아 있다고 믿는다.

불볕더위에 모두 불쾌지수가 높아졌던 어느 날,

"염소 삽니다, 개 새끼."

재우의 입에서 이안 시인이 낭송해 준 시[4]의 한 구절이 별안간 툭 튀어나왔다. 그랬더니,

"개 삽니다, 염소 새끼."

라고 자연스레 화답하는 아이들을 보았다. 우리 반은 더위를 잊고 웃으며 시와 시인과의 만남을 떠올렸다.

그래, 그렇게 잊고 있지 않으면 된다. 그러다가 또 어느 순간, 마음에 즐거움과 위로가 필요할 그때, 시집을 꺼내 읽을 수도 있겠지. 그런 가능성을 열어 둔 것만으로도 이번 수업은 충분하지 않았을까 싶다. 앞으로도 아이들에게 시가 오시는 길을 조금 넓게, 조금 쉽게 열어 주는 교사이고 싶다.(이유진)

4) 여러 권의 시집, 함께 읽어요

여러 권, 함께 읽기를 계획하다!

교과서에 실리는 시는 교과서가 잠시 기거하는 집이 될 수밖에 없다. 그래서 교과서에 시가 실리면 시의 느낌이 사라진다. 시는 시집으로 읽었을 때 시적 감수성을 자극할 수 있다고 생각했다. 그림책이나 동화책은 수업 시간에 꾸준히 아이들에게 보여 주고 읽어 주었지만 시집은 왜 가져올 생각을 못 했을까! 그래서 교사의 집에 있던 시집을 교실로 들여놓기 시작했다. 그리고 도서관 구입 목록에도 좋은 시집을 꾸준히 신청하여 학교 도서관에 구비해 나갔다.

---

4) 이안 「개장수 따라 하기」 (『고양이와 통한 날』, 문학동네)

그리고 5~6학년 시 수업 핵심 성취 기준[5]을 살펴보았다. 다양한 문학 작품을 경험하고 그 안에서 자신의 생각을 다른 사람과 비교하며 작품을 찾아 읽을 수 있는 태도를 기르는 것이 중요했다. 아이들 각자가 스스로 선택한 작품으로 수업할 수도 있지만 문학이란 함께 읽고 이야기 나눔으로써 얻을 수 있는 안목과 감동이 크기 때문이다.

그래서 한 권의 시집 읽기와 함께 시도해 볼 수 있는 것이 여러 권의 시집을 함께 읽는 방법이다. 여러 권의 시집은 여러 단계에서 활용할 수 있다. 한 권의 시집을 깊이 읽기 전 단계에서는 아이들이 한 권의 시집으로 수업할 책을 고를 때 활용할 수 있다. 또 한 권의 시집을 깊이 읽으며 좋아하는 시를 고르는 경험을 해 본 후에는 여러 권의 시집을 함께 읽으며 자신의 마음에 와 닿는 시, 더 끌리는 작가를 찾아가는 징검다리로 삼을 수 있다.

① 수업 계획하기

우선 시 감상 수업을 몇 차시 동안 할지 정해야 한다. 보통 시집 한 권을 읽고 마음에 드는 시를 골라 이유를 적고 모둠과 이야기를 나누는 데

---

5) '2007 개정 교육 과정' 5~6학년군 문학 영역 핵심 성취 기준을 시 수업 중심으로 살펴보면 다음과 같다. 1. 자신이 인상 깊게 읽은 문학 작품에 대하여 이야기할 수 있다. 2. 작품에서 말하는 사람의 특징을 바탕으로 작품을 감상할 수 있다. 3. 비유의 의미를 알고 문학 작품에서 비유적 표현을 찾을 수 있다. 4. 다양한 언어생활 장면에서 생각과 느낌을 비유적으로 표현할 수 있다. 5. 작품의 내용이나 형식, 표현 방식을 모방하여 글을 쓸 수 있다. 6. 자신의 성장과 삶에 영향을 미치는 작품을 찾아 읽을 수 있다.

2차시 정도가 걸린다. 이렇게 시집을 바꾸어 수업을 몇 번 할지 재구성하는 과정에서 스스로 결정하거나 학년에서 협의하여 정하면 된다.

우리 반은 시집 4~5권을 1년에 걸쳐 4회 만나고 마지막에는 자신이 선택한 시집에서 시 고르기와 서평 쓰기를 하고 마무리했다. 그래서 1학기에는 3월과 5월에, 2학기에는 9월과 11월에 시 고르기를 하고 12월에 마지막으로 자신이 최종적으로 고른 시집을 읽고 시집 서평을 써 보았다.

하지만 한 학기에 달마다 한 번 정도 시 수업을 하고 마지막에 자신이 고른 시와 이유를 모아 시 감상문을 쓰는 것으로 마무리해도 좋겠다. 그 중에 마음에 드는 시집이 있다면 2학기에 좀 더 자세히 읽고 시인을 초청하여 직접 만나는 수업으로 연결할 수도 있다. 동료 선생님들과 머리를 맞대면 훨씬 다양한 수업 사례가 나올 것이다.

② 시집 고르기

다음은 시집을 고를 차례다. 모둠 수만큼의 시집을 고를 수도 있고 시 감상 수업을 몇 차시로 계획할 것이냐에 따라 그 횟수만큼 시집을 고를 수도 있다. 그러기 위해 평단 반응이나 수업 사례 반응이 좋은 시집들을 찾아보고 교사가 직접 시집을 읽어야 한다.

시집을 고를 때는 어린이 시선집과 동시 시선집도 꼭 넣었다. 어른이 쓴 시가 줄 수 없는 생생한 공감이 어린이 시에 있다. 실제로 아이들의 선택을 많이 받는 시는 의외로 어린이가 쓴 시가 많다.

동시집과 함께 다양한 시인이 쓴 시를 엮은 시선집을 넣으면, 내 마음을 읽어 준 시인과 시를 좀 더 두루 만날 수 있어 좋다. 우리 반이 함께 읽었던 시집은 『쉬는 시간 언제 오나』, 『근데 너 왜 울어?』, 『나도 모르는 내가』, 『까불고 싶은 날』, 『저녁별』이었다.[6]

③ 시집 준비하기

문학 작품 한 권으로 수업할 때는 책 준비를 어떻게 할 것인가가 고민이다. 학교 도서관에 똑같은 책을 20~30권 구입해 둘 것인지, 아니면 각자 구입하라고 할 것인지를 결정해야 한다. 그러나 여러 권의 시집은 그 고민이 덜하다. 계획에 따라 4~5권을 도서관에 미리 준비해 두면 된다. 부족할 경우에는 교사가 개인적으로 시집을 구입해 두는 것도 좋다. 그도 아니면 지역 도서관을 돌며 시집을 두세 권 더 준비해 놓을 수 있다.

학교 도서관에는 동화책이나 그림책은 제법 좋은 것들이 많은데 유독 시집은 부족한 경우가 많다. 교사들도 시집은 선뜻 읽지 않고, 수업 시간에 활용도도 낮아서 그렇다. 혹시 나중에라도 아이들과 함께 읽어 보고 싶은 시집은 3~4권씩 꾸준히 도서관에 신청하면 좋은 시집이 모인다. 몇 년만 지나도 학교 도서관 서가에는 좋은 시집들이 꽉 찬다. 그래야 교사 자신이 시집을 고를 때 선택의 범위가 넓어진다.

---

6) 『쉬는 시간 언제 오나』는 어린이 시선집이고, 『근데 너 왜 울어?』와 『나도 모르는 내가』는 동시인들의 시선집이다. 어린이 시와 다양한 동시를 3권으로 접해 볼 수 있었는데, 아이들은 동시인 시선집에서 읽은 시인의 책을 빌려 읽는 것으로 활용의 효과를 보여 주었다. 『까불고 싶은 날』은 초등학교 교사인 정유경의 시집인데, 초등학교 고학년 아이들 모습이 잘 드러나 아이들에게 와 닿는 시가 많을 것 같다고 추천받아 선정하였다. 『저녁별』은 송찬호 시집으로, 동시인단의 추천이 많았다. 당시 『국어 5-1』 단원 참고 시로, 빼어난 작품이라고 평가 받는 「저녁별」이 실려 있어, 시집으로 하는 수업을 시작하던 첫 해, 교과서 수록 작가의 시집이라는 안전장치까지 되어 주었다.

여러 권, 함께 읽기를 시작하다!

3월, 새로 만난 친구들이 아직 낯설 무렵 대부분 초등학교는 문학 단원 '시'로 국어 수업을 연다. 시를 읽다 보면 자기 이야기가 술술 나온다. 또 일반적으로 동화책보다는 짧은 시간에 한 권을 읽을 수 있기 때문에 수업 시간 중에 읽고 이야기 나누기에 좋다.

① 교과서 시 맛보기

아이들과 시 수업에 대한 이야기를 나누고 교과서에 실린 시를 맛보게 한다. 교과서에 실린 시가 좋을 때도 간혹 있기는 하다. 하지만 마음에 드는 시를 만날 기회는 적다. 당연히 시를 읽고 나눌 수 있는 이야기도 많지 않다. 시를 읽는 아이들 눈빛이 그리 반짝이지 않는다. 따라서 교과서로 시를 공부하고 시집을 주면 시집으로 수업하는 것이 훨씬 재미있다는 것을 아이들 스스로 느낀다. 교과서 시에 갇혀 있던 아이들은 시집을 만나, 시란 재미있고 마음을 울릴 수 있는 좋은 문학 작품이라는 것을 알아 가게 된다.

② 여러 권의 시집 소개하기

시집이 준비되었다면 이제 아이들에게 소개해야 한다. 시집은 줄거리가 없으니 함께 읽을 시집의 특성을 설명해 주었다. 우선 시선집이 포함되어 있기 때문에 시집과 시선집의 차이를 설명해야 한다. 한 작가가 쓴 시를 모아 놓은 것은 보통 시집이라고 부르고, 여러 사람이 쓴 시를 골라 묶어 놓은 것은 시선집이라고. 그래야 아이들이 시를 고르고 옮겨 쓸 때, 동시집을 고른 아이가 "선생님, 이건 작가 이름이 없어요."라고 질문하는 걸 피할 수 있다. 시선집의 경우 시마다 작가 이름이 적혀 있지만 시집은 한 사람이 쓴 것이니 시마다 이름을 적을 이유가 없기 때문이다. 또 작가가 어린이인지 동시인인지도 알려 준다. 통상적으로 글쓴이에 따라 어린이가 쓴 시는 어린이 시라 하고 동시인이 쓴 시는 동시라고 구별한다는 것도 알려 준다.

이제 아이들은 이 기본 정보를 가지고 겉표지를 보고, 그림을 보고, 별다른 정보 없이 시집을 선택한다. 그래도 아이들은 "선생님, 저는 일단 어린이들이 직접 쓴 시를 보고 싶어요.", "선생님, 저는 초등학교 선생님이 쓴 시요.", "저는 시선집으로요.", "저는 이 제목이 좋아요."와 같은 말을 하며 나름의 선택 기준을 갖는다.

③ 따로 또 같이 읽기

시집을 선택했으면 같은 시집을 고른 아이들끼리 모둠을 지어 앉는다. 그리고 스티커를 5장씩 나누어 주고 마음에 드는 시에 붙이라고 한다. 5장을 다 쓰면 먼저 붙인 다섯 편의 시를 다시 읽어 보고 한 장을 떼어 새로 만난 시에 붙여야 한다고 말해 준다. 잠시 긴장감도 돌고 생기도 돈다. 아이들이 시를 읽기 시작하면 참 놀라운 변화를 볼 수 있다.

책장을 한 장 한 장 넘기며 입가에 미소가 지어지면 스티커가 어김없이 붙는다. 스티커를 다 붙이고 나면 "선생님, 한 장만 더 주시면 안 돼요?" 물어보기도 한다. 물론 꼭 5장을 다 붙여야 하냐고 물어 오는 경우도 있다. 그럼 그냥 인정해 주면 된다. 또 시를 읽는 중에 자신이 발견한 재미난 시를 옆 친구에게 알려 주고 싶어 안달하는 장면도 볼 수 있다. "야, 이거 봐." 하며 머리를 맞대고 같이 읽으며 웃기도 하고, 친구가 웃고 있으면 "뭔데, 뭔데?" 하며 또 같이 읽는다. 함께 읽는 재미가 더해지는 것이다. 더욱 반가운 모습은 스티커를 뗐다 붙였다 하는 것이다. 5장을 다 써 버렸기 때문에 한 편은 포기해야 하는데 그 포기가 너무나 안타까운 거다.

④ 내가 고른 시 한 편!

이제 아이들에게 그중에서 시 한 편만 고르라고 한다. "어우, 다 좋은데." 하면 그 시집은 그 아이의 마음에 폭 들어간 시집이 된다. "난 이거." 하고 바로 고르는 시는 그 아이 마음에 꼭 든 시가 된다. "난 고를게 없는데……"라는 반응이라면 그 시집과 아이는 인연이 없는 거라고 보면 된다. 그래도 한 편은 골라 보라고 했다. 내가 고른 시선집을 만들어야 했기 때문이다. 돌이켜 보면 그 선택도 존중해 주는 것이 맞을 것 같다. 그 빈자리는 더 마음에 드는 다른 시가 차지할 수도 있으니 말이다.

아이들은 자신이 고른 시를 옮겨 적을 색지를 선택한다. 처음엔 알록달록해야 더 예쁠 것 같아 색지를 준비했는데, 예상치 못한 반응을 발견했다. 아이들은 좋아하는 색만 고르지 않았다. 시에 어울리는 색지를 고르고 싶어 하는 아이들이 눈에 들어왔다. 보통 빨간색과 같은 짙은 색은 잘 선택하지 않는데 가끔 찾는 경우가 있었다. 「백점 맞기」(동시마중편집위원회, 『근데 너 왜 울어?』, 상상의힘)라는 시를 고른 아이는 엄마가 사랑 똑같이 잔소리를 하는데 자신의 마음이 죽는 것 같다고 했다. 그래서 자기 마음처럼 어두운 종이에 시를 적고 싶다고 했다. 시에 아이들 삶이 따라 나온다.

백점 맞기

진현정

엄마가 얘기했지?
문제는 천천히 읽고
다 풀고 다시 한번 검토하라고.
한 문제 안 틀리는 거
그게 실력이니까
절대 실수하지 말라고
그랬니 안 그랬니?
정신 똑바로 안 차리니까
이 모양이지
꼭 한 개씩 틀리잖아.
몇 번을 말해야 알아듣겠니?
근데 너 왜 울어?

시를 옮겨 적고 뒷장에 시를 고른 이유를 적는다. 특히 어떤 부분이 공감이 되었는지 적고 간단히 이유를 적으라고 했고, 마음에 드는 표현이 있으면 그 표현을 쓰고 이유를 적어 보라고 했다. 또 느린 친구에게 빨리하라고 몰아세우지 않도록 시간을 조정해 줄 수 있음을 알려 주면,

아이들은 기다리는 시간 동안 옮겨 적은 시 옆에 그림을 그리기도 하고 조용히 다시 시집을 눈으로 읽어 보기도 한다. 그리고 자기들끼리 서로 어떤 시에 붙였는지 비교하며 이야기를 나눈다. "아, 나도 그 시 좋았는데." 하면서 말이다.

| 이 시를 고른 이유 |

• 이 시에 공감이 되고 나도 똑같이 엄마 잔소리를 많이 들어서 이 시를 골랐다. 그리고 이 시로 바꾸어 쓰면 할 말이 많을 것 같고 우리 엄마가 하는 잔소리와 98% 정도 비슷하다.

• 먼저 이 시에는 내가 시험을 봤을 때 엄마가 하는 말씀과 같아서 재미있다. 어떤 면에서는 서운하다. 내가 이 시에 나오는 '나'가 되어 보면 내 마음이 어떨지 잘 알겠다. 엄마의 말이 시가 될 수 있다는 것도 신기하다.

| 시 다시 쓰기 |

백점 맞기

최영진(5학년)

엄마 머리에서
화산이 폭발했다.

엄마의 입에서

콤보 50이 넘는

잔소리가 나왔다.

나는 말을 듣느라

귀가

터질 뻔했다.

엄마의 잔소리가

드디어

끝났다.

⑤ 내가 고른 시 낭송하고 이유 발표하기

모둠별로 발표해도 좋지만 모든 아이 앞에서 낭송하도록 했다. 모든 아이들이 바라볼 수 있는 앞쪽 자리에 의자를 하나 두고 거기 앉아 낭송을 한다. 무척 쑥스러워하는 아이도 있지만 어떤 아이들은 빨리 발표하고 싶어서 안달이 난다. '내가 발견한 시'를 빨리 친구들에게 소개해 주고 싶은 마음인 것이다. 친구들이 모두 바라보는 가운데 시를 낭송하면 목소리의 떨림이나 울림이 오롯이 전해진다.

아이들이 고르는 시에는 아이들 삶이 묻어날 수밖에 없다. 사실 재미있는 상상이나 비유적인 표현이 좋아 시를 고르기도 하지만 아이들이

묶은 시선집을 학년 말에 같이 읽어 보면 대부분 자기의 마음을 잘 읽어
준 시가 많다. 공감이 가는 것이다.

「백점 맞기」는 대도시 아파트 단지 학교에서 5학년 아이들을 가르쳤
을 때 선택을 많이 받았던 시다. 당시에는 아직 중간·기말 고사가 있었
는데 그래서인지 「백점 맞기」는 아이들이 뽑은 최고 공감 시였다. 시 쓰
기 시간에 자기가 만든 시선집 가운데 한 편을 골라 자신의 경험을 바탕
으로 시를 써 보자고 했는데, 그때도 대다수 아이들은 「백점 맞기」를 바
탕으로 자기 이야기를 드러냈다.

이 아이가 쓴 것처럼 내 마음에 와 닿은 시는 '하고 싶은 말이 많게'
한다. 그리고 그 마음은 아이의 시로 다시 태어난다. 생각지도 못한 친구
의 이야기에 모두 숙연해지기도 하고 깔깔거리며 웃음을 터뜨리기도 한
다. 그래서 이렇게 시 수업을 마치고 나면 아이들 관계가 다소 말랑말랑

▼ 친구들 앞에서 시를 낭송하는 모습

▲ 교실에 걸어 둔 시 날개

해짐을 느낄 수 있다.

또한 친구의 입을 통해 전해지는 재미난 시나 마음을 울리는 시는 그 시집을 읽지 않은 친구들에게 자연스러운 책 소개가 된다. 그래서 다음 시 수업 때는 서로 읽고 싶은 시집이 생긴다. 아이들이 시를 옮겨 적은 종이는 (이를 시 날개라고 이름 붙였다.) 집게로 집고 마끈에 달아 교실에 걸어 둔다. 시 날개는 나중에 시선집에 붙여 완성한다. 그러면 자연스럽게 시 다시 읽기가 일어난다. 쉬는 시간이면 아까 들었던 시를 다시 만나러 가는 친구들이 생긴다. 그리고 그 앞에서 다시 자기들 이야기로 이야기꽃을 피운다.

⑥ 다음 시집 만나기

두 번째 시 수업이 시작되면 아이들 시선에 꽂히는 시집들이 있다. 이번엔 '내가 저 시집을 읽어 봐야지.' 하는 마음이 생기는 것이다. 세상에! 읽고 싶은 시집이 생기다니. 아이들 반응에 절로 신이 난다. 이제부터는 발표할 때 아이들 반응이 흥미로워진다. 친구가 나와서 시 제목을 말하는 순간, 첫 번째 시 수업에서 이미 그 시를 읽은 친구들은 "와, 나도 저 시 좋아했는데." 하기도 하고 "어? 나도 그 시 선택했었는데." 하며 오랜 친구라도 만난 듯이 좋아한다. 이렇게 수업이 4차례 반복되다 보면 마지막엔 4권의 시집이 우리 반 속에 들어왔다는 느낌을 받게 된다. 친구들이 시를 낭송할 때마다 점점 반응이 늘어난다. 공유하는 시가 늘어나고 어떤 상황이 되면 떠오르는 시가 생겨난다.

⑦ 내 마음의 시집 소개하기

1년이 끝나 가면 아이들은 어쨌든 4권의 시집을 다 읽게 되고, 자신이 읽고 싶은 시집을 골라 중간중간에 스스로 시 날개를 만들어 간다. 그렇게 읽다 보면 자기 마음에 드는 시집이 생긴다. 그래서 시 수업 마지막에는 시집 한 권을 선택하여 마음에 드는 시를 3~4편 골라 그 시집을 소개하는 서평을 써 보았다. 똑같은 시집을 4~5권 준비했기 때문에 책이 부족한 경우에는 미리 동네 도서관에서 빌려 오라고 했다. 서평을 쓰기 전에 시집 뒤에 실린 해설 글을 함께 읽어 보고 어떻게 쓰면 좋을지 참고하게 하는 것도 도움이 된다. 마음에 드는 시를 쓰고 그 이유를 나열하듯이 쓴 친구들이 대부분이지만 정말 멋지게 시집 설명을 써 낸 친구들도 있었다. 다음에 다시 수업을 한다면 여러 시집을 함께 읽은 후 만나고 싶은 시인의 동시집을 선정하여 작품을 더 찾아 읽고, 작가를 초청하여 만나는 자리를 아이들과 함께 만들어 가고 싶다.

시집, 아이들 곁에 놓이다!

시선집에 시 날개가 한 장 한 장 붙어 갈수록 자기 시선집을 바라보는 눈빛에서 뿌듯함이 배어난다. 먼저 골랐던 시를 다시 읽기도 하고 시집 읽는 시간을 기다리기도 한다. 시집으로 온작품읽기를 하기로 마음먹은 뒤 3월 시 수업이 시작될 때 교실에 40여 권 정도의 시집을 꽂아 두었다. 좋다고 생각되는 시들은 교사가 모아 언제나 교실에 두어야 한다.

시집을 통째로 수업으로 들여온 첫 해, 두고두고 기억나는 한 장면이 있다. 그때는 내가 새로 구입한 그림책이나 동화책, 시집은 내 자리 뒤에 꽂아 두었다. '작은 책방'에 꽂아 둔 책들은 언제나 수시로 읽거나 빌려 갈 수 있지만 나름 '새로 나온 책' 자리였던 교사의 뒷자리 책은 허락을 받고 가져가도록 했다. 감시하려고 한 것이라기보다는 새로운 책에 대한 반응이 궁금했기 때문이다. 그래서 책을 돌려받을 때 짧게라도 어땠는지 물어보며 반응을 살폈다. 그해에는 시집을 좀 많이 구입해서 30여 권 정도가 뒷자리에 있었다.

쉬는 시간에 다음 수업 준비를 하며 앉아 있는데 뒤에서 한 남학생이 시집을 고르는 친구에게 하는 말이 들린다. 바로 뒤돌아보지는 않았지만 누구의 목소리인지도 알겠다. 조용조용 나누는 대화에 절로 미소가 지어졌다.

"야, 『깜장 꽃』 읽어 봐. 좋은 시가 많아."

"그래? 뭐가 좋은데?"

"그냥, 시가 따뜻해."

"그래? 선생님, 이거 빌려 가도 돼요?"

내가 당연하다고 말할 차례다. 책을 권한 아이에게 말했다. 『깜장 꽃』 (김환영, 창비)을 그새 읽어 보았냐고, 선생님도 무척 좋아하는 시집인데 참 반갑다고 말이다. 아이는 얼굴이 빨개진다. 1년이 지나면 아이들의 시선집이 완성된다. 여전히 시를 선택한 이유를 '공감이 간다' 혹은 '재미있다' 등 한두 줄 정도로 짧게 쓰는 아이들도 있다. 하지만 그게 무슨 상관인가. 아이들이 시를 많이 읽을 수 있었고 자기 마음에 드는 시를 읽으며 위안을 얻을 수 있었다면, 그리고 시집을 자연스레 골라 읽게 되고 친구에게 읽어 보라고 권할 수 있는 시집을 발견했다면 아이들 삶에 시가 함께했다는 증거가 아닐까.(조연수)

2

그림책은 그림책답게

　지금은 '그림책'이라는 말이 하나의 장르를 나타내는 용어로 굳어졌지만, 20년 전만 하더라도 '그림 동화', '그림 이야기책', '이야기 그림책'과 같이 혼용되었다. 학교 현장에서는 '2011 개정 교육 과정' 1~2학년군 국어 자료의 예에서 '그림책'이라는 용어가 처음 도입되었다.

　그림책은 글과 그림이 함께 이야기를 전달하는 통합적인 예술 작품이다. 마리아 니콜라예바는 '그림책은 시각적이고 언어적인 두 가지 수준의 의사소통에 기초를 둔 고유한 예술의 형태'[7]라고 설명하였다. 그러나 단순히 이야기와 그림이 있다고 해서 그림책이 되는 것은 아니다. 어른

7) 현은자, 김세희『그림책의 이해 1』(사계절) 머리말 재인용

들은 주로 글에 집중해서 그림책을 읽지만 아이들은 그림을 매우 날카롭게 본다. 그래서 그림책의 그림은 문장 표현 이상으로 이야기의 내용이 부족함 없이 적절하게 그려져 있어야 한다. 또한 그림책의 그림은 동화의 삽화와는 다른 역할을 하기 때문에 그림책을 읽을 때는 글과 함께 그림을 읽는 것이 매우 중요하다. 그림뿐만 아니라 앞표지와 뒤표지, 면지, 속표지, 판형, 그림의 배치 등도 아이들과 함께 읽어야 한다. 그림책은 앞표지부터 뒤표지까지가 온전히 하나의 세계이기 때문이다. 그러므로 그림책을 온전하게 이해하기 위해서는 글만 읽어 주어서는 안 된다. 교사가 그림책을 이루고 있는 모든 요소들을 함께 읽어 내도록 안내하는 친절한 안내자가 된다면, 아이들은 그림책을 더욱 풍부하게 만날 수 있다.

그림책의 표지는 이야기 속으로 들어가기 전에 만나는 안내문과 같다고 할 수 있다. 우리는 책의 내용에 관한 반응을 이끌어 내는 기초로 표지의 시각적 정보를 활용한다. 그림 작가들은 이야기의 본질적인 성격을 요약한 것을 표지 그림에 담아 본문이 전하려는 분위기를 확립하는 데 도움을 준다. 그러므로 이야기를 읽기 전에 그림책의 표지를 읽는 것은 매우 중요하다. 표지를 넘기면 나타나는 면지도 색과 그림 등을 통해 이야기의 전체적인 분위기를 표현한다. 속표지는 단순한 본문의 시작이 아니라 본문에서 보이지 않는 부분을 제시 또는 암시하면서 독자로 하여금 이야기의 양태에 주목하게도 하고, 복선을 표현하기도 하며 표지와 본문을 연결해 주는 역할도 한다.

그림책의 판형도 매우 중요한 요소이다. 가로가 긴 책들의 특별한 폭은 그림 작가들로 하여금 인물이 차지하는 장소에 관한 정보, 곧 인물의 배경에 관한 정보를 특별하고 세밀하게 묘사할 수 있게 한다. 그러나 가로가 좁은 책이나, 펼침면의 한쪽 면에만 그림을 넣은 책은 배경을 묘사할 여지가 많지 않다. 따라서 묘사된 인물에 더 집중하게 하고 더 밀착해 동일시하게 한다. 그리고 커다란 책에서는 자유분방하고 활력으로 가득 찬 이야기를 기대하게 되고 작은 책에서는 더욱 여리고 섬세한 이야기를 기대하게 만든다.[8] 물론 아이들과 함께 그림책을 읽을 때는 판형의 이런 요소들을 설명할 필요는 없다. 그림책을 읽기 전이나 읽은 후에 '이 그림책은 왜 이렇게 가로로 길게 만들었을까?' 같은 질문을 던지며 다른 판형의 그림책과 비교해 보는 것만으로도 충분하다. 아이들을 온전한 그림책의 세계로 인도하는 친절한 안내자가 되기 위해서 교사가 먼저 그림책의 요소들을 온전히 읽어 낼 수 있으면 좋다.

학교 현장에서 그림책에 집중하게 된 계기는 그림책만이 갖는 매력이 너무나 크기 때문이다. 수업 시간에 교사 앞에 둘러앉아 같은 눈높이에서 읽어주기에 딱 들어맞는 자료이다. 그림책은 보통 32쪽 정도의 분량이어서 수업 시간에 온전하게 읽어 줄 수 있다. 주제와 소재의 영역이 판타지에서부터 일상생활까지를 모두 포함하고 있어 어떤 주제, 어떤 교과로 수업을 하더라도 알맞은 그림책을 찾을 수 있다. 또, 1학년부터 6학년까지 어느 학년이나 적용하여 읽어 줄 수 있다.

하지만 이런 그림책의 매력이 오히려 그림책을 온전하게 읽어 내는

---

8) 페리 노들먼 『그림책론』(보림) 99~100쪽 참고

것을 방해하기도 한다. 수업의 동기 유발 자료나 도덕 교과서(인성 교육)의 훈화 자료를 대신해 그림책을 글 위주로 읽어 주는 경우가 많다. 또는 그림책을 미술 활동을 위한 도입 단계로 읽어주기도 한다. 그림책이 도구적으로 활용되는 경우라고 할 수 있다. 그림책을 읽고 다양한 활동들을 하는 것은 좋다. 하지만 좋은 그림책은 그 자체만으로도 훌륭한 예술 작품이다. 다른 수업을 위한 자료로 사용하기 전에 그림책을 그림책답게 읽어 주는 것이, 그래서 아이들이 그림책의 매력을 충분히 향유할 수 있는 시간을 갖게 하는 것이 필요하다.

그림책을 읽어 줄 때 아이들은 교실 바닥에 앉고 교사는 아이들 의자에 앉아 그림책을 보여 주면서 읽어 주면 좋겠다. 실물 화상기나 카메라, 컴퓨터 같은 기기를 통해서 읽어 주면 그림책만이 갖고 있는 판형의 특징, 그림이 빚어내는 색감과 질감, 그림의 시선을 제대로 보여 주기가 어렵다. 교사가 그림책을 들고 아이들 앞에 앉았다면 바로 본문 읽기로 들어가지 말고 앞표지부터 시작해서 면지, 속표지까지 차분히 살펴보며 아이들과 이야기를 나누는 것이 좋다. 왜 이런 모양과 크기로 만들었을지 질문을 해 보아도 좋다. 본문으로 들어가서는 이야기와 함께 그림도 아이들과 읽어 보고, 마지막으로 뒤표지를 보며 그림책을 읽고 난 후의 여운을 느끼는 시간도 가져 보자. 이런 일련의 과정이 그림책을 그림책답게 읽어 주는 온작품읽기 활동이라고 말할 수 있다.

따라서 이 장에서는 그림책을 그림책답게 읽는 활동에 초점을 맞추어 수업 사례를 정리하였다.

1) 글자 없는 그림책

글자 없는 그림책의 서사는 당연히 그림에 기댈 수밖에 없다. 그러다 보니 그림의 모든 구성 요소 하나하나가 모두 다 의미를 갖는다. 점, 선, 면, 색, 그리고 여백까지, 어느 것 하나도 허투루 볼 수가 없다. 그림을 충분히 들여다보고 그 속에 있는 이야기를 찾아내도록, 아이들이 마음껏 글의 역할을 하도록 열어 주는 그림책을 고르면 좋다.

마음의 '경계'를 넘어서는 그림책
『파도야 놀자』(이수지, 비룡소)

세계적으로 이름을 알리고 있는 그림책 작가 이수지의 작품이다. 어느 여름 날, 바닷가에 놀러 온 아이와 파도, 갈매기들의 신나는 하루가 생생하게 펼쳐진다. 처음에는 바다로 한달음에 달려갔으면서도 막상 들어가기를 머뭇거리던 아이가 파도와 친해지는 과정을 긴장감 있고 재미있게 풀어 갔다.

바다와 파도에 대한 아이들의 기대와 두려움을 놀이하듯 풀어 낸 이 작품은, 책이라면 어쩔 수 없이 생기는 '경계'를 활용한 점도 눈에 띄는 부분이다. 목탄을 사용하여 표현한 선은 아이의 자유로움을 표현하는 데 적합하고, 파란 파도를 더욱 도드라지게 보이게 만든다. 가로로 긴 판형은 넓은 바닷가를 효과적으로 보여 준다. 앞면지와 뒷면지의 차이, 갈매기들의 변화, '경계'를 이용한 아이의 심리 표현 등 이야깃거리가 작품 곳곳에 숨어 있다.

◖◗ 수업의 초점

『파도야 놀자』는 글자 없는 그림책이다. 그림만 그려진 책을 어떻게 읽어 주어야 하나 어려워하는 교사들이 꽤나 많다. 그림 상황만 간단하게 짚어 주며 휙휙 넘긴 후 '끝' 하고 책을 덮어야 하는 건지 난감하다. 반면 아이들은 글 없는 그림책을 참 좋아한다. 글이 없으니 얽매이는 부분 없이 오랫동안 그림을 보고 상상의 날개를 펼칠 수 있기 때문이다.

원래 그림책이란 글과 그림이 만나 이야기를 만들어 내는데, 글 없는 그림책은 오롯이 그림만으로 승부를 거니 그림이 정말 짜임새 있게 들어가 있고, 그림만으로도 서사가 풍부하다.

아이들에게 그림을 충분히 보여 주고, 스스로 이야기를 만들 수 있도록 유도해 줄 필요가 있다. 앞서 말한 작품의 특징을 살려 곳곳에 숨겨진 이야기를 찾아내도록 교사가 이끈다면 재미있는 그림책 읽기가 될 수 있으며, 저마다 갖고 있는 여름 이야기를 풀어낼 수 있을 것이다.

⊙● 그림책답게 그림책 읽기 흐름

단계	활동
읽기 전	• 표지 보며 호기심 자극하기 – 표지를 보고 어떤 느낌이 드나요? 바다에 갔던 경험을 이야기해 주세요. – 책의 모양이 어떤가요? 가로로 길게 만든 이유가 있을까요? – 제목의 글씨를 보니 어떤 느낌이 드나요?
읽기 중	• 앞면지부터 바다와 가까워지도록 안내하기 – 앞면지는 어떤 걸 표현한 걸까요? • 글 없는 그림책에 이야기 만들어 읽어주기(장면 1) – "우아, 드디어 바다가 펼쳐졌다! 갈매기들도 같이 있네."(놓칠 수 있는 갈매기들도 이야기로 끌어들이기) – "파도가 몰려온다. 도망가자. 다다다다다. 갈매기들도 다다다다다." – "으르르릉! 아이가 파도에게 겁을 주니 파도도 으르르르릉." • 파도의 움직임과 아이가 파도를 피해 달리는 모습 흉내 내기 • '경계' 너머의 세계 들여다보기(장면 5~7) – 아이는 왜 고개를 갸우뚱하고 있을까요? – 팔을 뻗어 봅니다. 어? 그런데 좀 이상하지 않나요? – 갈매기들의 모습이 조금 달라졌습니다. 혹시 달라진 점을 찾았나요? – 왜 이렇게 표현했을까요? tip • 이수지는 책이라면 어쩔 수 없이 생기는 책의 중앙에 있는 '경계'를 일부러 활용하여 그림책의 세계를 더 넓혔다. '경계'를 중심으로 왼쪽 화면은 아이의 머뭇거림을 나타내고, 오른쪽 화면은 마음껏 놀고 싶은 욕구의 세계를 표현한다. 갈매기들의 날개를 보면 약간 파랗게 색이 칠해져 있다. 경계가 무너지고, 파도의 세계에서 마음껏 놀기 시작하는 아이의 마음이 잘 표현되었다.

단계	활동
읽기 중	• 놀이의 세계로 넘어오기(장면 11) – "넘어올 테면 넘어와 보시지. 메롱." – 아이는 파도가 넘어오지 못할 것 같다고 생각하는데, 어떤 일이 벌어질까요? • 마음의 '경계'를 넘어서기(장면 14) – 결국 흠뻑 젖었네요. 주위를 둘러보니 무엇이 보이나요? – 자, 여러분이라면 이제 어떻게 할까요? tip • 하늘과 바다 모두 파란 장면, 기분까지 시원해지는 장면이다. 이제부터 하늘은 계속 파랗게 나오는데, 처음 바다에 왔을 때와는 다른 세계가 되었음을 나타낸다. – 엄마가 이제는 가야 할 시간이라고 합니다. 잘 놀아 준 파도에게 인사를 해 볼까요? • 뒷면지 보고 바다가 준 선물에 대해 이야기 나누기 – 앞면지와 달라진 점을 찾아보세요.

〈장면 1〉

〈장면 6〉

단계	활동
읽기 후	• '바다에 가면, ○○도 있고' 놀이 하기 • 경험 나누기, 여름 놀이 계획 세우기(선택) – 바다에서 즐겁게 놀았던 경험을 나눠 주세요. – 처음에는 머뭇거리거나 망설였는데, 막상 용기를 내어 도전해 보니 재미있었던 적이 있나요? – 이번 여름에 무엇을 하고 싶나요? 즐거운 계획을 세워 봅시다.

〈장면 11〉

〈장면 14〉

◑ 수업 이야기

하얀 바탕에 바다색의 제목이 맨 먼저 눈에 들어오는 표지. 게다가 표지 속 뒷모습의 아이처럼 독자인 우리도 파도와 정면으로 마주하고 있기 때문에 표지를 한참 들여다볼 시간을 주려고 했다. 제목이 주는 느낌을 물으니 파도가 넘실대는 것 같다고 했다. "파도 글씨체예요."라고 한 지선이의 말에 모두들 고개를 끄덕였다. 책 모양이 가로가 긴 판형이라는 것을 언급하니, 바다 모양이라서 그렇단다.

예전에는 글자가 없는 그림책을 읽어 줄 때 이야기를 만들어야한다는 생각이 있어서 읽어주기가 참 힘들었다. 요즘에는 먼저 재미있는 말을 넣거나 대화를 넣어 간단하게 이야기를 꺼내고, 아이들이 자기 이야기를 할 틈을 많이 주려고 한다. 그럼 한참 그림을 보고 '아, 나도 가고 싶다.', '바다 가면 좋겠다.' 등의 느낌을 자연스럽게 나누게 된다.

이수지의 그림책은 구석구석 숨겨진 이야기가 많아서 아이들이 숨은 그림 찾듯 이야기를 찾아가도록 도와주는 질문을 하는 게 좋다. 면지도 빠트리지 말고 말이다. 앞면지는 마치 모래 그림을 보는 것 같은데, 모래사장이라고 바로 대답하는 아이들도 있고, 대답을 들은 뒤 그제야 그럴 것 같다고 고개를 끄덕이는 아이도 있다. 역시 같이 읽으면 놓쳤던 그림을 다시 볼 수 있다.

아이들이 또 즐겁게 보는 것은 갈매기들이다. 아이들은 주인공 아이를 보면서도 갈매기의 움직임을 무척 재미있어했다. 파도가 몰려오는 장면을 읽을 때마다 괜히 들썩이는 마음에 두 손가락을 이용해 '다다다다' 하며 아이가 달아나는 모습을 표현하곤 하는데, 몸이 날랜 아이들도 이런 장면에 빠지지 않았다. 일어나 직접 달리는 시늉을 하고, 파도가 아이에게 겁주는 것처럼 두 팔을 크게 들어 보이는 동작으로도 표현했다. 커다란 파도가 넘어오려 할 때 더 이상 두려워하지 않고 "넘어올 테면 넘어와 보시지. 메롱.” 하며 약을 올리는 것을 특히나 재미있어하며 따라 했다.

　이 그림책의 절정은 ‘경계’를 넘어서 파도가 아이를 덮어 버리는 장면이다. 이 장면을 보여 주기까지 최대한 뜸을 들이려고 했다. ‘어떻게 되었어요?’라며 궁금해하는 아이들의 애를 태우면서 읽어 주는 재미를 교사 역시 즐길 수 있기 때문이었다. 물론 이런 순간에 매번 흥을 깨는 친구들이 있긴 하지만 말이다.

　“이번에는 파도가 넘어와 애를 덮어 버린다.”

　건수의 말에 곱지 않은 시선들이 건수에게 쏠렸다. 그 틈을 타 건수의 머리에 책을 덮은 후 ‘철퍼덕’이라고 소리 내 주었더니 파도를 뒤집어쓴 것처럼 건수도, 아이들도 좋아했다.

　뒷면지까지 다 보고 나니 ‘바다에 가면’이라는 놀이가 떠올랐다. ‘시장에 가면’이라는 놀이를 바꾸어서 ‘바다에 가면 파도도 있고, 조개껍데기도 있고’ 하는 놀이를 해 보기로 했다. 그리고 여름 방학 때 바다에 가면 하고 싶은 일들에 대해 이야기 나누었다. 주인공처럼 파도하고 노는 것도 재미있겠지만, 모래를 쌓으며 놀고 싶다는 아이들도 많았다. 흙 놀이, 모래 놀이를 마음껏 해 볼 수 없는 요즘 아이들의 현실인 것 같기도 했다. 앞면지를 복사한 종이에 바다가 준 보물을 그려 보는 활동도 재미날 것 같다.

　이 작품의 숨은 매력은 아이가 자유롭게 노는 동안 뒤에서 말 없이 지켜보는 엄마의 모습이라고 생각한다. ‘경계’를 무너뜨리고 신나게 바다와 놀 수 있는 작품을 만났으니, 자유롭게 웃고 떠들며 바다와 여름 이야기 판을 펼치도록 열어 두면 어떨까?(이유진)

2) 옛이야기 그림책

옛이야기는 들려줄 때 그 맛을 제대로 살릴 수 있다. 옛날에 이야기판에서 이야기꾼과 함께 호흡하며 이야기에 끼어들고 함께 웃고 울던 그 느낌은 아무래도 직접 들려주었을 때 더욱 실감 나게 전달된다. 하지만 이야기가 잘 생각이 안 나거나 그럴듯하게 들려줄 자신이 없을 때는 옛이야기 그림책을 골라[9] 읽어 준다. 이왕이면 그림에서 새로운 이야기를 발견할 수 있고, 우리의 고유한 정서를 느낄 수 있는 그림책을 고른다.

열려야 할 주머니, 퍼져 나가야 할 이야기
『이야기 주머니 이야기』(이억배, 보림)

이 작품은 '이야기에 대한 이야기'라 할 수 있는 구전 설화를 바탕으로 이억배가 다시 쓰고 그린 옛이야기 그림책이다. 설화의 기본적인 서사 구조에서 크게 벗어나지 않으면서도 새로운 설정과 해석으로 옛이야기에 생명력을 불어넣었다.

원래 이 이야기가 담고 있는 것은 '이야기'의 본질과 생명력에 대한 것인데, '이야기'를 죽이는 사람은 양반이고, 살리는 사람은 머슴이라는 점에서 민담으로서의 건강함이 돋보인다. 그래서 머슴을 붉은 옷의 주인공으로 돋보이게 그렸으며, '~했지, ~했어'의 입말체를 살려 옛이야기의 맛을 한층 더 살리고 있다.

또한 살아 꿈틀거리는 이야기의 역동성을 시각적으로 잘 표현하였으며, 숨은그림찾기처럼 곳곳에 이야기를 담고 있는 풍부한 그림이 재미를 더한다. 마지막에 "이 이야기는 내가 어릴 적에 할머니한테 들은 이야기란다. 자, 이제 너희는 이 이야기를 누구한테 해 줄래?"라는 독자를 향한 말 걸기로 다시 한번 전파되어야 할 이야기임을 강조하고 있다. 그래서 이 그림책은 독자가 민중의 입에서 입으로 전해 내려온 이야기를 살리는 전승자가 될 것을 은근슬쩍 요구하며 이야기의 매력에 빠지게 한다.

∞ 수업의 초점

옛이야기와 마찬가지로 옛이야기 그림책도 아이들이 참 좋아한다. 내용이 단순하고 권선징악의 주제를 담고 있는 이야기가 많다고 잔소리나 훈화의 목적으로 옛이야기를 읽어 주는 교사들도 많은데, 어떤 목적보다 이야기 자체의 재미를 느끼게 해 주는 것이 좋다고 생각한다.

°

9) 옛이야기 그림책을 고를 때는 구전 설화의 변용과 시각화라는 두 가지 측면에서 살펴볼 필요가 있다. 오랜 세월을 거쳐 우리에게 남아 있는 옛이야기라면 그 속에는 울림과 감동이 살아 있다는 말인데, 여러 이본에서 살펴볼 수 있는 보편적인 화소도 제대로 싣지 못하거나 제멋대로 바꾸어 써서 원래의 가치가 드러나지 않는 경우도 있다. 또 옛이야기 그림책에서 그림은 삽화 수준에서 벗어나 그림에서도 새로운 이야기를 발견할 수 있어야 하고, 우리의 고유한 정서도 느낄 수 있는 것이 좋다고 생각한다. 이에 대한 자세한 사례는 김환희의 『옛이야기와 어린이책』(창비)을 살펴보면 좋다.

옛이야기 연구자들이 이미 밝힌 것처럼 옛이야기는 아이를 무의식의 억압에서 해소시켜 주면서 내면적 삶을 풍요롭게 해 주고, 심리적 성장을 돕는다. 따라서 무엇을 의도하거나 목적하지 않고 즐거운 이야기판을 흥겹게 벌여 놓는 것을 옛이야기 그림책 수업의 목표로 삼으면 좋겠다.

이런 점에서 『이야기 주머니 이야기』는 굉장히 즐거운 이야기판을 펼치게 만드는 그림책이다. 글의 주요 서사 외에도 그림이 담고 있는 이야기가 많아서 아이들이 끊임없이 이야기에 끼어들 수가 있다. 또 앞서 말한 것처럼 그림책을 함께 읽은 후, 누구나 이야기꾼이 될 수 있도록 제안하고 있다.

수업 시간에 함께 본 이 그림책을 가족이나 다른 반 친구에게 이야기해 주는 과제를 내 주어도 좋고, 알고 있는 이야기를 친구들 앞에서 이야기하는 경험을 갖도록 판을 벌여 주는 것도 좋다. 친구들이 해 주는 이야기가 조금 엉성하더라도 아이들은 잘 듣기 때문에 그냥 벌여 놓아도 좋지만, 그림책의 마지막 화면을 채우는 기분으로 마지막 장을 만화로 그려 보고 이야기를 나누어 보는 활동을 함께 해도 좋겠다.

단계	활동
읽기 전	• 표지 보며 분위기 짐작하기 – 표지 가운데에 주머니가 있네요. 어떤 주머니일까요? – 주머니를 둘러싸고 있는 그림을 자세히 살펴보세요. 어떤 것들이 보이나요? – 어떤 분위기일까요? – 이야기의 매듭을 풀고 이야기 속으로 들어갑시다.
읽기 중	• 면지와 속표지에 있는 의미 안내해 주기 – 면지는 어떤 색일까요? – 혹시 우리나라에서 붉은색이 어떤 의미를 상징하는지 알고 있나요? – 주머니에 그려진 그림은 무엇으로 보이나요? 박쥐는 어떤 의미일까요? tip • 우리나라에서 붉은색은 벽사의 색으로, 귀신을 쫓는 의미를 갖고 있다. 책에서는 주인공 머슴의 옷 색깔이기도 하다. 또 박쥐는 한자로 '복' 자와 소리가 같아 복을 나타낸다. 이런 점을 직접 알려 주기보다 질문으로 언급해 주면 좀 더 풍성하게 의미를 해석할 수 있다. • 글 먼저 읽어 주고 그림 살펴보기(장면 1) tip • 그림책에서 글의 위치에 따라 그림을 먼저 보게 하거나 글을 먼저 읽게 할 수 있다. 보통 왼쪽 화면 위에 글이 배치되어 있다면 글을 먼저 읽어 주고 그림을 자세히 살펴보게 하면 작가의 의도를 살려 읽어 줄 수 있다. *'이야기판이 벌어진 곳이라면 어디든 다 쫓아다녔어.'* – 어디어디에서 이야기판이 벌어졌는지 찾아볼까요? – (장면 2, 장면 3을 번갈아 보여 주며) 무엇이 달라졌지요? • 머슴을 주의 깊게 보기(장면 7)

단계	활동
읽기 중	– 머슴은 어떤 색 옷을 입었나요? 다른 사람들과 좀 다른 면이 있나요? 왜 이렇게 표현했을까요? • 그림 속 숨겨진 이야기 찾기(장면 8~9) – 옹달샘을 주의 깊게 보세요. 숨겨진 그림이 있나요? 왜 이런 것을 그려 놓았을까요? – 산딸기가 열린 바위를 보세요. • 멈추고 뜸 들이기(장면 10) '배나무를 타고 오르더니 청실배를 뚝 따서,' – (바로 다음 장면으로 넘어가지 않고) 어떻게 했을까요? • 천천히 한 줄씩 읽어주기(장면 13) tip • 잔치가 깨진 장면을 그림 틀 밖으로까지 수탉이 날아가게 표현했는데, 한 줄씩 끊어 읽어 주면 글에 따라 그림을 빠트리지 않고 차례대로 볼 수 있다. 그리고 마지막에는 글에는 없는 방석에 눈을 돌리도록 여유 있게 읽어 줘야 한다. '머슴에게 달려들어 혼뜨검을 내려는데,' – (바로 다음 장면으로 넘어가지 않고) 그래서 어떻게?

〈장면 1〉

〈장면 7〉

단계	활동
읽기 중	• 이야기 속 이야기 찾기(장면 15) – 신랑이 모아 놓은 이야기가 이렇게 많았네요. 어떤 이야기들이 묶여 있었나요? *'그리고 나중에'* – (바로 다음 장면으로 넘어가지 않고) 나중에 어떻게?
읽기 후	• 현재와 연결 짓기(장면 16) *'자, 이제 너희는 이 이야기를 누구한테 해 줄래?'* – 여러분은 누구한테 해 줄래요? – 그런데 혹시 이 나무 그림을 어디서 본 적이 있나요? 왜 첫 장면과 똑같은 나무를 그려 놓았을까요? • 앞표지와 뒤표지 다른 점 비교하기 – 앞표지와 뒤표지가 같은 듯 다르네요. 왜 이렇게 표현했을까요? • 옛날이야기 서로 들려주기 • 오늘 읽은 옛이야기 가족에게 해 주기(과제)

〈장면 13〉

〈장면 15〉

∞ 수업 이야기

옛이야기 수업을 시작할 때 항상 이 그림책을 함께 읽었다. 아이들이 이야기의 매력을 흠뻑 느끼고, 또 교실에서도 이야기판이 벌어지기를 소망하는 까닭에서다.

사실 이 이야기와 그림책은 워낙 많이 알려져 있어서 그림책을 들었을 때 '아, 저거!' 하며 아는 척하는 아이들이 많다. 그래도 큰 상관이 없다. 교실에서 함께 읽으면 늘 새롭게 다시 읽히기 때문이다. 이번에도 '아, 저거!' 하고 아는 척을 하는 아이들이 많았다. 제목만 읽지 않고 표지의 그림에 대해 물어보니 비로소 눈을 크게 뜨고 바짝 다가와 앉았다. 면지의 색깔과 박쥐가 그려진 주머니에 대해 이야기를 해 주었을 때도 마찬가지였다. 그런 이야기와 질문 덕분에 이야기만 알고 그림을 자세히 보지 않았던 아이들이 그림책에 새롭게 흥미를 갖고 참여하게 되었던 것 같다.

첫 장면은 글이 왼쪽 위에 있어서 글부터 얼른 읽어 주고 그림을 하나하나 손으로 짚어 주었다. 손으로 짚을 때마다 아이들이 이야기판에 대한 이야기를 꺼냈다. 그런데 갑자기 눈썰미 좋은 지우가, "선생님, 근데 쟤는 항상 책을 갖고 다니나 봐요. 책이 계속 나와요."라고 말했다. 아이들은 "어디, 어디?" 하며 그림책을 살피기 시작했다. 정말 아이의 옆에는 항상 책이 있었다. "그러게. 책하고 친한가?" 하며 다음 장을 넘겼다. 아이가 책에 이야기를 기록하는 장면이 나오자, 또 지우가 "아, 갖고 다니며 들은 것을 적었나 보다." 하더니, "다 못 적은 건 집에 와서 적고."라며 덧붙였다.

머슴이 등장하는 장면에서 머슴의 눈동자가 다른 인물들과 다르게 크게 그려져 있는 것을 발견한 아이들은, "아까 걔가 주인공이 아닌가 봐." 하며 놀라워했다. 으레 주인공이 먼저 나오는 것에 익숙한 아이들에게는 이런 것도 재미가 되었다. 머슴이 붉은 옷을 입었다는 것도 알아차렸다. 숨은그림찾기 하듯 이야기 귀신이 숨어 있는 곳마다 그려진 해골 찾기도 재미있어했다.

작가가 일부러 줄을 바꿔 끊어 쓴 것은 천천히 끊어 읽고, 쉼표로 마치고 다음 장으로 이야기를 넘긴 부분은 최대한 뜸을 들이려 했다. 이 이야기를 알고 있으면서도 그런 호흡에 모두 잘 따라와 주었다. 신랑과 머슴이 이야기 주머니를 풀어 헤치는 장면에서 아는 옛이야기를 찾아보는 것도 재미있어했다.

개인적으로 이 그림책에서 의미 있게 본 것은 첫 장면에서 나온 커다란 나무가 마지막 장면에도 나온다는 것이다. 수년간의 시간을 갑자기 현대로 끌고 와도 전혀 어색하지 않도록 해 주는 동시에 긴 세월 동안 살아남은 이야기의 질긴 생명력을 보여 주는 것 같아서 아이들에게 나무를 꼭 말하고 싶었다. 마지막 장면에서 이 나무 그림을 어디서 본 적이 있냐고 물으니 고맙게도 첫 화면을 떠올려 말해 준 아이들이 있었다. 하지만 "왜 똑같은 나무를 그려 놓았을까?" 하는 질문에는 고개를 갸웃거렸다. 그래도 교사의 생각을 먼저 말해 주지 않고 그냥 넘어가려는데, "이야기

나무인가?"라고 속삭이는 소리가 들렸다. 그림책을 읽을 때 모든 의미를 다 해석하고 읽을 필요는 없으니 그냥 이 정도에서 이야기를 마쳤다.

누군가에게 '이야기 나무'로 기억되는 것도 좋고, 그렇지 않아도 괜찮았다. 이미 이야기는 현재로 넘어와 우리에게 이야기꾼이 될 것을 요청했다. 숙제로 이 이야기를 가족들에게 해 주기로 했다. 또 친구들에게 해 줄 옛이야기를 알아 오기로 했다. 옛이야기를 들려주고 나서 집에 가서 꼭 이야기해 주라는 숙제를 내기에 딱 좋은 그림책이다. 이야기가 살아나게 하는 그림책, 딱 좋다!(이유진)

3) 창작 그림책

　창작 그림책은 아이들의 상상력을 자극하는, 새로운 세상을 보여 주는 좋은 책이 많다. 그런 그림책은 글뿐만 아니라 그림 또한 많은 이야기를 담고 있어서 그림책을 펼치는 순간 그 세상으로 푹 빠져들 수 있다. 마지막 책장을 넘겼을 때, '뻥' 하고 풍선이 터지듯 현실로 돌아오는 책이 아니라, 아이들이 공감하고 따뜻한 위로를 받을 수 있도록 여운이 남는 그림책을 골라 주었다.

일상에 스며든 푸근한 판타지의 세계
『장수탕 선녀님』(백희나, 책읽는곰)

　　　　　　　　백희나가 들려주는 목욕탕에 대한 추억과 상상의 이야기가 펼쳐지는 『장수탕 선녀님』은 책 표지 그림이 압도적이다. 눈을 위로 치켜뜨고는 요구르트를 세상 누구보다 맛있게 먹는 선녀 할머니의 모습이 아이들의 시선을 빼앗는다. 책을 읽기 전에는 표지 그림이 무섭다고 말하는 아이들도 있지만 책을 읽고 나면 표지 그림이 재미있다고 이야기한다. 이 책의 그림은 작가가 손으로 하나하나 빚어 낸 수십 개의 점토 인형을 목욕탕을 배경으로 찍은 사진들이다. 장면장면마다 섬세한 표정과 생생한 몸짓으로 살아 있는 연기를 펼치는 점토 인형들은 실제보다 더 실제 같은 느낌을 준다. 개성 있는 인형들의 모습이 그림책 읽는 재미를 더해 준다.

동네에 새로 생긴 스파랜드도 있지만 엄마는 늘 오래된 장수 목욕탕에 덕지를 데리고 간다. 그곳에서 만난 장수탕 선녀님은 깊게 파인 주름과 풍만한 알몸이 선녀님이라기보다 동네 할머니에 가까운, 냉탕에서 놀기의 달인이다. 오래된 동네 목욕탕을 배경으로 펼쳐지는 점토 인형들의 목욕 장면들이 연신 웃음을 자아내는 이 책은 아이에게는 상상의 세계를, 어른들에게는 추억의 세계를 선물한다.

◌● 수업의 초점

『장수탕 선녀님』은 캐릭터가 돋보이는 그림책이다. 아이들에게는 때를 밀어야 하는 아픔과 냉탕, 온탕을 옮겨 가며 놀 수 있는 재미를 동시에 선사하는 목욕탕을 배경으로 이야기가 펼쳐진다. 게다가 아픔을 꾹 참고 때를 밀면 맛있는 음료수 하나쯤은 얻어먹을 수 있는 보너스도 있다. 하지만 책 속 목욕탕은 새로 생긴 찜질방이 아니라 아주 오래된 옛날 목욕탕이다. 아이들이 이런 목욕탕을 알고 있을까 싶기도 하지만 그림책을 읽어 주니 각자 목욕탕에 가 본 경험들을 풍부하게 쏟아 낸다.

이 그림책을 읽어 줄 때는 캐릭터가 갖고 있는 매력을 충분히 느낄 수 있게 그림을 자세하게 들여다보는 것이 좋다. 점토로 만든 인물들의 캐릭터를 보며 어떤 성격인지 짐작해 봐도 좋을 것 같다. 그리고 그림을 보며 선녀님의 정체에 대해 상상해 보는 것도 재미있다. 무엇보다도 목욕탕에서 했던 다양한 놀이 이야기, 목욕탕에서 때를 밀 때의 아픔, 목욕을 끝내고 먹은 음료수 중에 무엇이 제일 맛있었는지 서로의 경험을 나누어 보는 활동을 충분히 한 뒤에 소감문을 작성하면 아이들이 자신의 생각을 다양하게 펼쳐 낼 수 있을 것이다.

이 그림책은 글보다 그림이 더 많은 이야기를 담고 있다. 그림을 보면서 장수탕 선녀님에 대해 마음껏 상상의 날개를 펼쳐 볼수 있다. 각자 상상한 이야기를 이어 써서 '장수탕 선녀님의 뒷이야기'를 만들어 볼 수도 있을 것이다. 그림책을 읽으며 이야기 안에 담겨 있지 않은 새로운 이야기를 함께 만들어 보는 것도 그림책을 더 재미있게 읽을 수 있는 방법이다.

∞ 그림책답게 그림책 읽기 흐름

단계	활동
읽기 전	• 표지 보며 호기심 자극하기 – 앞표지에 있는 사람은 누구인 것 같은가요? 왜 그렇게 생각했죠? – 할머니는 무엇을 먹고 있나요? – 할머니의 표정을 보고 어떤 기분일지 말해 볼까요? – 뒤표지를 한번 볼까요? 뒤표지를 보니 무엇이 떠오르나요? 어디에서 이런 모양을 보았을까요?

단계	활동
읽기 중	• 앞면지 보며 장소 짐작하기 – 뒤표지 그림과 비슷한 무늬가 있어요. 이곳이 어디인 것 같아요? • 장소에 대한 이야기하기(속표지) – 우리 동네에서 이런 굴뚝을 본 적이 있나요? – 선생님 어렸을 때 동네에서는 이런 굴뚝을 볼 수 있었어요. 이 굴뚝이 있는 목욕탕 이름은 무엇일까요? – 선생님 동네에는 덕수탕이라는 목욕탕이 있었어요. • 이야기 속 캐릭터의 매력에 푹 빠져 보기(장면 3〜4, 장면 8) – 엄마가 목욕값을 계산하네요. 엄마 얼굴을 자세히 보세요. 엄마는 어떤 성격일 것 같아요? 왜 그렇게 생각했죠? – 덕지 얼굴을 보니 어떤 기분인 것 같아요? 무슨 생각을 하고 있는 것처럼 보이나요? 왜 그렇게 생각했죠? – 덕지 얼굴을 보고 성격을 짐작해서 이야기해 볼까요? – 표지에서 보았던 할머니가 나왔네요. 할머니 얼굴을 보고 떠오르는 것을 이야기해 볼까요? – 할머니는 왜 덕지 앞에 나타났을까요? tip • 흐름이 조금 늦추어진다고 해도 아이들이 할머니의 정체가 무엇인지, 왜 덕지 앞에 나타났는지 이야기할 시간을 주는 것이 좋다. 이야기를 나누다 보면 할머니에 대한 궁금증이 증폭되고 뒷이야기에 대한 흥미도 높아진다. • 경험 나누기(장면 10〜11) – 선녀님과 덕지가 탕 속에서 신나게 놀아요. 다른 사람들에게는 선녀님이 보일까요? – 선녀님과 덕지가 노는 탕 속을 보니 어떤 생각이 드나요? 왜 그렇게 보일까요? – 여러분은 목욕탕에서 어떤 놀이를 하며 놀아 보았나요? 재미있는 놀이를 친구들에게 소개해 주세요. – 목욕탕에서 있었던 이야기도 들려주세요. 기억나는 일이 있나요?

단계	활동
읽기 중	tip · 현실 속 목욕탕 같지만 현실과 다른 목욕탕의 모습을 아이들이 찾을 수 있게 한다. 그림을 세심하게 살펴보면 구체적으로 찾아낼 수 있다. 그렇게 보이는 이유를 물어보는 것도 좋다. · 선녀님에 대해 상상해 보기(뒷면지) – 이 그림을 보니 언제인 것 같아요? – 선녀님은 무엇을 하고 있나요? – 이 그림을 보고 선녀님의 생활에 대해 상상해 볼까요?
읽기 후	· 느낌 말하기 · 숨은 이야기 만들기(장수탕 선녀님의 과거와 현재, 하루 이야기 등) · 가장 재미있었던 장면 뽑아 보기 · 소감문 쓰기(캐릭터 따라 그리기)

〈장면 11〉

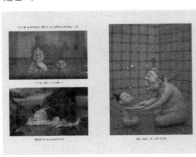

〈뒷면지〉

138

∽● 수업 이야기

이야기를 들려주기 전에는 '아이들이 이 이야기 속 목욕탕을 이해할 수 있을까?'라는 생각이 들었다. 요즘은 목욕탕도 별로 없고 목욕탕 대신 집에서 샤워를 하는 경우가 더 많기 때문에 공감하기가 어려울 수도 있을 것 같다는 걱정을 하였다.

표지를 보여 주며 누구일 것 같냐고 물어보니 대번에 "선녀님이요."라고 대답한다. 왜 그렇게 생각했는지 물어보니 제목이 장수탕 선녀님이고 머리도 선녀님 머리처럼 하고 있어서 그렇게 생각했단다. 책을 읽어 주는 날이 마침 생일잔치를 하는 날이라 표지에 있는 요구르트와 똑같은 요구르트를 갖고 온 친구가 있었다.

"어, 현준이가 갖고 온 요구르트와 같은 요구르트를 할머니가 먹고 있다."

누군가가 외쳤다. 할머니 표정으로 보아 기분이 어떤 것 같냐고 물어보니 재미있는 표정이란다. 표정이 재미있다는 건지, 요구르트를 먹는 것이 재미있다는 건지 알쏭달쏭했다. '맛있어하는 표정'이라는 이야기도 나왔다.

뒤표지를 보여 주니 대뜸 "타일이다."라고 이야기한다. 이런 타일을 어디에서 본 적이 있냐고 물으니 "목욕탕에서 봤어요."라는 말도 나온다.

속표지를 보며 교사의 어릴 적 경험을 잠깐 이야기해 주었다. 엄마 손을 잡고 언니와 동생이랑 같이 목욕탕에 간 일, 놀이터 앞

덕수 목욕탕에 속표지에 그려진 것과 똑같은 굴뚝이 있었다는 것, 엄마가 때를 밀어 주실 때 너무 아파서 움직이거나 울면 손바닥으로 등을 맞은 이야기도 들려주었다. 아이들도 할머니네 동네에서 그런 굴뚝을 본 적이 있다는 경험을 이야기한다. 본문에 들어가기 전에 너무 많은 이야기를 나눈 것 같기도 하지만 이야기를 나누면서 그림책에 대한 흥미가 더욱 높아지고 있다는 느낌을 받았다.

캐릭터도 살펴보고 목욕탕에서 있었던 다양한 경험들도 나누어 보았다. 아이들이 특히 '우아!' 탄성을 지르며 바라보았던 장면은 할머니가 덕지를 등에 태우고 수영을 하는 장면이다. 탕 속이 마치 바다처럼 넓어 보인다.

"어, 진짜 탕 속에서는 저렇게 수영 못 하는데?"

의문이 터져 나오기도 한다. 탕이 넓어 보이는 이유를 말해 보자 하니 눈을 떼굴떼굴 굴리며 재미있는 상상을 한다. 무엇보다도 아이들은 할머니가 요구르트를 제대로 발음하지 못하고 '요구룽'이라고 말하는 것을 무척 재미있어했다.

뒷면지의 그림을 보면서 아이들은 선녀님에 대한 이야기를 만들기 시작한다. 선녀님은 왜 장수탕에 살게 된 것일까? 장수탕에 오기 전에는 무엇을 했을까? 왜 덕지 앞에 나타났을까? 정말 아픈 덕지를 낫게 했을까? 아이들 사이에 오고 가는 이야기를 듣고 있자니 한 편의 이야기로 만들어도 재미있을 것 같았다.

책을 다 읽은 뒤에 장수탕 선녀님에 대해 나름의 상상을 이야기로 써 보았다. 원래 그림책보다 더욱 재미있는 이야기책이 만들어졌다. 칠판 앞에 세워 둔 그림책을 쉬는 시간에 나와서 들추어 본다. 처음에는 무섭다던 그림을 재미있다며 자꾸 들추어 본다.

| 아이들이 쓴 소감문 |

난 여기서 신기한 걸 느꼈다. 내가 간 목욕탕도 물론 냉탕은 있는데 폭포가 있는 게 너무나도 신기했다. 선녀가 계곡에서 목욕을 하는데 목욕탕에 있는 게 이상하다. (문송연, 2학년)

나는 온탕이 더 좋다. 목욕탕에 가면 온탕만 한다. 온탕에서 사촌 언니랑 노는 건 정말 재미있다. 눕기도 하고 달리기 시합을 하기도 하고 정말 재미있다. (배정윤, 2학년)

나는 덕지가 냉탕을 좋아하는 것이 이해가 안 된다. 왜냐하면 냉탕은 너무 차갑기 때문이다. 그리고 장수탕 선녀님이 요구르트를 요구룽이라고 하는 것이 웃겼다. 그리고 장수탕 선녀님이 (감기가) 나으라고 하자 나은 것이 신기했다. (강다영, 2학년)

일상 속의 장소, 아프게 때를 밀고 가끔은 엄마에게 혼이 나기도 하는 장소, 그 평범한 장소에 선녀님이 나타나면서 그곳은 아이들에게 마음껏 상상의 날개를 펼칠 수 있는 장소로 변한다. 일상 속에서 펼쳐지는 구수한 판타지의 세계, 그래서 이 이야기는 더 짜릿하게 느껴진다.

책을 읽기 전에 가졌던 걱정은 기우에 지나지 않았음을 깨달았다. 시간이 흘렀어도 아이들에게 목욕탕은(그곳이 비록 찜질방이라고 하더라도) 재미있는 장소이고, 장수탕 선녀님은 동네 할머니처럼 친근하게 느껴진 것이다.(신수경)

4) 고학년 그림책

그림책이 다루는 주제가 다양해지면서 그림책 독자의 연령대도 넓어지고 있다. 고학년이나 어른들이 볼 만한 그림책이 많아지면서 선택의 폭도 그만큼 넓어졌다. 고학년 아이들과 그림책으로 수업을 하면, 글뿐 아니라 그림의 분위기와 함의를 읽어 내며 더욱 풍부하게 이야기를 해석하고 자기 이야기로 연결 지을 수 있다. 따라서 묵직한 주제와 다양한 표현 기법을 담은 그림책을 선정하면 좋다.

미묘한 관계의 온도를 읽다
『여우』(마거릿 와일드 글, 론 브룩스 그림, 파랑새)

『여우』는 마거릿 와일드의 글과 론 브룩스의 그림이 어우러져 현대의 고전이라 일컬어지는 그림책이다. 마거릿 와일드의 파격적인 이야기 전개는 무척이나 낯설다. 어려움을 당해 서로 의지하던 까치와 개, 그 사이를 파고드는 여우는 전형적인 삼각관계를 보여 준다. 그러나 자기편으로 끌어들인 까치를 가차 없이 내동댕이치는 여우의 잔인함을 보며 우리 안에 존재했을지 모르는 관계의 어려움과 어두움을 보게 된다. 이 당혹스러운 상황을 어떻게 해석해야 하지, 하는 순간에 비로소 시작되는 믿음과 희망은 묵직한 울림으로 다가온다.

마치 고학년 여자아이들 사이의 미묘한 심리처럼, 끊임없이 모였다 흩어졌다 아슬아슬 줄타기를 하는 듯하다. 그리고 지금 우리의 인간관계를 다시 돌아보게 한다.

서사만으로도 충격적인 이야기에 더욱 긴장감을 더해 주는 것은 단연코 론 브룩스의 대담한 그림이다. 론 브룩스는 표지부터 면지, 판권지에 이르기까지 글이 담아내지 못한 서사를 그림으로 훌륭하게 표현해 낸다. 또한 이야기의 전개에 따라 강렬하게 다가오는 색감과 그림의 배치는 보는 즐거움뿐 아니라 왜 이렇게 표현했을지 해석하며 그림을 읽어 가는 즐거움을 더해 준다.

○● 수업의 초점

고학년 여자아이들 사이는 때로 이합집산이 반복되며 팽팽한 긴장감이 감돈다. 단짝 친구들 사이에 한 친구가 끼어들어 둘 사이를 의도적으로 혹은 무의식적으로 갈라놓기도 한다. 때론 새로운 친구를 찾아서 한쪽이 떠나 버리기도 한다. 실제 관계 양상에 따라 달라지겠지만 『여우』는 미묘한 갈등 관계에 있는 아이들에게는 헛바늘 같은 존재가 되기도 하고 흥미진진한 이야기가 되기도 할 것이다.

수업은 사건 전개와 인물의 관계를 살피고, 이를 바탕으로 본문 내용은 그대로 두고 앞 이야기와 뒷이야기를 상상하여 사건의 관계가 잘 드러나도록 이야기를 만들어 보는 것에 초점을 두었다. 거기에 개와 여우, 까치의 시점 중에 하나를 선택해서 시점에 따라 사건을 다양하게 바라보는 문학 경험을 해 보았으면 하는 바람도 담았다. 그리고 가능하다면 이야기를 만드는 과정에서 아이들 사이의 불편한 관계가 드러나고 서로를 이해하는 계기가 되기를 바랐다.

◯● 그림책답게 그림책 읽기 흐름

단계	활동
읽기 전	• 표지 보며 분위기 짐작하기 – 표지를 본 전체적인 느낌은 어떤가요? – 여우는 무엇을 하는 것 같은가요? – 까치는 무엇을 하는 것 같은가요? – 제목의 글자는 어떤 느낌을 주나요?
읽기 중	• 앞면지 보고 짐작하기 – 앞면지는 어떤 걸 표현한 걸까요? • 천천히 책장을 넘겨 가며 긴장감 높이기 tip • 면지부터 속표지와 판권지까지 세 장면은 글이 없다. 그래서 교사가 뭔가 질문하거나 말을 만들어 줘야 할 것 같지만 여기서는 그냥 아이들의 추측을 충분히 들으며 천천히 책장만 넘겨 준다. 인물에 대한 추측이 많아질수록 이야기에 대한 긴장감과 기대감은 올라간다. • 우정, 까치와 개의 마음 알아보기(장면 3) – 까치의 마음은 어떻게 변해 가고 있습니까? – 까치의 말을 들었을 때 개는 어떤 마음이 들었을까요? • 불안한 동거, 그림으로 읽기(장면 4~7)

단계	활동

- 여우는 왜 갑자기 나타났을까요?
- 분노와 질투, 외로움을 느끼는 여우의 마음은 나쁜 것일까요?

  tip • 여우의 본격적인 등장과 함께 여우와 까치 그리고 개의 관계를 어떻게
  　　　그림으로 표현하는지 살피는 것은 그림책 그림 읽기의 재미를 더한다.

  • 배신, 그림으로 읽기

- 앞표지 그림에 나온 장면이네요. 왜 이 장면이 앞표지 그림으로 선택되었을까요?
- 까치는 왜 작은 목소리로 말했을까요?
- 마침내 까치로부터 *"좋아."* 라는 말을 들은 여우의 마음은 어떨까요? 여우의 속마음을 말해 볼까요?
- 날아갈 듯 달려가는 여우 등에 앉은 까치는 왜 뒤집혀 그려졌을까요?

  • 반전, 까치와 여우 마음 짐작하기(장면 13)

- '벼룩이라도 털어 내듯'이라는 표현은 어떤 느낌을 주나요?

읽기 중

〈장면 3〉

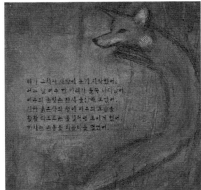

〈장면 17〉

146

단계	활동
읽기 중	– *"이제 너와 개는 외로움이 뭔지 알게 될 거야."*라고 말하는 여우는 어떤 일을 겪었던 걸까요? – 여우의 울음은 승리의 소리였을까요, 절망의 소리였을까요? **tip** • 여우의 첫 등장과 반대로 이번엔 여우가 왼쪽에 위치해 있다. 그림책의 진행과 반대 방향으로 가는 등장인물의 움직임은 원래 자신이 있던 곳으로 혹은 과거로 간다는 느낌을 준다. 그래서 개와 까치를 단절시키려는 여우의 마음이 그림으로 잘 전달된다. • 좌절과 희망, 단서 찾기 – "어떻게 됐을까?"(장면 17) – 까치와 개는 다시 만날 수 있을까요, 없을까요? 그렇게 생각할 수 있는 단서를 책에서 찾아보세요. – 앞면지와 뒷면지의 같은 점과 달라진 점을 찾아보세요. **tip** • 갑작스러운 결말에 아이들도 당황한다. 그래서 뒷이야기를 엄청 궁금해한다. 잠시 뜸 들였다가 다시 읽어 주며 뒷면지까지 쭉 보여 준다. 그리고 어떻게 됐을까 물어보고, 그렇게 생각하는 단서를 찾아 이야기를 나누어 보자. 까치는 '친구'가 있는 곳을 향해 먼 여행을 떠난다. '친구'라는 말은 마지막에 와서야 처음 등장한다. 그리고 다시 정방향으로 그림책의 시간이 흘러간다. 그림의 배경도 오른쪽으로 갈수록 밝아진다. 뒷면지는 앞면지와 달리 녹음이 우거진 숲이 보인다. 교사가 찾아 주지 않아도 아이들이 읽어 내고 의미를 부여한다.
읽기 후	• 인물의 성격 파악하기 – 여우, 까치, 개의 성격은 어떤가요? 말이나 행동을 들어 말해 보세요. • 마지막 장 다음 이야기 상상하기 – 친구를 찾아 길을 떠나는 까치는 어떻게 될까요? 여우와 개는 어떻게 되었을까요? • 앞면지 앞의 이야기 상상하기 – 여우에게는 어떤 일이 있었을까요? – 개는 왜 한쪽 눈을 다치게 되었을까요?

◖● **수업 이야기**

『여우』는 주제가 다소, 아니 많이 무겁다. 우리 반 생각이 났다. 단짝 친구 사이에 전학 온 친구가 끼면서 묘한 갈등이 생겼다. 그래서 조심스럽게 선택한 그림책이다. 등장인물과 사건 전개의 관계에 대한 공부를 하기에도 안성맞춤이었다. 그림책을 읽으며 이야기를 나누고, 다 읽고 난 다음엔 등장인물의 성격도 이야기하고, 등장인물들의 성격을 고려하여 앞 이야기와 뒷이야기를 연관성 있게 만들어 보고 싶었다.

앞표지부터 심상치 않은 기운이 흘러넘치니 모여 앉은 아이들 표정에도 긴장감과 기대감이 넘친다. 앞면지의 그림을 펼치니 노을이 지는 풍경 같다고도 하고 불이 난 것 같다고도 한다. 아이들 말을 들으며 천천히 다음 장으로 넘겼다. 까치를 입에 물고 달려가는 동물이 등장하자 처음엔 여우가 까치를 잡았다고 말하더니 '앞표지에서 본 여우와 다르다.'는 말들이 나온다. 여우냐 아니냐 이야기하는 아이들을 앞에 두고 계속 넘겼다. 마침내 여우가 등장했다. "봐, 여우가 아니었잖아.", "그럼, 저건 뭐야, 갠가?" 아이들의 이야기를 조용히 들으며 본문 글을 읽기 시작하자 바로 이야기가 터져 나온다. "개네. 불이 난 거네.", "근데 왜 표지에 개는 없지?", "여우랑 까치랑 뭔 일이 있나 보지."

개와 까치가 친구가 되는 과정을 아이들은 조용히 지켜보았다. '내가 너의 눈이 되어 줄게. 너는 나의 날개가 되어 줘.'라는 문장을 읽는데 한 남자아이가 "길 아저씨 손 아저씨네." 한다. 다음 장을 넘기자 "여우다."라는 말이 터져 나온다. 글을 읽어 주고 여우의 모습이 어떤 것 같으냐고 물었다. 개와 까치를 막아서는 것 같다고 했다. 개는 여우를 미처 보지 못하고 까치가 먼저 보고 놀란 것 같다고도 했다. 여우의 털과 눈빛이 정말 질투의 화신처럼 활활 타오른다고도 했다. 그리고 개는 눈이 잘 안 보이니까 여우가 얼마나 위험한지 파악을 잘 못 할지도 모른다는 말도 나온다. 그러고 보니 이 장면에서는 개의 보이지 않는 한쪽 눈을 일부러 그려 놓았을지도 모르겠다. 그동안 여우의 모습만 참 잘 표현했다고 느꼈는데, 이렇게 세심한 장치가 또 있을 줄이야.

그림책을 같이 읽다 보면 이처럼 다양한 해석을 마주할 수 있어 좋다. 최대한 그림까지 같이 보려고 노력하지만 혼자 읽다 보면 어쩔 수 없이 놓치는 부분이 생기고, 여러 번 보아도 놓치는 일이 많다. 그런데 아이들과 함께 읽다 보면 정말 숨은 보석을 발견할 때가 있다.

다음 장을 넘기니 글을 읽어주기도 전에 입이 빠른 아이가 한마디 던진다. "역시 갈라놓네. 갈라놔." 또 한 장을 넘기며 낮은 목소리로 한 문장 한 문장 읽어 갔다. 여우가 정말 엿보는 것 같다고, 스토커 같다며 몸서리치는 아이도 있다. 강렬하게 표현된 여우의 모습이 그림책 속으로 아이들을 빨아들였다. 끝까지 버티던 까치가 '좋아.'라고 말하는 순간 탄식이 흘러나온다.

까치와 여우가 달리는 장면은 이 그림책의 판형이 빛을 발하는 장면이다. "와." 탄성이 터진다. 날아갈 듯 쭉 뻗은 여우의 모습이 좌우로 넓게 펼쳐진다. 까치를 왜 거꾸로 그려 놓았을까 물었다. 차가 너무 빨리 달리면 몸이 막 뒤집어질 거 같은데 여우가 빨라서 그런 거 같다고도 하고, 팔짝 뛸 듯이 좋아하는 까치를 표현하는 것 같다고도 한다. 개가 달리던 모습과 비교해 보았다. "진짜네. 진짜 날아가는 것 같네." 이렇게 같이 읽으며 그림책의 그림은 그림 작가가 의미를 담아 그린다는 것도 알아 간다.

여우가 까치를 내동댕이치는 장면에서는 아이들도 쥐 죽은 듯 고요해졌다. "여우의 울음소리는 승리의 소리였을까, 절망의 소리였을까?" 물어도 대답이 없다. 말을 하려다가 고개를 갸웃하며 멈칫하는 아이들도 있다. 그림에 대한 이야기를 더 하고 싶었지만 뒷이야기가 어떻게 진행될지 더 궁금할 것 같아 끝까지 책을 읽어 갔다. 책 읽기를 마치니 긴 침묵이 흐른다. "어떻게 됐을까?" 그 뒷이야기는 어떻게 될지 그림책에서 단서를 찾아보자고 했다. 대체로 까치와 개가 만날 것 같다는 의견들이 많았다.

한 친구가 한마디 한다. "거봐, 그러니까 있을 때 잘하라고." 전학 온 친구에게 단짝 친구를 빼앗긴 것 같아 힘들어하던 여자아이의 말이다. 애써 무심한 척하는 두 친구의 흔들리는 시선도 눈에 고스란히 들어왔다. 아이들이 늘 겪는 문제다.

본격적으로 이야기를 만들기 전에 그림책 본문만 한글 문서로 작성해서 아이들에게 나누어 주었다. 자신이 선택할 동물의 시점에서 글을 다시 읽으며 앞 이야기와 뒷이야기를 상상해 보라고 했다. 조용히 글을 읽는 아이들에게 다가가 어떤 동물의 시점으

150

로 쓸 건지 물어보고 구상하는 아이디어는 무엇인지 물어보았다. 한 남학생이 손을 들고 말한다.

"선생님, 여우가 승리인지 절망인지 모를 울음을 울었다고 할 때 여우의 감정에 대해 여러 가지가 생각나요."

조금 더 시간을 준 후 어떻게 쓰면 되는지 같이 연습을 해 보자고 하고, 아이들이 불러 주는 문장을 그대로, 때론 시점에 맞게 고쳐 가며 한 문장씩 칠판에 적었다. 개의 시점에서, 여우의 시점에서, 까치의 시점에서 한 단락 정도씩 썼다.

수업 후 카페 게시판에 친구를 빼앗겼다고 느끼는 그 아이도 글을 올려놓았다. 밀려드는 생각을 진솔하게 적은 마음이 짠하기도 하고. 마음을 드러낼 만큼 건강한 아이를 꼭 안아 주고 싶었다.

오늘 컴퓨터 시간에 여우에 대한 책을 읽고 자기 생각을 적는 수업이 있었지. 나는 그 책을 읽고 많은 생각이 있었어. 지금 내가 겪는 일인 것 같기도 하고 아무튼 친구와의 관계는 어려운 것 같아. 시간이 지나 좀 더 크면 고민이 덜 될까?
우리 서로서로 사이좋게 친하게 지내자. 선생님 사랑합니다.

글쓰기는 2차시로 계획했지만 좀 더 글을 다듬고 싶어 하는 아이들을 위해 중간 놀이 시간에 컴퓨터실을 열어 주고, 글 쓰는 시간도 2차시를 늘려 주었다. 하고자 하는 아이들을 위해서 계획은 언제든지 수정할 수 있어야 한다. 충분히 고민하면 그 만큼 좋은 글이 나오기 때문이다. 좋은 글은 아이들에게 해냈다는 성취감과 함께 자존감을 심어 준다.

눈을 잃은 개의 사연, 날개를 다친 까치의 사연, 개와 까치를 질투하며 외로움을 느껴 보라는 저주를 남긴 여우의 사연이 아이들 이야기 속에서 생생하게 태어났다. 버려진 까치, 개를 친구라고 부르며 함께 길을 떠나는 까치, 여우의 뒷이야기로 가슴 아프게, 뭉클하게, 재미나게 이야기판이 벌어지기 시작했다.

드디어 발표 날, 글을 쓴 아이가 직접 읽어 주니 훨씬 더 잘 전달된다. 발표하는 아이들은 긴장되어 손에 땀이 난다며 바지에 손바닥을 문지른다. 어둡고 무거운 주제를 재미난 이야기로 바꿔 버린 친구 글에 아이들은 연신 웃음을 터트렸다. 이야기의 맥락을 따라 끌어낸 묵직한 혹은 감동적인 글에 아이들도 함께 마음이 출렁인다.

개의 시점인데 여우와 까치의 사막 이야기를 쓴 친구들도 있다. 발표가 끝나니 대번에 질문이 나온다. "개가 쓴 이야기인데 어떻게 사막에서 일어난 여우와 까치 일을 알지?" 아이는 그제야 자기 글의 오류를 발견하고 쑥스러워한다. 하지만 시점을 생각하며 이야기를 마무리 짓는 것은 결코 만만한 일이 아니다. 친구들은 이해가 안 되니 질문할 수 있지만 교사는 격려해 주어야 한다.

그래서 당연히 그런 실수를 할 수 있다고 말해 주고 시점에 대한 이야기를 좀 더 했다. 그리고 어떤 부분을 고치면 좋을지 같이 이야기 나누었다. 그런데 대부분 자신이 선택한 시점에 맞게 이야기를 잘 마무리했다. 전학 온 친구에게 친구를 빼앗긴 것 같다는 생각을 하던 아이도 결론을 내렸다.

| 아이들이 저마다의 시점으로 쓴 이야기 |

개가 들려주는 '여우' 이야기

김민서(5학년)

난 까치를 놔두고 갈까 했는데. 또 까치가 올 수도 있으니깐 한번 기다려 봐야겠다는 생각도 들었어. 그날 하루 동안은 까치가 오지 않았어. 금방이라도 눈물이 나올 것 같았어. 내 친구는 어디로 간 것일까?
기다릴게 친구야, 친구야……

여우가 들려주는 '여우' 이야기

김채호(5학년)

언제부터일까! 저 둘이 부러워지고 싫어지기 시작했어. 천진난만하게 웃고 있는 모습이 짜증이 났지. 나도 몇 달 전까지 저렇게 행복했는데……

그때가……

난 놀고 있었지. 그런데 다른 여우와 의견이 엇갈리기 시작했어. 난 결국 그 여우와 싸웠지. 그런데 며칠 후부터 나에 대한 소문이 떠돌았고 그 후로 친구들이 날 외면했어. 그때부터 난 다짐했어. 저 친구에게 복수를 하겠다고.

(중략)

그렇게 나는 까치를 버려두고 떠났어. 하지만 나는 옛날보다 더 슬퍼졌어. 나는 절망하며 울면서 갔어. 지금 이 일기를 쓰는 나에게! 왜 그랬는지 모르겠어.

까치가 들려주는 '여우' 이야기

김소영(5학년)

여우는 나를 두고 냉정히 가 버렸지. 나는 생각했어.

'걔는 내가 없어진 것을 알려나? 내가 한 번 더 거절했으면 여우는 그냥 갔을까?'

나는 뜨거운 사막 모래를 걷고 또 걸었지. 그때 느꼈어.

'빠른 날개보단 내 옆에 있어야 하는 것은 내 친구였구나!'

아팠어. 타 버린 날개가 아닌 알 수 없는 마음 한구석이. 그래도 걷고 걸었지. 몇 분, 몇십 분, 몇 시간, 몇 날, 그리고 59번째 밤이 되던 날 나는 보았어. 저기 내 친구가 있어. 보고 또 보아도 걔가 맞았어. 한편으로는 여우에게 고마웠어. 내가 친구라는 존재를 알 수 있게 해 주었어. 걔는 나에게 말했어.

"까치야, 힘들었지? 내가 여우보다 빠르지 못해 미안해, 많이."

나는 울면서 대답했어.

"아니야, 고마워. 나는 너의 눈이고 너는 나의 날개야."

걔도 기다렸던 말이었을까? 걔가 말했지.

"나는 너의 날개고 너는 나의 눈이자 소중한 친구야."

두 아이가 이야기를 마무리하지 못했지만 참 열심히 이야기를 쓰고 다듬고 뿌듯해하는 모습들이 보였다. 마거릿 와일드의 삶을 찌르는 날카로운 글과 론 브룩스의 멋진 그림이 아이들의 마음을 흔들어 놓았다. 작가처럼 쓰고 싶은 이야기가 넘치도록 말이다. 그리고 그 이야기 속에는 아이들 마음이 담담히 담겼다.(조연수)

③ 동화는 동화답게

좋은 동화는 어떤 동화일까. 좋은 동화는 어린이의 아우성을 귀 기울여 듣고 줄에서 사뿐히 벗어나 혼자 달리도록 격려할 것이다. 어른은 존중의 거리를 유지하면서 보이지 않는 곳에 조용히 서 있도록 할 것이다. 아이들이 서로의 말을 놓치지 않도록 조용히 해 주고 설령 듣더라도 기꺼이 못 들었다고 말해 줄 것이다.

동화라는 거짓말 안에서 어린이는 자유롭게 자란다. 어른이 없는 사이에 하고 싶었던 모든 가능성을 겨누어 볼 것이다. 자고 일어나면 새로워지는 영원한 이야기 속에서 서럽게 울고 뒹굴며 웃을 것이다. 어린이는 그런 경험을 통해 이야기 밖에서 살아갈 용기를 얻는다.

- 김지은 『거짓말하는 어른』(문학동네), 5~6쪽

동화의 명칭에 대해서는 여전히 논란이 있지만 우리는 동화를 어린이 문학의 서사 갈래를 통틀어 사용하고자 한다. 동화의 하위 갈래에 분량에 따라 단편 동화와 장편 동화, 내용에 따라 판타지 동화와 현실 동화, 또 역사를 배경으로 한 역사 동화와 같은 이름을 덧붙일 수도 있다.

동화는 주로 국어 수업 시간에 만나게 된다. 교과서 문학 단원의 바탕글 중 서사 갈래는 대부분이 동화이다. 일반적으로 동화라 하면 예쁘고 곱고 아름다운 결말로 끝나는 이야기라는 편견 때문인지 여전히 교과서에서 만날 수 있는 동화의 모습은 제한적이다. 앞서 살펴본 대로 교과서의 분량상 온전한 꼴로 실리기 어렵다는 점과 기능 중심의 언어 활동 자료로 쓰인다는 점에서 동화를 동화답게 만나는 경험을 하기는 어렵다. 좋은 동화는 아이들 마음속에서 자기 이야기를 끄집어낸다. 교사는 동화를 통해 아이들이 삶에 대한 질문을 찾고 자신의 삶과 연결 지을 수 있도록 도와주어야 한다.

지금까지의 동화 수업은 읽기 후 활동에만 집중해 왔다. 그러나 동화를 만나는 순간부터 동화 읽기는 시작된다. 작품의 제목과 표지 그림을 보면서 이야기 전개를 예상하고, 배경지식을 활성화하면서 작품 속으로 들어갈 준비를 한다. 읽기 전에 작가를 언급하는 것도 중요하다. 읽기 중에도 의미 있는 부분에서 잠깐 멈추어 질문하고, 간단히 이야기를 나누어 볼 수 있다. 읽어 주는 중에도 아이들은 끄적이며 들을 수 있고, 혼자 읽기를 하면서 공감하는 부분에 밑줄을 치며 읽기도 한다.

단편 동화는 분량과 형식적인 면에서 수업에 활용하기 좋다. 3~4차시 정도면 작품을 충분히 깊게 만날 수 있고, 주제와 소재가 다양해서 아이들과 함께 나눌 이야깃거리도 풍부하다. 그래서 단편 동화는 한 학기에 여러 편을 아이들과 함께 나눌 수 있다.

장편 동화는 단편에 비해 기승전결이 구체적으로 드러나 이야기의 재미를 충분히 느낄 수 있으며, 다양한 유형의 인물과 삶의 모습을 만날 수 있다. 그러나 분량이 길다 보니 교육 과정에서 시간을 할애하는 데 어려움이 있다. 자투리 시간에 읽어 주며 만나게 할 수도 있지만, 수업 시간에 함께 읽는 경험은 책 읽기를 어려워하는 아이들에게도 장편 동화의 재미를 알려 줄 수 있는 좋은 기회이다. 무리하지 않고 한 학기에 한 권 정도로 계획을 세워 좋은 장편 동화를 함께 읽는 수업을 해 보면 좋겠다. 10차시 정도면 충분하다. 한 주에 1~2시간씩 몇 주간 하는 것보다 되도록 한 단원을 재구성하여 집중적으로 수업하는 것이 훨씬 더 작품을 깊게 만날 수 있다. 새로 바뀌는 교육 과정에서는 한 학기에 9~11차시의 시간을 마련했다고 하니 좋은 작품을 교실에서 함께 읽는 것이 훨씬 수월해지겠다.

이야기를 좋아하는 아이들은 동화로 수업할 때 이야기의 구성 요소, 플롯을 이해하는 데에 머무르지 않는다. 자연스럽게 이야기에 몰입하여 현실 세계와 작품 세계를 들여다볼 수 있으며, 자기 삶과 작품을 연결하게 된다. 우리는 작품을 읽고 이해하면서 '어떻게 살아야 하는가?' 하는 질문을 스스로에게 던지고, 그 과정을 거쳐 머리에서 가슴까지, 가슴에서 발까지 이어 가는 진정한 공부를 실천할 수 있게 된다.

이 장에서는 학년별(저학년, 중학년, 고학년) 수업 사례를 읽기 전, 읽기 중, 읽기 후 활동으로 정리하였다.

1) 저학년 동화

서서히 동화 읽기로 넘어가는 이 시기, 책을 좋아하는 아이들은 서사의 즐거움에 쉽게 빠져들지만 그렇지 않은 아이들은 글자만으로도 부담스러워한다. 그래서 교사가 그림책보다 긴 호흡의 이야기를 읽어 주며 문해력을 키워 주는 일, 이야기의 즐거움을 맛보게 하는 일은 매우 중요한 과정이다. 그림을 보며 이야기를 발견하는 기쁨을 즐기던 아이들이 이야기 자체에 공감하며 푹 빠져들 수 있는 책을 골라 주었다.

아이들도 날마다 갈등을 겪는다

『화해하기 보고서』(심윤경, 사계절)

차분한 문체와 단단한 서사를 통해 자신만의 문학 세계를 구축해 온 소설가 심윤경이, 초등학교 1, 2학년을 대상으로 쓴 연작 동화 '은지와 호찬이' 시리즈의 1권이다. 딸아이가 입학을 하면서 동네 꼬마들이 준 즐거움을, 아이들의 엉뚱함과 사랑스러움을 함께 나누기 위해 동화를 쓰기 시작했다는 작가의 말처럼 작가의 내면에 싹튼 아이 마음이 스스로 이야기를 끌어낸 듯하다.

『화해하기 보고서』는 은지와 엄마가 서로 한 치의 양보도 없이 상대방이 잘못했다고 말하며 대립하다가 결국 '화해하기 보고서'를 쓰면서 극적인 화해를 한다는 이야기이다. 그러나 마지막 장의 제목 '끝없는 화해하기 보고서'에서도 알 수 있듯이 한 번의 화해로 착한 아이가 되어 버린 은지는 이야기 속에 없다. 잘못하고 혼나고 다시는 안 그러겠다고 다짐하지만 또다시 비슷한 일로 혼나는 일상이 고스란히 작품 속에 들어와 있다.

『화해하기 보고서』 외에도 '은지와 호찬이' 시리즈는 아이들에게 인기 만점이다. 1, 2학년 아이들이라면 누구라도 한 번쯤 일상생활에서 겪어 보았을 이야기를 아이의 감정이 그대로 느껴지게 그려 냈다. 판에 박힌 듯한 교훈적 마무리로 아이들을 가르쳐야 겠다는 작가의 의도도 느껴지지 않는다. 그래서 아이들은 자신이 은지와 호찬이라도 된 듯 동화 속 세계에 푹 빠져들 수 있다.

◌● 수업의 초점

이 작품에는 인물 간의 갈등 상황이 잘 드러나 있다. 갈등이 고조되는 장면을 읽으며 아이들은 자신의 경험을 떠올린다. 어떤 일이 있었는지, 그때 자신의 마음은 어땠는지 함께 경험을 나누며 동화 속 이야기가 서로의 삶을 연결해 주는 경험을 하기도 한다. 작품 자체가 주는 현실적인 감각이 아이들 마음속에 있는 이야기를 스스럼없이 꺼낼 수 있게 도와준다.

거기에서 그치지 않고 자신의 마음을 어떻게 표현하면 좋을지 알아보면 좋을 것 같다는 생각에 '비폭력 대화'[10)와 연계하여 자신의 마음을 표현해 보는 활동으로 구성하였다. 작품을 읽고 전체적인 이야기의 맥락 속에서 인물의 갈등 상황을 파악하고(관찰) 그 상황에서 인물의 '느낌'과 각자가 바라는 것(욕구)을 찾고, 상대방에게 자신의 마음을 표현하는 방법(부탁)을 알아보았다. 은지가 되어, 또는 엄마가 되어 인물의 마음을 역할극으로 표현해 보았으며 비폭력 대화 방식으로 자신의 생각을 쓰는 활동으로 마무리 지었다.

이런 일련의 활동을 통해 작품 속 인물의 마음을 깊이 있게 이해하고, 갈등을 해결하기 위해 적극적으로 작품을 해석하는 활동에 초점을 두었다.

◌◉ **온작품읽기의 흐름**(5차시)

단계	활동
읽기 전	• 표지 보며 이야기 나누기 – 책 표지를 함께 볼까요? 표지를 보고 자신이 찾은 것을 이야기해 보세요. – 여자아이는 어떤 옷을 입고 있나요?

---

10) 비폭력 대화(NonViolent Communication: NVC)는 미국의 마셜 로젠버그 박사가 최초로 제창했으며, 한국에서는 캐서린 한이 국제 공인 트레이너로서 보급에 앞장서고 있다. 비폭력 대화의 목적은 질적인 인간관계를 유지하고, 나의 욕구/필요와 상대의 욕구/필요가 동시에 만족되며, 서로 즐거운 방법을 찾는 것이다. 비폭력 대화의 모델은 '관찰 – 느낌 – 욕구/필요 – 부탁'이라는 절차를 거친다.

단계	활동
읽기 전	– 혹시 이 여자아이처럼 내복만 입고 쫓겨난 적이 있나요? **tip** • 표지의 그림뿐만 아니라 그림 사이사이로 보이는 일기의 내용이 앞으로 전개될 이야기의 단서를 제공해 준다. 글도 자세히 볼 수 있도록 안내하는 것이 좋다. **tip** • 꼭 '비폭력 대화 수업'이 아니더라도 2학년 『국어 2–1 ㉮』 4단원 '생각을 전해요' 수업을 전개할 때 재구성 제재로 사용할 수도 있다.
읽기 중	**1) 읽어주기** *나는 우리 이모처럼 예쁜 사람이 ~우리 집 정말 신기하죠?(8쪽)* – 은지는 어떤 아이인 것 같아요? 소개 글을 읽고 생각나는 대로 말해 보세요. • 주인공의 마음 짐작하며 듣기 *난 억울하게 혼났다.~얼마나 끔찍하게 혼났는지는 비밀이다.(12쪽)* – 은지가 쓴 일기예요. 이 일기를 썼을 때 은지는 어떤 마음이 들었을까요? – 왜 화가 났을까요? *엄마는 무시무시한 눈으로 나를 노려보다가~나는 슬리퍼에 내복 차림으로 집 밖으로 쫓겨났다.(25~26쪽)* – 무슨 일이 일어났나요? – 왜 그랬을까요? – 은지는 어떤 마음일까요? *바로 그때 키다리 이민우와 민우 엄마가 나타났다.(30쪽)* – 아이고, 이런. 대문 앞에서 내복만 입고 울고 있는데 같은 반 친구가 나타났군요. 여러분이 은지라면 어땠을 것 같아요? *그러자 엄마는 큰 소리로 내 흉을 보았다.(35쪽)* – 엄마가 다른 사람들 앞에서 여러분 흉을 본 적이 있나요? – 그때 기분이 어땠어요? *은지네 모둠은~결국 모종을 살 수 없게 되었다.(49쪽)*

단계	활동
읽기 중	– 엄마는 이때 어떤 마음이 들었을까요? **2) 혼자 읽기** – 24~29쪽 '오늘 저녁에 있었던 끔찍한 일'을 다시 읽고 일이 일어난 상황과 은지의 느낌, 그때 은지에게 필요한 것은 무엇인지 찾아서 써 보기 – 내가 은지라면 엄마에게 어떻게 부탁하는 말을 할지 써 보기 – 30~36쪽 '망신 망신 대망신'을 다시 읽고 일이 일어난 상황과 은지의 느낌, 그때 은지에게 필요한 것 찾아서 써 보기 – 그 상황에서 나라면 누구에게 어떤 부탁의 말을 하면 좋을지 부탁할 대상을 정해 부탁하는 말 써 보기 – 모둠 친구들끼리 돌려 읽으며 관찰과 느낌, 욕구를 잘 찾고 적절하게 부탁하는 말까지 잘 정리한 친구를 찾아 칭찬하기 tip • 형식적인 이야기 주고받기가 되지 않기 위해서 은지와 비슷한 자신의 경험을 친구들과 나누어 보고, 은지의 마음에 감정 이입을 할 수 있는 활동을 넣어도 좋다. 은지의 입장뿐만 아니라 엄마의 입장도 고려할 수 있도록 역할극을 해 보는 것도 좋은 방법이다.
읽기 후	• 생활 속에 적용하기 – '부모님과 가장 힘들었던(속상했던) 갈등 상황에 대해 알림장에 적어 오기'를 과제로 내 주기 – 과제로 해 온 갈등 상황을 쪽지에 적어서 상자에 넣기 – 친구들 간에 생기는 갈등 상황에 대해서도 쪽지에 적어서 상자에 넣기 – 교사가 상자 속에서 쪽지 한 장을 뽑아 상황을 설명해 주기 – 아이들이 쪽지에 적힌 갈등 상황을 해결하기 위해 어떻게 하면 좋을지 역할극 해 보기 – 수업을 하면서 느낀 점을 공책에 정리하기 tip • 모둠마다 하나씩 뽑아서 상황을 제시해 주고 그 상황을 역할극으로 꾸며 보게 하여 모둠별로 발표해 볼 수도 있다.

우리 학교는 생활 교육의 일환으로 1학년부터 6학년까지 비폭력 대화 수업을 하고 있다. 비폭력 대화는 사실 어른들도 제대로 하기가 힘들다. 우선 사실을 있는 그대로 관찰하여 표현하고(판단 없이) 그 사실에 대한 나의 느낌을 말하고(상대에 대한 비판 없이) 그 상황에서 나에게는 무엇이 필요했는지를 말하며(나의 욕구 찾기) 상대방에게 부탁의 말로 나의 느낌과 욕구를 전달하는 것이다.

2학년『국어 2-1 ㉮』4단원 '생각을 전해요'에서 '고운 말을 사용하여 상대방에게 나의 생각을 전달하는 활동' 대신 이 책을 읽고 '갈등 상황에서 비폭력 대화를 사용하여 자신의 생각을 전달하는 활동'으로 수업을 계획하였다. 꼭 비폭력 대화 수업이 아니더라도 갈등 상황에서 인물의 느낌과 욕구를 살펴보는 것은 인물의 내면 심리를 짐작하는 중요한 문학적 활동이라고 할 수 있겠다.

본격적으로 책을 읽어주기에 앞서 책 표지를 보며 아이들과 이야기를 나누었다. 표지에는 제목과 함께 은지가 쓴 일기의 일부분이 그림에 가린 채 실려 있다. 표지 그림을 보며 아이들은 여자아이가 내복만 입고 쫓겨났다는 사실을 발견한다. 아이들은 마치 자신이 내복만 입고 쫓겨난 것처럼 여자아이를 쫓아낸 엄마의 처사에 앞다투어 분노(?)를 표현하였다. 여자아이가 왜 내복만 입은 채 쫓겨났을지 짐작해 보는 활동을 통해 아이들은 자신이 엄마와 갈등을 겪었던 사실들을 이것저것 꺼내 놓기 시작했다.

"나는 그때 동생이랑 싸워서 엄마가 빗자루 갖고 오라고 화낸 적 있어요. 맞지는 않았는데 엄마가 동생이랑 같이 손들고 서 있으라고 했어요."

"엄마가 게임 그만하고 숙제하라고 했는데 계속 게임하다가 엄마한테 핸드폰 뺏겼어요. 내가 막 화내면서 우니까 엄마가 '너 같은 아들 필요 없다.'고 하며 '나가라.'고 했어요. 그래서 그때 많이 울었어요."

엄마가 '너 같은 아들은 필요 없다. 나가라.'고 했다는 이야기를 하던 희철(가명)이는 발표를 하면서도 그때의 감정이 생각났는지 울컥하는 모습이었다. 이렇게 표지를 보고 내용을 유추하고 자신의 경험을 나누는 것만으로도 작품에 대한 호기심이 매우 높아졌다. 교사가 책 읽어주기를 기다리는 아이들의 눈동자가 말 그대로 초롱초롱하게 빛났다.

갈등 상황에서 인물의 마음을 파악하는 것이 중요한 수업 목표였기 때문에 각 사건마다 인물의 마음을 짐작해 보고 왜 그런 마음이 들었을지 잘 생각하며 듣기로 했다.

책 표지에서 살펴본 사건, 드디어 엄마가 은지를 내복만 입혀서 쫓아낸 부분을 읽었다. 아이들의 표정도 심각하게 바뀌었다. 은지 마음이 어땠을까 물어보니 슬픈 목소리로 대답했다.

"무섭고 슬퍼요. 엄마가 진짜로 자기를 안 키워 줄까 봐 걱정되고 엄마가 자기를 미워하는 것 같아서 슬퍼요."

"은지도 엄마가 많이 혼내서 화가 나서 운 건데 엄마가 은지 말도 안 들어 보고 쫓아내서 억울할 것 같아요."

은지는 창피해서 얼른 집 안으로 들어가고 싶은데 엄마는 아랑 곳하지 않고 민호 엄마에게 은지의 흉을 보기 시작한다. 혹시 엄마가 다른 사람에게 자신의 흉을 본 경험이 있냐고 물어보니 순호가 약간 격앙된 목소리로 경험을 이야기했다.

"엄마랑 아줌마들이랑 맥주 마시러 갔을 때 심심해서 핸드폰 게임 했거든요. 그런데 엄마가 그만하라고 해서 내가 조금만 더 하고 끈다고 했는데 엄마가 아줌마들한테 쟤가 공부도 안 하고 맨날 핸드폰 게임만 한다고, 커서 뭐가 될지 모르겠다고 한숨 쉬면서 말했어요. 엄마도 아줌마들이랑 술 먹고 놀면서 나는 하고 싶은 거 못 하게 해서 화났어요. 엄마를 막 때려 주고 싶었어요."

이야기를 읽어 내려가다 보니 은지의 엄마가 왜 그렇게 화가 났는지 알 수 있는 상황이 나왔다. 백화점에서 구두를 판매하느라 하루 종일 서서 일한 엄마가 은지의 준비물 때문에 꽃집을 두 번이나 왔다 갔다 해야 했다. 그러느라 저녁도 먹지 못했고 말이다. 이 장면을 읽으며 엄마는 어떤 마음이 들었을까 물어보았다.

"힘들어요. 꽃집에 갔다가 또다시 가서 다리가 아파요."

"은지가 미워요. 준비물을 미리 말 안 해 줘서요."

"은지가 무슨 모종 사야 하는지 말 안 해 줘서 또 가니까 화가 나요."

엄마의 처사에 분노하던 아이들이 엄마의 상황도 조금은 이해하게 된 것 같았다.

『화해하기 보고서』를 모두 읽고 나서 아이들에게 3장 '오늘 저녁에 있었던 끔찍한 일'과 4장 '망신 망신 대망신'을 혼자 다시 읽으며 은지의 마음은 어땠을지, 그때 은지는 엄마가 어떻게 해 주기를 바랐을지, 그 마음을 담아서 엄마에게 부탁하는 말을 해 보는 활동을 하였다. 3장은 교사와 함께 해 보았고, 4장은 아래처럼 아이들이 스스로 부탁하는 말을 만들어 보았다.

사실: 내복만 입고 있었는데 민우와 민우 엄마를 만났다.

느낌: 혼란스럽다. 당황스럽다. 민망하다.

욕구: 이해, 사랑

부탁: 내가 내복만 입고 있었는데 민우와 민우 엄마를 만났을 때 나는 당황스러웠어요. 나에게는 이해와 사랑이 필요해요. 엄마, 화해하면 좋겠어요. (남다연, 2학년)

사실: 내복만 입고 있었는데 민우와 민우 엄마를 만났다.

느낌: 민망하다.

욕구: 사랑

부탁: 내가 내복만 입고 있었는데 민우와 민우 엄마를 만났을 때 나는 민망스러웠어요. 저에게는 사랑이 필요해요. 엄마, 저를 사랑해 주세요.

(김민서, 2학년)

그리고 실제 생활 속에서 엄마나 친구들과 갈등이 있었던 상황들을 써서 상자에 넣고 모둠별로 무작위로 한 장씩을 뽑아서 그 상황들을 역할극으로 표현해 보았다. 억울했던 기억으로 묻혀 있었을 이야기를 꺼내어 되돌아보고, 그때의 느낌과 욕구를 찾아 상대방에게 부탁의 말을 건네면서 마음속에 쌓였던 감정들을 충분히 풀 수 있었던 시간이었다.

수업이 끝나고 나서도 나는 한동안 '은지와 호찬이' 시리즈를 읽어 주어야 했다. 학급 문고에 있는 '은지와 호찬이' 시리즈를 꺼내 혼자 읽는 친구들도 많았다. 『화해하기 보고서』라는 작품이 없었다면 아이들이 온전히 이 수업에 빠져들 수 있었을지, 이렇게 생생하게 자신의 경험을 꺼내 놓을 수 있었을지 궁금하다. 작품을 읽으며 은지가 되었다가 다시 내가 되었다가 또다시 은지가 되는 경험을 통해 아이들은 작품과 자신의 삶을 연결 지을 수 있었다. 교사인 나도 아이들과 갈등 상황이 생기면 '화해하기 보고서'를 써 봐야겠다.(신수경)

우직함 속에 빛나는 추리, 편견을 깨다

『멍청한 두덕 씨와 왕도둑』(김기정, 미세기)

『멍청한 두덕 씨와 왕도둑』은 김기정 작가가 처음 쓴 저학년 추리 동화다. 아홉 살이 된 작가의 아들 또래의 아이들이 즐겨 읽을 만한 추리 동화가 드물다는 생각에서 시작한 연작 동화라고 한다. 입에 착착 감기는 입말과 재치 있는 이야기꾼이라고 평가받는 작가답게 재미나고 긴장감 넘치는 사건이 아이들을 책 속으로 흡입력 있게 끌어들인다. 특히 저마다 개성이 뚜렷한 등장인물들은 아이들에게 강렬하게 다가오고, 그림 작가 허구의 그림 덕분에 이웃 같은 친근한 존재로 확실하게 각인된다.

특히 주인공 두덕 씨의 성장은 아이들에게 큰 즐거움이 된다. 동화는『멍청한 두덕 씨와 왕도둑』,『탐정 두덕 씨와 보물 창고』,『명탐정 두덕 씨와 탈옥수』라는 제목에서 알 수 있듯이 명청이라고 놀림받던 두덕 씨가 명탐정이 되기까지의 과정이 흥미진진하게 전개된다. 작가의 의도는 멋지게 성공한다.

시리즈 1권을 읽기 시작하면 3권까지 모두 읽어 버리고 싶은 마음에 아이들은 마구마구 설렌다. 또한 겉모습만 보고 판단하는 등장인물들을 보면서 속상해하고, 눈빛을 반짝이며 단서를 찾아가는 두덕 씨를 응원하는 동안 누구에게나 멋진 장점이 있다는 사실, 그리고 누군가를 함부로 무시해서는 안 된다는 점도 알아가게 될 것이다.

∞ 수업의 초점

2학년은 그림책에서 글이 많은 동화로 넘어가는 시기다. 그래서 동화 읽기의 징검다리로 아이들이 스스로 즐길 수 있는 작품을 선정하는 것이 중요하다. 그리고 나누어 읽지 않고 가급적 한 번에 읽어 주어야 한다. 긴 호흡의 글을 집중해서 듣고 이해하는 과정이 필요하기 때문이다. 다만 아이들의 집중 시간을 고려하여, 두 번으로 나누어 읽어주기로 했다.

『멍청한 두덕 씨와 왕도둑』은 이야기에 쉽게 몰입할 수 있어 교사가 유창하게 읽어 주는 이야기를 들으며 작품 속 인물의 마음, 모습, 행동을 즐겁게 상상하기에 좋다. 또한 글의 중요한 내용을 확인하고, 이야기의 처음, 중간, 끝을 파악하고 작품을 이해하기에도 적합하다. 따라서 책을 읽어 주는 동안 뒷이야기를 추리하거나 앞에 읽었던 내용에서 단서를 찾아볼 수 있도록 질문을 하며 이야기를 많이 나누는 것에 초점을 두었다.

이를 바탕으로 등장인물 인터뷰, 중요한 날 기사문 쓰기, 등장인물 소개하기나 편지 쓰기 등의 활동을 아이들이 원하는 것 위주로 선택해서, 읽기 후 활동으로 하면 좋을 것 같다. 즐겁게 책을 읽고 이야기를 나누는 동안 동화에 친숙해지도록, 도서관에서 다른 저학년 동화를 빌려 볼 수 있도록 안내하여 자연스럽게 동화 읽기로 넘어갈 수 있는 활동이 되도록 한다.

◦● 온작품읽기의 흐름(6차시)

단계	활동
읽기 전	• 제목과 표지 그림 보며 이야기 짐작하기 tip • 그림책만 표지가 중요한 것이 아니다. 동화 역시 제목과 표지에서 책 내용을 짐작해 보면서 이야기 속으로 들어갈 준비를 한다. 그 대신 뒤 표지 책 소개는 너무 많은 내용이 드러나 기대감이 떨어지므로, 책을 함께 읽을 때는 가려 주는 것이 좋다. 특히 '명탐정 두덕 씨 1'이라고 적힌 시리즈 번호는 아이들이 미리 보면 긴장감이 떨어지므로 가려 주는 것이 좋다. – 제목에 나오는 '두덕 씨'는 누구일까요? 또 '왕도둑'은 누구일까요? – 쥐들은 무엇을 하고 있을까요? – 어떤 이야기가 펼쳐질지 자유롭게 이야기해 보세요. • 작가 알아보기 – 글 작가, 그림 작가 소개 글 읽어 주고 읽어 본 책 확인하기 – 작가의 말에서 언급된 책을 쓰게 된 이유 들려주기 • 추리 동화 이해하기 tip • 추리라는 말이 익숙한 아이들이 많다. 주로 만화 영화를 통해 탐정과 범인이 등장하여 사건의 단서를 찾아 문제를 해결하는 과정을 다룬다는 것을 잘 알고 있다. 이 동화 역시 추리 동화라는 사실을 알려 주는 것은 듣기에 집중하도록 하는 데 적절한 동기가 된다. 주인공과 같이 단서를 찾아 나가고 싶은 마음이 들기 때문이다. – 추리라는 말을 들어 본 적이 있나요?

단계	활동
읽기 전	– 추리 동화라는 사실과 제목을 다시 연결 지어 어떤 이야기가 펼쳐질지 상상해 보아요.
읽기 중	**1) 읽어주기** • 사건 짐작하며 듣기 *새빨간 눈을 부라리면서 이렇게 말했다고 했습니다.(48쪽)* – 왕도둑은 들쥐들에게 무어라고 말했을까요? – '들쥐와 은행 털기'를 연결해서 생각해 보세요. 왕도둑의 계획은 무엇일까요? *어찌 된 일일까요? 왕도둑은 은행을 털고 벌써 사라졌어야 하는데요.(71쪽)* – 정말 어찌 된 일일까요? 왜 왕도둑만 남았을까요? *그런데 한 가지, 두덕 씨는 과연 통조림을 되찾았을까요?(74쪽)* – 결국 통조림은 찾지 못하고 이야기가 끝이 났네요. 두덕 씨의 통조림은 어디 있을까요? 찾게 될까요? tip • 한 번도 등장하지 않았던 반지 아가씨가 등장한다. 물론 바로 뒤에 왜 여기 있는지 사연이 나오지만 반지 아가씨가 왕도둑 소굴에 오게 된 까닭을 앞의 이야기에서 찾아보라고 한다. 여러 답이 나오다가 '들쥐 마을에서 어깨에 커다란 짐을 지고서'라는 내용을 기억해 낸다. 이를 통해 이미 읽은 내용에 사건의 단서가 있다는 사실을 알게 하고 좀 더 주의 깊게 듣게 할 수 있다. • 등장인물과 사건의 흐름 파악하며 듣기 – 이번 장에서는 누구에게 어떤 일들이 벌어졌나요? **2) 혼자 읽기** • '두덕 씨'의 성격을 알 수 있는 부분 밑줄 치며 읽기 • '왕도둑'의 성격을 알 수 있는 부분 밑줄 치며 읽기 • 관심 있는 인물의 성격을 알 수 있는 부분 밑줄 치며 읽기

단계	활동
읽기 후	• 칠판에 적어 가며 인물 정리하기 – 어떤 인물들이 나오나요? – 주인공은 누구인가요? – 등장하는 인물들의 성격은 어떤가요? • 작가의 의도 파악하기 – 첫 장의 제목은 '멍청한 두덕 씨'이고 마지막 장의 제목은 '누가 진짜 멍청이냐?'인데 여러분은 누가 진짜 멍청이라고 생각하나요? • 촉새 기자가 되어 왕도둑이 잡힌 다음 날 특집 기사 써 보기 • 인물 인터뷰하기

◌◉ 수업 이야기

2학년 2학기 시작과 함께 시작한 동화 읽기 수업이 그야말로 폭발적인 기대 속에 즐겁게 진행되었다. 이제 3학년이 되면 글이 많은 동화책으로 넘어가야 하는데 아이들이 학교에서 동화 읽는 즐거움을 경험하면 동화책을 좋아하는 마음이 생기지 않을까 하는 기대에서 시작한 동화 읽기 수업이었다. 읽기 전 활동이 있다고 해도 1시간여를 바닥에 앉아서 교사가 읽어 주는 이야기만 들어야 하는데 과연 아이들이 집중해서 듣고 내용도 이해할 수 있을까 염려가 되었다. 하지만 그 걱정은 정말 기우였다.

『멍청한 두덕 씨와 왕도둑』이 아이들 마음에 쏙 들어가 버렸기 때문이다. 추리 동화라는 갈래 특성상 아이들은 이어 주는 내용을 들으며 단서도 찾고 뒷이야기도 예상하며 자신의 추리가 맞으면 "맞혔다."라며 좋아했다. 친구의 말이 단서가 되어 또 다른 친구의 추리가 붙고 조금 다른 이야기가 나오면 그건 이래서 아니고 저건 저래서 안 된다며 토의의 장이 되곤 했다.

첫날 다 읽지 않고 "자, 오늘은 여기까지." 하자 "아, 왜 꼭 결정적인 순간에 드라마는 끝이 나는 거지?", "그래야 재미있지. 빨리 내일이 오면 좋겠다." 하며 난리가 났다.

다음 날 읽어주기를 시작하자 어제 뒤쪽에 앉아 있던 친구들도 앞자리로 와 자리를 잡는다. 충청도 사투리를 쓰는 두덕 씨의 말투를 살려서 읽어 줬는데, 아이들은 사투리 쓰는 두덕 씨가 무척 재미있었나 보다. 그리고 두덕 씨만 사투리를 쓰는 것이 역시 주인공답다고 자기들끼리 신이 났다. 3차시에 걸쳐 읽어주기가 끝이 나고 4차시에는 '특집 기사'를 써 보기로 했다. 기사문 쓰기를 배우지는 않았지만 아이들은 역할 놀이를 할 때 기자처럼 말하기를 즐겼고, 체험이 끝나고 가끔 하는 '기자처럼 한 번 쓰기' 놀이도 좋아했다. 그래서 사진 대신 그림도 그려 넣고 제목도 붙이고 4~5줄 정도로 써 보자고 했다. 특히 등장인물들의 모습을 그리는 데 신이 나서 자기들끼리 웃고, 그림을 설명하고, 이야기 나누며 그리느라 교실이 시끌벅적해졌다.

다음 시간에는 등장인물을 초대해서 인터뷰를 했다. "자, 오늘은 『멍청한 두덕 씨와 왕도둑』에 등장한 인물들을 우리 교실에 초대해서 인터뷰를 해 보려고 해요." 하자, 역시 아이들이다.

"정말요? 정말 우리 교실에 두덕 씨랑 왕도둑이 와요?"

"동화 속 인물인데 어떻게 오죠?"

반신반의하면서도 진짜 오나 믿는 눈치다. 복도를 내다보며 어디 있냐고 묻는 친구도 있다. 결국 "우리 교실에 이미 와 계세요."라는 말에 눈치를 챈다.

"아, 우리가 하는구나!"

초대하고 싶은 인물들을 선정하고 누가 그 역할을 할 것인지 여러 번의 가위바위보 끝에 역할을 나누었다. 주요 등장인물들을 초대해서 인터뷰를 시작했다. 질문에 적절한 답을 하려고 곰곰이 생각하는 모습도 보인다. 한참 동안 대답을 못 하면 도움 친구의 답변을 들어볼까 물어보는데, 그럼 어김없이 이런 말이 돌아온다.

"시간을 좀 더 주세요."

그렇게 등장인물이 되어 질문에 대답하려고 고민하는 모습이 정말 소중한 것이다.

등장인물들끼리 서로 질문하는 상황도 벌어진다. 한 친구가 은행장에게 "왜 금고 안에도 경찰을 세우지 않았습니까?" 묻자, 은행장을 맡은 친구가 잠시 생각하더니 손가락으로 서장을 맡았던 친구를 가리키며 외쳤다. "그건 서장에게 물어야지 왜 나한테 물어봅니까? 나도 그게 답답했습니다." 그러자 자리로 돌아가 있던 서장이 일어서며 "나도 할 말 있다구요. 두덕 씨, 왜 나한테 그 계획을 미리 말하지 않았나요? 혼자 잘난 척하려고 한 거 아닙니까?" 돌아온 답변은 이것이었다. "서장님이 내 말을 믿어 주지 않았잖아요." 결국 족제비 서장은 그냥 주저앉았고 한바탕 웃음이 터졌다. 사실 이건 나도 의도하지 않았던 장면이다. 재미있는 수업 아이디어 하나를 아이들로부터 선물받았다.

인터뷰가 다 끝나고 기념사진도 한 장 찍었다. 아이들이 돌아가고 수업을 정리하며 돌아보다 재미있는 사실 두 가지를 발견했다. 먼저 두덕 씨 역할을 맡았던 친구가 자꾸 고개를 숙이고 말소리를 작게 해서 조금 더 크게 말하자고 잔소리를 했는데, 이런! 아이는 이미 두덕 씨 성격에 맞게 대답을 하고 있었던 것이다. 다음 날 물어보니 역시 그렇다고 했다. 그것도 모르고 '애가 오늘따라 왜 이렇게 수줍어하지?' 하며 고개를 들게 하고 목소리를 크게

▲ 아이들이 쓴 기사문(왼쪽)과 직접 만든 두덕 씨 인형(오른쪽)

하라고 한 것이다. 사진에 찍힌 아이들 모습도 벌써 자기들 나름 대로 역할에 충실하게 임하고 있음을 알려 준다. 반지 아가씨는 촌장 아버지와 함께 다정하게 찍고 서장과 은행장은 왕도둑을 잡 아 누르고 있다. 두덕 씨는 약간 뒤쪽에 수줍은 듯 앉아 있고……. 역할 놀이를 좋아하는 아이들답게 아이들은 금세 이야기 속 등장 인물이 되어 버린다.

수업이 모두 끝나고 아이들에게 비밀 하나를 알려 주었다.

"얘들아, 그런데 사실은 이게 시리즈 동화래. 이 책은 명탐정 두덕 씨 1탄이라네. 통조림을 계속 찾으려나 봐."

하니 함성이 터진다. 당장 읽고 싶다고 했다. 결국 아이들과 회의 끝에 교육 과정을 변경하여 계속 읽어 나가기로 했다. 우리 반은 그 후로 『탐정 두덕 씨와 보물 상자』, 『명탐정 두덕 씨와 탈옥수』 도 함께 읽었다.

아이들 손에서 두덕 씨가 종이 인형으로 만들어지고, 아이들이 직접 쓴 기사문을 보며 이야기를 나누고, 그다음 권은 어떻게 될 까 기대하며 며칠을 즐겁게 보냈다. 아이들에게는 이렇게 긴 이 야기를 한 시간 넘게 들으며 잘 이해하는 것을 칭찬해 주고, 이제 도서관에서 책을 빌릴 때 동화를 빌려 읽어도 되겠다고 치켜세웠 다. 벌써 몇몇 아이들은 명탐정 두덕 씨 시리즈를 구매해서 도착 할 거라며 신나 한다.

"선생님, 이렇게 즐거운 수업은 매일매일 하고 싶어요."

다행이다.(조연수)

2) 중학년 동화

그림책에서 동화로 넘어오는 경계선에 중학년 아이들이 서 있다. 그림보다 글의 양이 많아지는 중학년 동화는 일단 소재가 아이들의 관심에 밀접하게 닿아 있어야 하고, 이야기가 흥미진진해야 한다. 특히 학기 초에 동화 읽어주기를 시작할 때는 무엇보다 '재미'에 초점을 맞추면 좋다. 그런 동화를 골라 교사가 감칠맛 나게 읽어 주면, 책 읽기를 어려워하던 아이들도 동화라는 새로운 세상에 연착륙할 수 있게 될 것이다.

세상에 첫발을 내딛는 아이를 위한 유쾌한 격려
『겁보 만보』(김유, 책읽는곰)

'만 가지 보물'이라는 뜻을 가진 '만보'는 '엄마 아빠의 넘치는 사랑, 튼튼한 몸, 똑똑한 머리, 착한 마음'을 다 가졌지만 딱 한 가지, 바로 '용기'가 없는 친구이다. 쥐가 무서워 마당으로 나가 놀지도 못하는 '만보'가 '겁보 딱지'를 떼는 모험 이야기. 시장으로 가기 위해 '집을 떠나는 만보'는 우연히 고양이와의 만남으로 원래 가야 할 왼쪽 길이 아닌 오른쪽 길로 접어들어 세 고개를 넘게 된다. 우여곡절 끝에 시장에 도착하게 되면서 더 이상 '겁보'가 아닌 용기 있는 '만보'

가 된다. '만보'가 얼마나 '겁보'였는지를 보여 주는 여러 가지 일화와 등장인물의 맛깔난 충청도 사투리가 재미를 더해 준다.

아무리 만 가지 보물을 가졌다고 해도 부모 품을 벗어나 혼자서 길을 떠나 봐야 비로소 성장할 수 있다는 이 작품의 주제는 사실 참신하지는 않다. 만보의 앞길을 가로막는 존재들 역시 옛이야기 속에서 불려 나온 존재라서 이야기 초반에 잠깐 나온 학교나 방학 이야기를 빼면 요즘 이야기라고 보기 어렵다. 또한 사투리는 이야기를 재미있게 만드는 장치지만, 사투리가 익숙하지 않은 아이들에게는 옛이야기처럼 느껴지게 만든다.

하지만 그런 단점에도 불구하고 재미있게 읽을 수 있는 요소가 너무도 많은 작품이다. 사실 만보에게 없는 딱 한 가지처럼, 각자에게 있는 저마다의 나약한 면은 현재 우리 아이들도 가진 문제다. 어른들은 도와줄 수 없고 오롯이 자신만이 그것을 깨닫고 넘어서야 함을 이야기하는 이 작품은 그래서 참신하지는 않아도 유의미하다. 그리고 무엇보다 이 작품의 삽화는 작품을 더욱 재미있게 만나게 하는 동시에, 작품을 더 잘 이해하도록 도와준다. 그림이 없다면 아이들은 옛이야기 속 만보의 모습을 상상하는 데 그쳤을지 모른다. 삽화 덕분에 만보가 시골에 있을 법한 아이로 느껴져 '현재의 이야기'가 되었다.

◉ 수업의 초점
등장인물의 대화가 살아 있어 우리말의 사투리가 갖고 있는 말

맛과 가치를 일깨울 수 있는 작품이다. 작품의 분량이 80쪽인 중편이므로 입말과 사투리의 느낌을 그대로 살려 교사가 읽어 주는 게 좋다. 대화 글이 유독 많은 이야기이므로 각자 책을 가지고 있다면, 모둠별로 역할을 정하여 역할극처럼 소리 내어 읽기를 해 볼 수도 있겠다.

등장인물의 말과 행동이 생동감 있게 표현되어 있어 '주인공의 말과 행동을 보고 인물의 성격 파악하기'와 같은 목표를 설정할 수 있다. 무엇보다 사건의 전개가 뚜렷한 글이어서 '사건 순서대로 이야기 내용 간추리기' 활동을 하기에 매우 적합하다.

특히 이 작품은 표지가 작품의 화소들을 다 담고 있어 표지로 수업하면 좋다. 만보가 길을 찾는 것처럼 작품의 제목이 구불구불 그려졌고, 가는 길목마다 만보가 만날 인물들과 사건의 힌트가 작게 그려져 있다. 표지를 인쇄하여 나누어 준 후 표지의 여백에 낙서하며 듣기 활동을 하였고, 표지에 그려진 작은 그림으로 줄거리 간추리기를 하였다. 마지막에는 만보처럼 내게 필요한 보물을 생각하여 이야기를 나누어 보았다.

1~3학년 학생을 대상으로 하기에 적합하다. 3, 4학년이라면 작품의 마지막에 나온 '말숙이의 숨겨진 이야기'를 상상하여 글쓰기를 해도 재미있는 활동이 될 것 같다.

◌● 온작품읽기의 흐름(3차시)

단계	활동
읽기 전	• 제목과 표지 그림 보며 이야기 나누기 – 표지를 자세히 볼까요? 책 제목이 어떻게 쓰여 있나요? – 표지에 있는 작은 그림들을 찾아볼까요? 앞으로 어떤 일이 벌어질까요? tip • 노란색 바탕에 보라색 글씨로 구불구불 쓰인 '겁보 만보'가 마치 미로처럼 느껴진다. 아래쪽에서 만보의 부모님이 만보를 애타게 부르고 있으며 만보가 앞으로 만날 사건과 인물들이 그려져 있어, 표지를 자세히 보는 활동이 꼭 필요하다. • 작가 알아보기 – 글 작가는 김유, 그림 작가는 최미란입니다. • 낱말로 내용 유추해 보기 – '겁보'라는 뜻은 무슨 뜻일까요? – '〜보'로 끝나는 또 다른 말을 알고 있나요? • 속표지 그림 보며 이야기 나누기 – 금줄에 빨간 고추를 매달아 놓은 것은 무엇을 뜻할까요?
읽기 중	**1) 읽어주기** tip • 이 작품은 등장인물의 사투리가 매우 자연스러운 작품으로, 교사가 읽어 주어야 제맛을 느낄 수 있다. • 끄적이며 듣기 • 예측하며 듣기 *하지만 딱 하나 못 가진 보물이 있었는데, 그건 다름 아닌(6쪽)* – 무엇이었을까요? – 2장의 제목이 '검둥개와 물귀신'인데 어떤 이야기가 이어질 것 같아요? *"저짝에 개가 있어?"〜"흑흑 있겄지. 개집이 있으니께."(16쪽)*

단계	활동
	– 만보는 실제로 개를 만났던 것일까요?
	말숙이가 주위를 살피며 만보한테 소곤거렸어. "여서 땅따먹기나 허자."(25쪽)
	– 말숙이는 갑자기 왜 그랬을까요?
	tip • 에필로그에 나온 말숙이 이야기와 이어지는 부분이다. 예측하기 성격의 질문보다는 연결 짓기 차원에서 언급만 간단히 해 주면 좋다.
	– 박씨 아저씨가 말한 '간이 커진다.'는 무슨 뜻일까요?
	그렇게 무사히 큰길을 빠져나와 갈림길에 들어설 때였어.(41쪽)
	– (잠시 멈추고 묻기) 어떻게 되었을까요? 어느 쪽으로 갔을까요?
	– '용기내 마을 가는 길'로 가면 무슨 일이 벌어질까요?
	– '꼬부랑 할머니'는 어떤 존재일까요?
	'만보 앞에 떡 버티고 선 것은(53쪽)
읽기 중	– (까지 읽어 주고 아이들을 살펴본 후) 누가 나타났을까요?
	– 호랑이가 한 말은 뭘까요?
	– "옛날에도 고렇게 거짓말 했잖어."(56쪽)라는 말을 듣고 어떤 이야기가 떠오르나요?
	58~59쪽 그림 보여 주며 이야기 읽어주기
	– (7장 세 고개 넘고 제목을 보고) 이번에는 마지막으로 누구를 만날까요? 표지에서 봤던 인물 중 누가 남아 있나요?
	"도깨비가 참말로 있었구먼!" 만보는 도깨비를 만난 게 신기했어.(66쪽)
	– 이야기 처음의 만보와 비교해 보세요.
	그리고 천둥소리가 잠잠해진 뒤에야 한쪽 눈을 슬쩍 떴어.(69쪽)
	– 눈 뜨고 나면 도깨비는 어떻게 되었을까요?
	– 만보가 찾은 '가장 소중한 보물'은 무엇일까요?
	– (마지막 문단에서 첫 문장 읽어 주고 멈추기) 그 아이는 누구였을까요?

단계	활동
읽기 중	**2) 함께 읽기** • 작품 다시 읽기 tip • 이 작품의 입말을 잘 살리기 위해 모둠에서 친구들이 역할을 맡아 소리 내어 읽기를 하면 더 좋을 것 같다.
읽기 후	• 별 평점 매긴 후 까닭 말하기 – 별표 개수로 재미있는 정도를 표시하고 각자 까닭 말하기 • 내용 간추리기 – 사건의 순서대로 내용 간추리기 – 『겁보 만보』 속 옛이야기 살펴보기 • 나와 연결 짓기 – 나에게 필요한 가장 소중한 보물은 무엇인가요? – '~보 ○○에게 가장 필요한 보물은 ▢▢이다.'라는 문장으로 써 봅시다. (예: 짜증보 유진이에게 가장 필요한 보물은 여유 있는 마음이다.)

☺ 수업 이야기

고향이 충청도여서 작품 속 사투리가 입에 척척 붙었다. 읽으면서 어린 시절 옆집, 앞집 어른들이 내 안에서 살아 말하는 것 같았다. 어떤 작품보다 입말이 살아 있고, 사투리로 된 대화 글이 많은 작품이라 굉장히 신경을 써서 읽어 주었고 다행히 아이들이 아주 재미있어했다. 아마 혼자 읽거나, 아이들 중 누군가가 읽었다면 중간중간 흐름이 끊겼을지도 모른다.

수업을 시작하면서 책 제목을 알려 주고 '겁보'라는 말을 살펴보았다. 접미사 '-보'가 쓰이는 다른 말들을 찾아보니, 심술보, 먹보, 울보, 잠보, 떼보, 털보, 꾀보, 느림보 같은 말이 나왔다. 이런 말들과 함께 놓고 보니 어지간할 때 쓰이는 말이 아니라는 정도를 자연스럽게 알아 갔다. 만보의 이름과 앞에 붙은 겁보는 이 작품의 주제와도 연결되고, 자신의 문제로 환원시켜 줄 수 있는 고리가 되기도 한다.

읽기를 시작하면서 표지를 인쇄한(노란 바탕은 흰색으로 바꾸어) 종이를 나누어 주었다. 자유롭게 생각나는 것을 끄적이며 듣기로 했다. 책을 읽어 주는 내내 아이들은 표지의 단서가 되는 그림으로 다음 이야기를 예측하며 듣는 재미에 폭 빠졌다. 특히 세 고개를 넘어갈 때마다 만난 인물들과 겪게 될 이야기를 표지 그림에서 단서를 찾으며 몰입했다. 이 활동지는 읽어주기가 끝난 후 일이 일어난 순서대로 줄거리를 간추리는 활동에도 무척 유용했다. 처음에는 날씬했던 만보가 뚱뚱한 모습으로 바뀐 이유도, 땅따먹기 하는 말숙이도, 만보를 겁주었던 마당의 생쥐도 모두 있어서 찾아보며 이야기를 재구성할 수 있었다. 아이들은 "겁이 너무 많은 만보가 겁보 딱지를 떼기

▲ 겁보 만보 활동지

위해 혼자서 시장을 나선다. 가다가 길을 잘못 들어 사람들이 가지 않는 길로 가다가 꼬부랑 할머니, 호랑이, 도깨비를 만나고 그러면서 점점 용감해지는 이야기다."라고 간추리기를 척척 해냈다.

이야기에서 도깨비를 만났을 때 만보는 놀라서 오줌을 지리지도, 다리가 풀려 주저앉지도 않고, "도깨비가 참말로 있었구먼!" 하고 신기해하는데, 아이들은 그 변화를 기막히게 찾아내었다. "어? 만보가 도깨비에게 겁을 안 내고 있잖아. 대답도 잘하는데?" 하며 말이다. 의도하지 않았는데, 이미 두 고개를 넘은 후 조금은 용감해진 만보의 태도를 읽어 냈다. 줄거리를 간추리면서 자연스럽게 재미있는 표현들이 그대로 나왔는데, 읽어주기만 했을 뿐인데도, 작품 속 표현을 술술 말하는 아이들을 보면서 참 용하다는 생각이 들었다. 이야기의 힘인지, 아이들의 능력인지 모르겠다.

이 작품 말미에는 말숙이 이야기가 에필로그처럼 나온다. 말숙이가 부지깽이를 들고 길을 나서는 대목에서 예상치 못한 토론이 벌어졌다. '말숙이의 부지깽이는 만보가 빌려 주었을 것이다.'와 '말숙이가 집에 있는 걸 들고 나온 것이다.'라는 서로 다른 의견이 나왔다. 대다수 아이들은 '깨꾸락지' 잡으러 나서기를 포기하고 땅따먹기를 할 때 만보가 말숙이 역시 겁이 많다는 것을 알아차리고 기꺼이 빌려 줬을 거라고 했다. 하지만 소수의 아이들은 말숙이가 부지깽이를 들고 등장한 만보의 모습을 보고 집에 있는 부지깽이를 들고 나섰을 것이며, 평상시에는 용감한 척했기 때문에 말숙이 체면상 만보에게 빌리지는 못했을 것이라고 했다.

무엇보다 깨꾸락지 잡는 것 대신 땅따먹기 하자고 한 말숙이를 보고, 말숙이도 사실 겁이 많다는 것과 그걸 알면서도 모른 척해 준 만보의 마음을 알아차린 아이들이 기특했다. 또 말숙이의 성격상 부지깽이를 빌리지 못했을 거라는 소수의 의견도 존중한다. 3차시로 수업을 계획하여 더 긴 이야기는 나누지 못했지만 말숙이의 숨겨진 이야기 쓰기도 해 볼 만한 것 같다.

마지막으로 아래처럼 나에게 필요한 보물 한 줄 쓰기를 했다. 솔직하게 쓴 걸 보니 자신을 너무도 잘 알고 있는 것 같아 웃음도 나오고, 안쓰럽기도 했다. 인생은 누가 대신 걸어가 줄 수 없는 것, 두렵지만 한 걸음, 또 한 걸음 내디뎌야 미로 같은 길을 잘 빠져나갈 수 있을지 모른다. 우리 아이들이 힘과 용기를 내어 만보처럼 자신의 길을 잘 걸어 나갈 수 있기를 응원한다.(이유진)

-먹보 지우에게 필요한 보물은 다이어트이다.

-못참보 해성이게 필요한 보물은 참는 것이다.

-미룸보 은찬이에게 필요한 보물은 '당장'이다.

-느림보 민근이에게 필요한 보물은 빠른 발이다.

-소음보 동현이에게 필요한 보물은 침묵이다.

-멍~보 필준이에게 필요한 보물은 '정신차려'이다.

두려움을 벗어나는 주문, '똥맨'

『마법사 똥맨』(송언, 창비)

동화를 읽는 이유 중 한 가지가 매력적인 주인공을 만날 수 있기 때문이다. 『내 이름은 삐삐 롱스타킹』(아스트리드 린드그렌, 시공주니어)의 '삐삐' 같은 주인공을 우리나라 동화에서도 찾을 수 있는데, 그중 한 명이 바로 『마법사 똥맨』 속의 '고귀남'이다. 선생님과 반 친구들을 마법에 빠지게 만드는 탁월한 재주가 있는 '귀남'이는 거침없이 말하고 표현하는 인물이다. 그런데 그 행동이 밉지 않으며 오히려 초등학생 독자들에게 카타르시스를 주는 인물이다.

이야기는 '마법사 똥맨 고귀남'의 짝인 '똥수(박동수)'의 시선으로 전개된다. 학교 화장실에서 똥을 누다 친구들에게 놀림받은 기억을 갖고 있는 똥수가 귀남이를 통해 상처를 극복하고 학교에서 똥 눌 수 있는 자신감을 찾는 이야기가 큰 바탕이다. 그리고 똥수의 트라우마를 깰 수 있도록 해 주는 귀남이의 말과 행동이 작품 전체에 나타나 있다.

'남들이 말하지 않는 것을 말하고, 남들이 관심을 갖지 않는 것에 눈길을 주고, 이상한 행동도 자연스럽게 하는 친구'인 똥맨 고

귀남을 통해 천진난만한 아이들의 본래 모습을 살려 주고자 한 작가의 배려가 고마운 작품이다.

◌● 수업의 초점

똥맨 귀남이의 매력이 강한 작품으로 '이야기를 읽고 인물에 대해 살펴보기', '인물의 성격 파악하기'와 같이 인물 탐구를 하기에 적당한 작품이다. '이야기 속 인물이 되어 다른 사람에게 생각을 조리 있게 말하기'와 같은 수업을 계획해도 좋다. 내가 이야기 속 인물이 되었다고 상상해 보고 다른 인물에게 하고 싶은 말을 하는 활동을 전개하고, 이야기 속 인물에게 하고 싶은 질문을 만들고, 그 인물을 초대하여 대화하는 활동을 포함할 수 있다.

등장인물과 또래이고, 어린이다운 천진함이 남아 있는 3학년들과 수업을 하면 감정이입이 더 쉽고, 즐겁게 수업할 수 있다. 3학년 어린이들에게 한 차시 동안 읽어 주고 3차시 동안 깊이 읽는 수업을 하면 좋겠다.

◌● 온작품읽기의 흐름(4차시)

단계	활동
읽기 전	• 제목과 표지 그림 보며 이야기 나누기 – '마법사 똥맨'이 무엇일까요?

단계	활동
읽기 전	– 표지에 있는 남자아이의 표정을 보니 어떤 친구일 것 같아요? – 두루마리 휴지는 무얼 말하는 걸까요? • 작가 알아보기 – 작가는 송언 선생님이고, 작품 속의 담임 선생님입니다. • 차례 보며 이야기 예상하기 • 경험으로 내용 유추해 보기 – 학교에서 갑자기 똥이 마려우면 어떻게 할 것인가요? – 혹시 학교에서 똥 누었던 경험 있나요?
읽기 중	**1) 읽어주기** tip • 중편 동화로 한 차시 동안 교사가 읽어 주고 질문하기에 적당하다. • 끄적이며 듣기 • 읽다 멈칫하기 tip • 의미 있는 부분에서 멈추어 인물의 다음 행동을 질문하거나, 인물이 짐작하는 바를 알아보는 질문 하기 '죽기보다 싫은 기억이다.'(9쪽)까지만 읽어 주고 잠깐 멈추기 – '죽기보다 싫은 기억'이라는 건 어떤 것일까요? 이 말이 주는 느낌은 어떤가요? '나는 조심조심 밖으로 나왔다'(13쪽)까지만 읽어 주고 잠깐 멈추기 – 나한테 이런 일이 생긴다면 어떤 기분이 들까요? '동수'는 어땠을까요?(이런 기억을 '트라우마'라고 합니다.) 2장 '내 짝꿍 고귀남'을 읽어 주고 잠깐 멈추기 – 고귀남 같은 친구 본 적 있어요? 어떤 친구 같아요? 고귀남이 사물놀이를 설명하는 부분을 선생님도 몸짓으로 읽어 준다. – '땅바닥에서 뒹굴고 굼벵이처럼 기어 다니는' 귀남이를 보면

단계	활동
읽기 중	서 어떤 생각이 드나요? 여러분도 할 수 있겠나요? – 귀남이가 양만호에게 한 말에 대해 어떻게 생각하나요? – *"똥맨. 너는 꼭 마법사 같아."*(95쪽)는 무슨 뜻일까요? **2) 혼자 읽기** • 작품 다시 읽기 – '똥맨'의 말과 행동을 찾아 읽고 어떤 친구인가 생각해 보기
읽기 후	• 느낌 말하기 – 작품에 대한 각자의 느낌을 돌아가며 말하기 • 인물 살펴보기 – 작품 속 인물에는 누가 있나요? – 인물의 성격이 어떤 것 같습니까? – 인물의 성격을 알 수 있는 부분은 어느 부분인가요? • 인물 인터뷰하기 – '동수'가 되어 '귀남이'의 행동에 대해 질문하기 – 내가 '귀남이'에게 하고 싶은 말 생각하기

◌● 수업 이야기

첫 시간에는 『마법사 똥맨』을 처음부터 끝까지 읽어 주었다. 그리고 읽고 싶은 사람은 자유롭게 읽도록 칠판 아래에 놓아두었다. 역시 내 짐작대로 아이들은 이 책에 관심이 아주 높았다. 쉬는 시간마다 서로 먼저 책을 차지하기 위해 노력하는 것을 보니. 이렇게 3일 동안 두었더니 대략 40퍼센트 정도의 아이들이 이 책을 한 번 더 읽게 되었다.

다음부터는 '마법사 똥맨'에 대해 이야기를 나누었다. 먼저 이 야기 속 등장인물인 동수와 귀남이를 살펴보았다. 많은 아이들 이 귀남이를 신기하게 생각하는 듯하였다. 선생님에게 말대꾸하 고 장난을 잘 치는 귀남이가 당당하고 자신만만한 아이라고 말 하였다.

모둠 학습으로, 모둠마다 4개의 그림 카드와 설명 카드를 주고 각자 원하는 그림 카드를 선택한 뒤, 동수가 되어서 그림 카드에 등장하는 귀남이의 행동에 대해 하고 싶은 말을 적어 기차에 붙 이는 활동을 하였다.(이 기차 모형은 학기 초에 만들어 놓고 1년 동안 내용 간추리기와 같은 활동을 할 때마다 사용하는 자료이다.) 4명이 돌아가며 말 하기와 듣기를 한 후에 기차는 교실 뒤 게시판에 붙여 놓았다.

▲ 그림 카드와 설명 카드를 붙이는 기차 모형

이야기 나무에는 귀남이에게 하고 싶은 말을 적어 붙여 보았다. 우리 반 교실 한쪽 벽면에는 책을 읽고 느낌이나 생각을 붙여 놓는 '책 숲 놀이터'가 있다. 수업 시간에 학습한 결과물을 붙여 놓는 곳인데, 이렇게 해 놓으면 아이들이 자기가 쓴 글뿐 아니라 다른 친구들이 쓴 글도 같이 읽을 수 있어서 좋았다.

또 모둠별로 한 명씩 '똥맨'을 정하고 다른 친구들은 기자가 되어 똥맨과 인터뷰도 해 보았다. 먼저 똥맨이 되는 아이는 친구들이 어떤 질문을 할지 생각하고 그 질문에 대한 답변 자료를 만든다. 다른 친구들은 똥맨 친구에게 할 질문을 만들어 대화하는 활동을 전개하였다.

마지막으로 똥맨이 되어 짝꿍인 동수에게 해 주고 싶은 말을 해 보기로 했다. 이 책은 학교에서 똥을 못 누던 동수가 귀남이의 영향을 받아 학교에서 시원하게 볼일을 볼 수 있게 되면서 끝난다. 마지막 그림을 아이들에게 나누어 주고 귀남이가 되어 말하기를 진행하였다.

수업을 마무리하면서 우리 반에 귀남이 같은 친구가 있으면 어떨

▲ 함께 읽은 책 표지와 활동 결과물을 붙여 놓았다.

지 물어보았다. 아이들은 이구동성으로 이런 친구가 있으면 '재미있겠다, 신나겠다, 선생님이 많이 힘들 것 같다'는 이야기를 했다. 내 생각도 그렇다. 이런 아이가 우리 반에 있으면 내 흰머리가 더 늘어날 것이고 아마 못 견뎌 할지도 모르겠다는…….

그러면서도 한편으로는 우리 반 아이들이 귀남이 같은 사람이 되었으면 하는 이 바람은 또 뭐지? 자기를 사랑할 줄 알고 항상 당당하고 사소한 일은 별로 신경 쓰지 않는 이런 대범하고 건강한 아이를 보면서, 자기만의 틀 안에서 아직 깨어나지 못하는 우리 아이들이 그 틀만이 전부가 아니라는 생각을 해 주었으면 하는 바람을 가져 본다. 더불어 나도 책 속의 귀남이를 부러워하기보다 내가 갖고 있는 틀을 깨고 살아 있는 우리 반 아이들을 이해하고 바라볼 수 있도록 해야겠다.(진현)

3) 고학년 단편 동화

단편 동화는 짧은 글 속에 개성 있는 등장인물이나 뚜렷한 문제의식을 담고 있어 수업 시간에 읽어 주고 함께 이야기 나누기에 매우 적합하다. 고학년의 경우 이성, 친구, 학업, 진로와 같은 문제를 진지하게 생각하는 시기이다. 고학년 아이들의 삶을 함께 고민하고 공감할 수 있는 작품, 몸과 마음이 자라면서 자아가 흔들리는 아이들을 위로하고 격려해 줄 수 있는 작품을 선정하였다.

쫄깃한 웃음 뒤에 담긴 매콤한 여운
「꼴뚜기」(진형민, 『꼴뚜기』, 창비)

진형민 작가의 첫 단편집 『꼴뚜기』의 표제작이다. 5학년 3반에서 어느 날 우연히 '꼴뚜기' 사건이 일어난다. 꼴뚜기가 된 친구는 다른 친구들에게 드러나지는 않지만 미묘하게 배제되고 배척된다. 처음에는 단순한 사건이었으나 1대 꼴뚜기, 2대, 3대, 4대, 5대 꼴뚜기까지 탄생되면서 주인공 '길이찬'을 비롯해 학급의 누구나가 꼴뚜기에 끌려 다니며 마음이 불편한 상황에 맞닥뜨린다.

이 동화집은 5학년 3반 남학생 '길이찬'과 '구주호'를 중심으로 사건이 일어나는 연작 생활 동화이다. 지금을 살아가는 학생들 모습을 잘 포착하였고 각 단편마다 '왕따 문제', '이성 문제', '학업 문제', '인성 문제' 같은 무게감 있는 주제를 경쾌하면서 재미있게 그려 낸 작품이다.

맛깔 나는 문체와 교실을 직접 들여다보는 것 같은 생생함이 읽는 재미를 더한다. 용기가 무엇인지, 용기 있는 행동이 어떤 것인지 찾을 수 있고, 등장인물과 자신을 견주어 볼 수도 있다. 사건은 5대 꼴뚜기가 된 담임 선생님의 '꼴뚜기가 꼴뚜기를 먹이는' 방법으로 해결된다. 어린이들이 스스로 고리를 끊어 내지 못해 아쉽다는 생각이 들기도 했지만, 한편으로는 이런 고리를 없애는 것이 어른의 역할이겠다는 생각도 했다.

◐ 수업의 초점

사건이 '현재 - 한 달 전 - 현재'로 전개되어 이야기가 늘 시간의 흐름에 따라 전개되는 것이 아니라는 점을 배울 수 있다. 장난처럼 시작된 '꼴뚜기' 놀이가 점점 그 무게를 더해 가면서 교실과 아이들을 억누르는 굴레가 되고, 이 굴레와 맞부딪친 주인공이자 화자인 '길이찬'의 내적 갈등이 절정을 이룬다. 이러한 내적 갈등을 지켜보면서 '작품에서 얻은 깨달음을 바탕으로 하여 바람직한 삶의 가치를 내면화하는 태도'를 기를 수 있다.

또 1대부터 5대 '꼴뚜기'가 등장하는 사건의 흐름을 통해 '인물의 말과 행동에 대해 나의 생각과 견주어 이해하기'를 할 수 있다. 누구나 교실 안에서 일어나는 은근한 따돌림의 가해자와 피해자가 될 수 있고, 실제로 이러한 따돌림이 어떻게 나에게 직접적으로 다가오는지 구체적으로 체험할 수 있다. 학기 초에 이 작품으로 활동하면 서로 서먹서먹하고 낯선 때, 소통하고 친해질 수 있는 계기를 마련해 준다.

◌● 온작품읽기의 흐름(3차시)

단계	활동
읽기 전	• 제목과 표지 그림 보며 이야기 나누기 – '꼴뚜기'가 뭔지 알고 있나요? – 표지 그림을 보니까 어떤 이야기가 펼쳐질 것 같아요? • 작가 및 출처 언급하기 – 『꼴뚜기』라는 동화집에 수록된 단편 동화입니다. – 작가는 진형민입니다. • 속담으로 내용 유추해 보기 – '꼴뚜기'가 들어가는 속담 알고 있나요? – '어물전 망신은 꼴뚜기가 시킨다.'는 속담에서 '꼴뚜기'는 어떤 역할인 것 같아요?
읽기 중	**1) 읽어주기** tip • 지금 우리 아이들의 모습을 생생하게 표현한 책으로, 학기 초에 읽어주면 공동체 생활을 하는 데에 시사점이 크고, 더욱 친숙하게 느낄 수 있다. • 끄적이며 듣기 • 읽다 멈칫하기

단계	활동

<table>
<tr><td rowspan="1"> </td><td>

tip • 의미 있는 부분에서 멈추어 인물의 다음 행동을 질문하거나, 인물이 짐
작하는 바를 알아보는 질문 하기

하필 급식 반찬으로 꼴뚜기 조림이 나왔다.(8쪽)

– '하필'이라는 낱말은 주로 언제 사용할까요? 이 낱말이 주는
느낌은 어떤가요?

'딱 한 사람까지'(12쪽)만 읽어 주고 잠깐 멈추기

*선생님은 고개를 푹 숙이고 있는 박용주 머리통을 다듬으며 한
마디를 더 했다. "깍두기랑 동치미 다 맛있고~"(13쪽)*

– 선생님이 뭐라고 하셨을까요?

*"너네도 들었지? 이제부턴 박용주가 꼴뚜기야! 난 꼴뚜기 끝났
어!"(14쪽)*

– 김소정이 한 말이 무슨 뜻일까요?

*그런데 가사를 눈으로 미리 훑던 길이찬이 헉 하고 숨을 들이
마셨다.(17쪽)*

– 길이찬이 왜 헉 하고 숨을 들이마셨을까요?

– (길이찬의 독백 장면이 끝난 후) 여러분이 길이찬이라면 어
떻게 할 거예요?

*음악실이 떠나가라 울려 퍼지던 노랫소리는 오디오 플러그가
뽑힌 것처럼 툭 끊기고 말았다.(18쪽)*

– 이 뒤에는 어떤 일이 생길까요?

– 오천재가 3대 꼴뚜기가 된 후, 오천재처럼 뭐든 잘하는 애가
꼴뚜기가 되면 기분이 어떨 것 같아요?

*하지만 참 이상한 일이었다. 시간이 가면 갈수록 길이찬은 자
신이 덥석 주운 그 행운이 하나도 고맙지 않았다.(25쪽)*

– 길이찬은 왜 고맙다는 생각이 안 들었을까요? 다른 애들은
일주일 넘게 마음고생한 걸 자신은 사흘 만에 끝냈는데?

그러니까 지금 이 사태를 한 문장으로 정리하자면(27쪽)

– 뭐라고 말할 수 있을까요?

</td></tr>
</table>

읽기 중

단계	활동
읽기 중	**2) 혼자 읽기** • 작품 다시 읽기 – 혼자서 다시 읽으면서 자신이 공감하는 문장을 찾아 밑줄 치기 – 친구들과 함께 대화를 나누면 좋을 질문 찾기(낱말 뜻을 묻는 질문, 내용이나 상황이 이해가 안 되는 부분, 내가 등장인물 중 한 명이라면 어떤 느낌일까 등) – 질문 쪽지를 칠판에 붙이고, 교사는 질문의 종류 분류하기
읽기 후	• 느낌 말하기 – 작품에 대한 각자의 느낌을 돌아가며 말하기 • 인물의 성격 파악하기 – 작품 속 중심인물에는 누가 있나요? – 인물의 성격이 어떤 것 같습니까? • 질문 찾고 이야기 나누기 – 6대 꼴뚜기는 나왔을까요? – 내가 수정이라면 용주에게 꼴뚜기를 넘겼을까요? – 꼴뚜기가 무엇일까요? • 나와 연결 짓기 – 내가 공감하는 부분을 까닭을 들어 말하기 • 마지막 길이찬의 독백 부분을 자기 자신으로 바꾸어 고쳐 쓰기

◦● 수업 이야기

3월 둘째 주면 본격적으로 새 학년 새 학기 수업이 시작된다. 5학년 3월에 만난 첫 번째 동화는 「꼴뚜기」이다. 읽을 때는 깔깔거리며 읽을 수 있고, 다 읽은 후에는 가슴에 묵직한 무언가가 남아 여운이 길다.

우리 반 친구들에게도 이 작품이 주는 재미가 쏠쏠했던 모양이다. 작품을 읽어 주면서 대화를 나눌 때에도 자연스럽게 자기 생각을 말했고, 일단 듣기에 집중을 잘했다. 책 읽어 주는 선생님은 처음 봤다는 친구도 있었고, 자기는 책 읽어 주는 어른이 처음이라고 한 친구도 있었다. 마음이 조금 아팠다. 한 시간 동안 귀 기울여 듣는 모습이 예뻐서 내가 더 신이 나는 시간이었다.

읽어주기 전에 표지와 제목을 보고 예측하기를 하는데, 표지 그림을 유심히 보던 한 친구가 아이들이 모두 손이 묶여 꼴뚜기에게 끌려가고 있다면서 뭔가 꼴뚜기가 대장인 것 같다고 이야기했다. 또 다른 친구는 식판을 들고 있는 아이 옆에 꼴뚜기 그림이 있는 걸 보더니 급식을 다 먹지 않아서 혼나는 이야기일 거라고 예상하였다.

본격적으로 읽어주기를 시작하면서 아이들에게 끄적이거나 낙서하면서 들으면 더 좋겠다고 말했다. 길이찬이 '어물전 망신은 꼴뚜기가 시킨다.'는 속담의 예를 김소정으로 들어서 엉성하게 설명하는 부분에서 아이들이 소리 내어 웃으며 '이제 꼴뚜기가 나왔다'면서 관심을 더 기울였다. 1대 꼴뚜기 김소정을 시작으로 박용주, 오선재, 길이찬으로 이어지는 '꼴뚜기' 사건을 들으면서 꼴뚜기가 무엇인지 어렴풋이 이해하는 듯했고, 김소정이 5대 꼴뚜기인 담임 선생님에 대해 "꼴뚜기가 되더니 아주 미운 짓만 골라서 한다니까.”라고 말하는 문장을 읽었을 때는 다 같이 ‘헉’ 소리를 냈다. 선생님에 대해 뒤에서 험담하는 걸 작품에 직접적으로 표현해 놓아서인지, 아니면 선생님이 선생님 뒷담화하는 걸 그대로 읽어 주어서인지 아무튼 다들 놀라는 눈치였다.

5대 꼴뚜기인 담임 선생님의 행동을 한 문장으로 정리해 보자고 하니 “모두 꼴뚜기가 되어 버렸다.”는 문장으로 제시하였다. 작품에 표현된 문장인 “꼴뚜기가 몰래 꼴뚜기를 끓여서 아이들한테 꼴뚜기 국물을 먹였다.”를 읽어 주니 아주 큰 소리로 웃었다.

작품을 다 읽은 후 혼자 읽기를 하면서 공감 가는 부분을 찾아 밑줄을 치고, 궁금한 것을 포스트잇에 적어 칠판에 붙여 같이 대화를 나눌 수 있도록 하였다.

혼자 읽기를 마친 후 한 명씩 돌아가며 한 줄 느낌 말하기를 했다.

“재미있었어요. 인물이 생생하게 느껴졌어요.”

“선생님이 책 읽어 주니까 더 생생하게 들려요.”

“꼴뚜기가 이런 내용일지 생각 못 했는데 작가가 대단해요. 꼴뚜기한테 끌려가는 그림이 이해가 돼요.”

라는 감상평이 많이 나왔다. 공감하는 부분 찾기에서는,

“〈독도는 우리 땅〉 노래 부르는 음악 시간에 독도에 대해서 생각하는 부분요. 독도는 우리 땅인데 일본이 자꾸 자기네 땅이라고 해서 짜증 나요.”(여기저기서 맞아요, 맞아요.)

“길이찬이 더 이상 꼴뚜기에게 끌려 다니지 않겠다는 장면에

서 공감이 됐어요."

"선생님이 아이들을 위해 꼴뚜기 국수를 끓여 주는 부분요. 선생님이 지혜로웠어요."
라며 자신이 찾은 부분을 이야기했다.

실제로 작년에 또래 친구들 사이에서 왕따를 당한 경험이 있는 여학생이 있어서 조금 더 조심스러웠다. 혹시라도 상처를 헤집을까 봐 걱정이 되었는데 크게 동요하지 않는 모습이어서 안심이 되기도 했다.

만난 지 일주일밖에 안 된 사이여서 아직 서로에 대해 잘 알지 못하고, 낯선 시간이기 때문에 마지막 길이찬의 독백 부분을 자신으로 바꾸어 고쳐 쓰고 한 명씩 모두 발표하였다. 이 활동 한 번으로 서로에 대해 특별히 더 많이 알게 된 건 아니었지만 서로 마음을 열어 가는 작은 실마리는 되었던 것 같다.(진현)

| 독백 고쳐 쓰기 |

최성훈은 자전거를 손 놓고 탈 만큼 자신만만하지만 계단을 올라가는 건 자신이 없다. 귀신의 집 들어갈 자신은 있지만 박쥐 동굴에 들어갈 자신이 없다. 식물 키우는 건 자신만만하지만 괴물 키우는 건 자신이 없다.

(최성훈, 5학년)

오주연은 자신감이 있는지 없는지 알 수가 없었다. 친구들과 떡볶이 집에 가서는 메뉴를 골라서 시킬 수 있는 자신감은 있지만 나 혼자 떡볶이 집에 가면 자신감이 없어지고, 엄마 아빠랑 짜장면을 시켜 먹을 때는 아빠가 시켜 주셔서 다행이지만 나 혼자 시켜 먹을 때는 왜 이리 전화가 무섭게 느껴지는지. 언니랑 피자 가게를 가서 시키는 것은 할 수 있지만 나 혼자 시키면 떨리고 부끄러워하는 건 자신감이 있는 건가 아닌가. (오주연, 5학년)

선생님은 자기가 좋은 선생님인지 아닌지 알 수가 없었다. 책을 읽어 줄 때는 행복한 선생님인 것 같은데 교실에서 뛰거나 복도에서 뛰는 아이들에게 야단을 칠 때에는 무서운 선생님 같기도 하고, 쉬는 시간에 같이 놀이를 할 때에는 좋은 선생님 같은데 급식 시간에 남기는 채소를 세 개 먹으라고 할 때에는 나쁜 선생님 같기도 하고, 마주이야기장 편지를 쓸 때에는 좋은 선생님 같은데 잔소리를 할 때에는 아닌 것 같기도 하고, 그럼 좋은 선생님인 건가 아닌가. (진현 선생님)

이 작품은 유은실의 첫 번째 단편집 『만국기 소년』에 실린 단편 동화로, 1970년대에 초등학교 시절을 보낸 어른이 어린 시절의 아픈 기억을 회상하듯 써 내려간 이야기다. '윤희'의 시점으로 이야기를 담담하게 펼쳐 가지만, 인물의 갈등을 섬세한 심리 묘사로 이끌어 가며 서사의 긴장감을 놓치지 않는다.

인물들의 마음과 처지를 일상의 사소한 사물에 빗대 표현한 점 또한 이 작품이 주는 매력이어서, 읽는 중에 그런 표현이 묘사된 부분에서 멈추어 아이들과 이야기를 나눠 보기도 좋다. 주인공이 예전 일을 회상하며 고백하는 듯한 문체는, 어른인 교사가 읽어 주는 과정에서 마치 교사의 이야기를 털어놓는 것 같은 착각을 불러일으킬 정도로 몰입하게 해 준다.

∞ 수업의 초점

'윤희'와 '조수택'의 심리 묘사가 돋보이는 작품이기에 '작품 속 인물의 정서와 심리를 안다.'와 같은 목표를 둘 수 있다. 그리고 이 작품은 '~했지'와 같은 고백체의 서술 형식이 돋보이기에 시종일관 쓸쓸하고 조용한 작품의 정서를 느낄 수 있도록 교사가 어조에 주의하여 천천히 읽어 주는 게 중요하다고 생각했다.

'작품 속 인물들의 감정 세계를 이해하고 공감할 수 있다.'나, '작품 속 인물의 생각과 행동을 나와 견주어 본다.'와 같은 목표를 설정할 수도 있다. 이 작품의 시대 배경이 1970년대여서 요즘 아이들과는 전혀 맞지 않을 것 같지만 친구 간의 미묘한 감정의 골은 시대를 초월하여 공감할 수 있는 문제이기 때문이다.

이 작품의 주제의 깊이, 인물들이 겪는 경험의 세계를 살펴볼 때, 5, 6학년 정도에서 수업하기에 적합하다. 읽기 중 활동에서 '신문지'와 '깍두기'라는 인물들의 감정이 담긴 특정 사물에 대해 한 번 확인하고, 읽기 후 활동에서 되짚어 보는 활동도 작품을 깊이 이해하는 데 도움이 되었다.

∞ 온작품읽기의 흐름(2~3차시)

단계	활동
읽기 전	• 제목인 '보리 방구'와 관련된 이야기 나누기 – '보리 방구'라는 제목에서 떠오르는 것이 있나요? – '보리밥' 하면 어떤 이미지가 떠오르나요? tip • 요즘 아이들은 '보리밥'에 대해 떠오르는 게 없을 수 있다. 그럴 때는 교사의 어린 시절이나 부모님의 어린 시절 이야기를 나누어도 좋겠다.

단계	활동
읽기 전	• 작가 및 출처 언급하기 – 『만국기 소년』이라는 동화집에 수록된 단편 동화입니다. – 작가는 유은실입니다. • 제목으로 내용 유추해 보기 – 제목이 '보리 방구 조수택'이에요. 어떤 이야기일까요? – '조수택'은 자신의 별명이 마음에 들었을까요?
읽기 중	**1) 읽어주기** • 끄적이며 듣기 • 읽다 멈칫하기 [tip] • 의미 있는 부분에서 멈추어 인물의 다음 행동을 질문하거나, 인물이 짐작하는 바를 알아보는 질문 하기 *그때 앞으로 나온 아이가 하나 있었어.(127쪽)* – 누가 맨 먼저 나왔을까요? *도수가 높은 안경 쓴 아이 옆에 앉았지. 나는 그만 숨이 멎어 버리는 것 같았어.(127쪽)* – '나'는 왜 그랬을까요? • 흉내 내며 듣기 *늘 뚜껑으로 도시락 한쪽을 비스듬히 가리고 밥을 먹었지. 어깨를 움츠리고 왼팔로는 도시락이랑 깍두기 통을 가리면서 말이야.(130쪽)* – 수택이는 도시락을 어떻게 먹었나요? 한번 흉내 내 봅시다. 수택이가 그렇게 도시락을 먹은 까닭은 무엇인가요? *나는 두 손으로 있는 힘껏 신문을 구겨서 공처럼 만들었어. 그러고는 아이들 보란 듯이 신문을 난로 속에 던져 버렸단다.(135쪽)* – 윤희가 신문지를 구겨서 난로에 넣은 장면도 한번 해 봅시다. 그것을 본 수택이의 마음은 어땠을까요?

단계	활동
읽기 중	tip • 수택이가 도시락을 한 손으로 가리는 장면을 흉내 내어 보거나 윤희가 신문지를 구겨서 난로에 던지는 장면을 직접 행동으로 표현해 봄으로써 등장인물에 더욱 크게 공감할 수 있다. 특히 잘 표현한 학생들을 눈여겨보고, 어떤 마음이었는지 인물 인터뷰하기 등의 활동도 이어 갈 수 있다. *어디서 무얼 했으면 좋겠냐고? 음……(136쪽)* – '음……' 이후에 몇 문장이 남았습니다. 어떻게 맺음이 되었을까요? 이야기를 나눈 후 마저 읽어 주겠습니다. **2) 혼자 읽기** • 수택이와 윤희의 마음을 짐작할 수 있는 부분을 밑줄 치며 읽기 • 이 작품에서 중요한 소재가 무엇인지 찾아보기
읽기 후	• 내용 간추리기 – 작품에 대한 여러분의 공감도는 어떤가요? 감동 지수를 별로 표현하고 한 줄 평을 써 보세요. – 주요 사건을 돌아가며 이어서 말하여 봅시다. • 인물의 성격 파악하기 – 작품 속 주요 인물에는 누가 있나요? 인물들의 성격이 어떤 것 같습니까? • 중요 소재 의미 파악하기 – 이 작품에는 중요한 소재가 나옵니다. 무엇입니까? 신문지와 깍두기는 무엇을 의미할까요? tip • 대번에 아이들은 수택이의 마음을 표현한 '신문', 윤희가 나눠 준 '깍두기'를 뽑는다. 두 소재가 언제 등장하여 어떻게 작품에 나타났는지 살펴보는 것도 좋다. • 나와 연결 짓기 – 인물 유형 중에서 나와 유사한 유형이 어떤 인물인지 써 보고, 나와 유사한 경험, 또는 공감할 수 있는 점이 있다면 이

단계	활동
읽기 후	야기를 나누어 주세요. – 윤희처럼 나의 창피함이나 자존심 때문에 다른 누군가에게 상처를 준 적은 없었나요? 그 이야기를 나눠 주세요. • 마지막 문장 완성하기 – (마지막 문장을 다 읽어 주지 않고) 어떤 문장으로 끝났을까요? 작품의 분위기를 고려하고, 윤희의 마음을 헤아려 마지막 문장을 완성하여 봅시다. (또는 윤희가 되어 수택이에게 편지 쓰기 활동하기) tip • 마지막 문장을 완성하여 쓰는 활동은 학급 전체가 모두 돌아가며 발표하면 좋다. 그러다 보면 한두 문장으로 의미를 제대로 정리하지 못하는 경우도 있어 추가 질문으로 문장을 다듬을 수 있도록 도와주는 등 교사 활동이 필요하다.

◦● 수업 이야기

유은실은 다소 무거울 수 있는 이야기를 담담하게 풀어내, 독자의 마음을 더 울컥하게 만드는 작가이다. 그 장점이 잘 드러난 동화집 『만국기 소년』에 수록된 「보리 방구 조수택」을 가지고 6학년 아이들과 두 번이나 수업을 했다. 처음 할 때는 작품 속 분위기와 정서를 고스란히 전달하고 싶다는 욕심이 앞서 너무 무겁고 어둡게 책을 읽어 주어 수업 내내 지나치게 가라앉았었다. 두 번째에는 좀 더 자연스럽게 이야기하듯 읽어 주려 했다.

읽기 전에 보리밥에 대해 아는 이야기들을 나누었다. 이구동성으로 '가난'을 말한다. '보릿고개'라는 말도 연관되어 떠오른다고 했다. 요즘에 어떤 식당에 가면 '추억의 도시락'이라는 메뉴도 있어서 제법 도시락을 비슷하게 연상해 냈다. 인주가 대뜸,

"선생님도 김치 반찬 싸 갖고 다니다가 김치 국물 흘린 적 있어요?"

라고 물어봐서 도시락에 얽힌 내 어릴 적 이야기를 간단하게 나눌 수 있었다. 읽어주기에 앞서 작가 이름을 말하자, 아이들은 지난번에 읽어 준 『일수의 탄생』과 같은 작가라며 기대를 했다. 재미도 있고, 생각할 게 많은 이야기가 나올 거라고들 했다.

그런 다음 읽어주기 시작하자, 아이들은 이야기 내내 읽다 멈칫하며 던지는 질문에 대답하며 몰입했다. 수택이의 마음도, 윤희의 입장도 너무 다 이해가 된다며 안타까워했다. 화장실의 낙서가 나오는 장면에서 그 낙서 내용을 그대로 쓰려고 칠판으로 가는데, '제발, 그것만은 안 돼.'라며 소리를 질렀다.

의도적으로 마지막 문장을 남겨 두고 읽기를 멈추었다.

"정말요? 여기서 이렇게 끝나요? 이러면 안 되는데……. 아, 궁금해."

아이들은 이렇게 끝나면 안 된다고, 모두 마음 아파 했다. 이후 혼자 읽기를 하며 인물의 마음이 잘 나타난 부분에 밑줄을 치며 읽는데, 밑줄을 치는 아이들이 많았다. 사건을 정리해 보고, 인물의 행동을 짐작해 보는 활동을 한 후, 인물들의 성격을 파악해 보았다. 윤희와 수택이의 성격을 파악하면서 한 아이가 "수택이가 용감한 면이 있다."고 말해서 이유를 자세히 물었다.

선화가 "짝을 정할 때 수택이가 맨 먼저 나왔잖아요. 그런 면이 용감한 것 같아요."라고 대답했다. 상욱이가 "얼른 정하고 뒤로 가 버리려고."라며 끼어들었다. 다들 "에이, 그건 아닌 것 같다."라며 인정을 안 하자, 선화가 까닭을 덧붙였다. "좋아하는 윤희 옆에 누군가가 앉을까 봐 맨 먼저 나갔을 것 같아요."라고. 아이들은 선화 말에 수긍하며, 그전부터 수택이는 윤희를 좋아했을 것 같다고 짐작했다.

선생님 성격에 대해서는 논쟁이 뜨거웠다. 아이들은 '아이들 말을 잘 들어 주는(작품 속 표현 그대로)' 분이라 좋다고 했는데, 내가 반대되는 이야기를 꺼냈다.

"선생님 생각은 좀 다른데. 수택이가 맨 뒷자리로 갈 때마다 가지 말라고 하면서도 짐짓 모른 척했으니까 수택이의 따돌림을 알면서도 외면한 게 아닐까?"

나는 정말 작품 속 선생님이 적당하게 좋은 선생님인 척하는 것 같았고, 또 그게 내 모습인 것 같기도 해서 불편했다. 하지만 아이들은 내 말에 적극적으로 반대했다. 범수는 "그래도 마지막 자리 바꾸기는 수택이에게 기회를 주고 싶었던 것 같아요."라고 했고, 현수는 "도시락 먹을 때도 옮기지 말라고 한 건, 윤희라면 같이 앉아 줄 거라고 생각해서 그랬던 것 같은데요."라고 했다. 아이들은 선생님이 그래도 그 속에서 수택이를 감싸 주려 했다고 해석했다.

범수의 말에서 자연스럽게 '마지막'이라는 말이 나와서, 칠판에 '마지막 자리 바꾸기'라고 써 보았다. '마지막 자리 바꾸기라면 앉고 싶은 사람과 앉아 봐야지.' 하는 말이 나온다. 수택이의 마음이 이해가 되기도 하고, 윤희의 5학년 때 마지막 짝이 수택이라서 더 오래 기억에 남은 것 같다는 이야기도 나왔다. 놀리는 친구들 이야기도 나왔다. 따지고 보면 놀릴 만한 일도 아닌데, 애들이 "둘이 사귀는 것 같다."고 말하면 진짜 억울하다고 건희가 열을 냈다. 자기라면 싸웠을 것 같다는 말에 평소 건희의 욱하는 성격을 잘 아는 우리들은 정말 그럴 것 같다며 공감했다.

열띤 토론을 끝내고 읽어 주지 않은 마지막 문장을 써 보았다. 아이들은 모두 진지하게 썼다. 그러고 나서 한 사람씩 돌아가며 의견을 말했다. 아이들의 말은 크게 세 부류로 나누어졌다. '나를 잊지 않고 기억해 줬으면 좋겠다.', '그날을 잊고 살고 있었으면 좋겠다.', '수택이가 빨간 깍두기를 먹으며 이제는 잘살았으면 좋겠다.' 등. 슬프고 힘든 기억이니까 잊었으면 좋겠다고 말한 친구들도 있었고, 그래도 초등학교 시절의 마지막 짝이었던 윤희에 대한 좋은 기억을 간직했으면 좋겠다고 말한 친구들도 있었다.

발표가 끝나고 마지막 문장을 읽어 주는데 아이들 귀가 쫑긋하는 게 느껴졌다. 과연 어떻게 끝날 것인가, 모두가 숨을 죽였다. 작가 유은실은 아주 차분한 마음으로 윤희가 되어 썼을 것 같아, 나도 최대한 차분한 어조로 읽으려 했다. 짧은 문장을 아주 느리게.

"어디서 무얼 하든…… 그날이 생각나지 않았으면…… 생각나더라도 너무 아프지 않았으면…… 그랬으면, 내 친구 수택이가 꼭 그랬으면 좋겠어."

마지막 문장을 읽어 주었을 때, 아이들이 이런 말을 했다.

"윤희가 계속 죄책감을 갖고 있었구나. 그래도 친구라고 생각하니 다행이네."

윤희의 마음을 '죄책감'이라고 표현하면서 그래도 '내 친구 조수택'이라는 말을 붙여 회상할 수 있어 다행이라는 아이들. 오늘 조수택과 윤희를 만난 우리 아이들은 나중에 어른이 되어 이렇게 가슴 아리게 회상할 일이 없기를 교사인 나는 바랄 수밖에 없다.

우리는 다른 사람을 완벽하게 이해할 수 없어서 어쩔 수 없이 관계의 아픔을 느끼면서 자랄 수 밖에 없는지도 모른다. 그렇지만 그래도 윤희처럼 수택이에게 깍두기 하나 나누어 줄 마음이 있기를, 수택이의 마음을 받아 주지 못해 아주 오랫동안 잊지 못하는 윤희의 순수하고 정직한 마음이 있기를,「보리 방구 조수택」을 건네며 간절히 빌었다.

그날 공교롭게도 점심 급식으로 보리밥과 깍두기가 나왔다. 급식차를 밀고 오면서 아이들이 술렁거렸다. 보리밥과 깍두기라니! 아이들은 신기해하며 밥 뚜껑을 열었다.

"선생님, 이건 '드문드문 보리가 섞인' 보리밥이네요."

"국물이 빨간 깍두기고요."

작품의 세세한 표현까지도 그대로 기억하는 아이들을 보며

「보리 방구 조수택」을 만나기 전과 후는 조금 다를 거라고 희망을 품어 보았다.(이유진)

자기 삶을 찾아가는 아이의 고집과 뚝심
「주병국 주방장」(정연철, 『주병국 주방장』, 문학동네)

정연철의 단편집 『주병국 주방장』의 표제작인 단편 동화 「주병국 주방장」은, 호텔 주방장을 꿈꾸는 시장 통닭집의 외아들 '주병국'의 이야기이다. 하지만 이런 주병국에게 요리의 '요' 자도 못 꺼내게 하며 공무원이 되라는 엄마, 친구들을 불러 요리를 해 주며 꿈을 키워 가는 아들. 고집불통 엄마와 고집불통 아들의 맞대결이 유쾌하고 재미나게 펼쳐진다. 특히 생생한 경상도 사투리로 이어지는 대화가 많이 나와서 경상도 사투리의 억양을 살려 읽어 주면 아이들이 더욱 재미나게 들을 수 있다.

이 작품이 반가운 이유는 부모의 생각에 휘둘리지 않고 자기의 삶을 치열하게 고민하는 주인공의 모습이, 설사 철없는 고집으로 보일지라도 의미 있기 때문이다. 단순히 앞으로 어떤 일을 하며 살 건지에 대한 고민이 아니라, 내 앞날을 누가 고민하는지에 대한 물음부터 아이들과 함께 나누면 좋겠다.

익숙함으로부터의 떠남, 부모로부터의 독립이 있지 않고서는 온전히 자신의 삶을 살아가는 주인일 수 없다. '청소년기의 가장 중요한 임무가 부모로부터 독립하는 것'이라는 프로이트의 말을 떠올려 볼 때, '어른스러운 아이'를 기대하기보다 '자기 삶을 찾는 아이'가 되길 바랄 때, 비로소 아이는 제대로 된 어른으로 커 나갈 수 있을 것이다. '주병국'의 고집과 고민이 요즘 아이들에게 전달되기를 바라는 작가의 의도가 교사로서도 무척 반가운 작품이다.

○● 수업의 초점

이 작품은 1인칭 시점이며 요즘 아이들의 말투가 그대로 드러난 문체라서 되도록 인물들의 목소리를 구분하여 읽어 주었다. 경상도 사투리가 익숙하지 않았지만, 워낙 잘 표현되어서 약간의 억양만 살려 읽어도 아이들이 작품에 몰입하였다.

고학년 남자아이들의 심리와 행동이 잘 살아 있어, '작품에 대한 이해와 감상을 바탕으로 다른 사람과 적극적으로 소통하기'와 같은 목표를 두고, 작품의 주제나 인물의 행동을 살펴본다. 이를 위해 교사의 읽어주기 후 혼자 읽기를 하며 인물의 행동에 대한 자기 생각을 간단히 써 보는 활동과 질문거리를 만들어 모둠별로 토론하는 활동 등을 할 수 있다.

또 '작품에서 얻은 깨달음을 바탕으로 하여 바람직한 삶의 가치를 내면화하는 태도를 지닌다.'와 같은 목표를 둘 수도 있다. 아이들은 부모가 짜 둔 시간표대로 살지 않는 주병국의 모습에 환호하고 대리만족을 느낀다. 여기에 그치지 않고 자신의 삶과 미래를 얼마나 진지하게 고민하는지에 대한 물음으로 환원시켜 보는 것이 필요하다. '자신과 주인공을 비교하여 글쓰기' 등의 활동을 한다면 작품의 주제를 내면화하는 데 도움이 될 것이다.

대화가 유독 많은 작품이라서 역할극처럼 역할을 정해서 돌려 읽는 것도 작품을 재미있게 감상할 수 있는 방법이다. 이 작품은 5, 6학년 아이들과 재미있게 수업해 볼 수 있는데, 모둠 토론이나 전체 토론까지 한다면 5~6차시 정도로 넉넉하게 시간을 배정하면 좋겠다.

∞ 온작품읽기의 흐름(5~6차시)

단계	활동
읽기 전	• 제목과 표지 그림 보며 내용 예측하기 – 제목이 '주병국 주방장'입니다. 어떤 내용이 펼쳐질 것 같은가요? – 케이크를 들고 있는 사람과 조각 케이크를 먹으려고 하는 사람은 어떤 관계로 보이나요? 인물의 표정을 잘 살펴보세요. • 읽어주기 전 활동 안내 – 이 작품은 사투리와 대화가 많이 나옵니다. 주의 깊게 잘 들어 주세요.

단계	활동
읽기 전	- 쓰고 싶은 말이나 기억에 남는 것, 궁금한 점 등을 자유롭게 적어 가며 들어 주세요. 부담 갖지 말고, 낙서하듯 쓰세요.
읽기 중	**1) 읽어주기** • 낙서하며 듣기(낙서하기 양상을 정리한 표 참고) • 다음에 이어질 행동이나 사건 예측하기 *그런데 돌아온 건?(13쪽)* - 돌아온 건 무엇이었을까요? *이 정도면 감 잡고도 남았다.(15쪽)* - 엄마는 주병국에게 무엇을 말하려고 할까요? *내 입에서는 반항기 가득한 말이 툭 튀어나왔다.(26쪽)* - 그게 어떤 말이었을까요? *웬일로 엄마는 자상한 목소리로 말했다.(37쪽)* - 엄마가 하려는 말은 어떤 내용이었을까요? *나는 식탁에 앉아 밥을 팍팍 퍼먹었다.(40쪽)* - 밥을 먹는 표현에 '팍팍'이란 단어가 들어가니 어떤 느낌이 나나요? 작가는 무슨 생각으로 마지막 문장에 이런 단어를 넣었을까요? **2) 혼자 읽기** • 밑줄 치며 읽기(메모하기 양상을 정리한 표 참고) - 인물의 말과 행동에 공감 가거나 궁금한 부분이 있다면 밑줄을 치고, 자신의 생각을 간단하게 메모하며 읽어 봅시다.
읽기 후	• 공감 지수 표현하기 - 작품에 대한 여러분의 공감도는 어떤가요? '절대 공감, 대략 공감, 그저 그렇네, 공감 안 됨, 이해 불가'로 공감 지수를 표시하고 이유를 써 보세요.

단계	활동
	• 역할 정하여 읽고, 인물의 성격 파악하기
	tip • 주병국, 엄마, 아빠, 승철, 현태로 역할을 정하고, 대화 글만 나누어 읽게 해도 무척 실감이 난다. 모둠별로 역할을 나누어 읽어도 좋으나, 반 전체에서 인물과 어울리는 친구들을 뽑아 읽으면 더 좋다. 자연스럽게 인물의 성격과도 이어진다.
	– 작품 속 주요 인물에는 누가 있나요?
	– 역할을 정하여 다시 한번 읽어 봅시다.
	– 인물들의 성격이 어떤 것 같습니까?
	• 모둠 토론하기
읽기 후	– 이 작품에서 토론해 보고 싶은 주제가 있나요?
	– 토론 주제에 따라 모둠을 만들어 봅시다.
	tip • 아이들이 모두 의견을 내고, 비슷한 주제끼리 유목화한 후 관련 주제에 따라 모둠을 만들어 보는 활동을 하였으나, 학급 전체가 하나의 주제를 갖고 토론을 해도 좋다.
	– 토론 규칙을 잘 지켜 이야기를 나누어 봅시다.
	– 토론에서 나온 의견을 모둠 대표가 친구들 앞에서 발표해 봅시다.
	• 나와 연결 짓기
	– 지금 나의 꿈은 무엇인가요? 꿈에 대한 고민을 하나요? 작품을 읽고 난 느낌과 자신의 현재 고민을 비교하여 글을 써 봅시다.

◦◦ 수업 이야기

"주병국! 니 퍼뜩 몬 일나나? 지금 안 묵으믄 밥 없데이."

첫 문장부터 강렬하다. 맛깔 나는 사투리 덕분에 교사의 책 읽어주기를 너무 재미있게 들었다. 아이들의 마음이나 자주 쓰는 말을 고스란히 갖고 온 표현들이 많아서 읽어 주는 내내 끼어들기나 적극적인 반응이 많았다.

특히 엄마가 가정 형편상 학원을 끊어야 된다고 했을 때 거의 모든 아이들의 입에서 '와, 좋겠다.'가 나왔다. '장래 희망 그만거?'와 같은 직설적인 표현과 주병국이 친구들과 대화하는 장면에서는 그 말이 재미있는지 반복해서 따라 하기도 했다. 낙서하듯 자유롭게 쓰며 들으라고 했더니 아래와 같이 중요 단어나 인상 깊은 구절을 받아 적거나, 순간순간의 느낌과 앞으로 벌어질 일을 예상하는 등 다양한 형태의 낙서하기 양상을 보였다.

| 낙서하며 작품 듣기 |

중요 단어 쓰기

대출, 닭집, 시장 삼총사, 주병국, 주방장, 식탁, 공부, 요리사, 동사무소, 똥고집, 경제, 분식집, 요리 공부, 주방장 체질, 운명의 장난, 요모양 요꼴, 주씨아니랄까봐, 주방장

인상 깊은 구절 쓰기

속으로 '앗싸'를 5번 외쳤다, 엄마 맘대로 할라면 날 왜 낳았는데?, 공부 공부 공부밖에 모른다, 난 으리으리한 호텔의 주방장이 될 거야, 바락바락

대들기만 하지, 못살아 못살아, 미래의 우리 주병국 주방장님, 하고 싶은 일을 해야 행복하다, 도대체 나중에 커서 뭐가 될라 그러노, 돈낭비 시간낭비, 나는 내 블로그를 엄마가 봐 주길 간절히 바란다

자신의 감정 쓰기
사투리 웃기다, 음식 얘기 나오니 배고프다, 엄마 때문에 우울하다, 나도 자는 척한 적 있는데, 으악 걸렸다, 아빠한테 도와 달라고 해, 나도 특별한 일이 하고 싶어, 주병국 요리를 한번 먹고 싶다, 저러다 아이가 가출할 수도 있다, 호호호 재밌는 집안이다, 병국이는 고집이 세다, 엄마한테 혼나면서도 반항하고 대답하는 모습이 진짜 부럽다

줄거리나 예상 쓰기
아빠가 사고를 쳤다, 공부와는 담 쌓은 주병국은 요리사가 되고 싶어한다, 엄마는 요리사를 반대한다, 저러다 불이 나는 거 아냐?, 내 예상이 맞는군, 불 날 뻔함

읽어주기를 한 번 다 마치니 아이들의 즉각적인 반응들이 나왔다. 너무 재미있고, 주병국이 꿈을 이루었는지 미래가 너무 궁금하다고들 했다. 그리고 사투리가 재미있어서 다시 읽어 보고 싶다고 하기에 바로 혼자 읽기 시간을 가졌다. 혼자 읽을 때는 인물

의 말과 행동에 공감 가는 부분이 있다면 밑줄을 긋고, 생각이나 느낌을 간단하게 메모해 두며 읽어 보도록 했다. 이렇게 다시 한 번 읽어 보니 인물의 행동과 말에 담긴 숨은 뜻을 찾아내며 깊게 읽을 수 있는 활동이 되었다.

| 메모하며 혼자 읽기 |

주병국! 지금 안 묵으면 밥 없데이!(우리 엄마도 이러는데)/ 그런 쓸 잘데기 없는 데 쓸 돈이 어디 있노! 저런 사람을 남편이라고 믿고.(ㅋㅋ 엄마들의 절약정신)/니…… 요번 주까지만 댕기고 학원…… 끊어야 될 것 같다(좋겠다, 주병국! 부럽다.)/나는 기필코 으리으리한 호텔의 주방장이 되리라 마음먹었다(나도 꿈이 주방장이었는데……완전 내 얘기.)

고마해라이! 누가 주씨 아이라 할까 봐 그놈으 주방장 소리는(엄마 반대 심하군. 불쌍하다, 주병국)/엄마 맘대로 할라믄 나를 와 낳았는데(이건 꽤 심한 말인데?)/오늘 우리도 어른들처럼 계 모임 같은 거 하자(우리도 어른 흉내 내고 싶은 게 있는데 딱 그런 것 같다. 그래도 초딩이 술 마시는 건 좀 심하다.)

내가 컵을 챙기는 동안 승철이는 송곳으로 코르크 마개를 뽑아냈다(언제 먹어 봤나? 어떻게 송곳으로 바로 따지? 헐)/ 승철이가 슬그머니

줄행랑을 놓는 게 보였다(의리 없네, 친구들.)/다리몽둥이가 부러지

는 한이 있더라도 내 꿈을 포기해서는 안 된다(역시 똥고집! 멋지다.)/

내일 요리 학원에 같이 가 보자(불행 끝, 행복 시작인 줄 알았지.)/ 눈을

떴다. 꿈이었다.(불쌍해)

"안 자는 건 다 안다."(나도 자는 척한 적이 있다. 엄마한테 화내고 어색하면 자

는 척한다)/나는 식탁에 앉아 밥을 팍팍 퍼먹었다. (아! 그 뒤에 어떻게

되었나, 너무 궁금하다. 주병국 그 꿈 꼭 이루래이. 나도 응원해 주겠다 아이가.)

(변지환, 5학년)

이 활동을 나중에 자세히 살펴보니 어떤 부분에 대해서 공감하

는 아이들도 있었지만, 또 반대로 이해할 수 없다고도 했다. '나는

내 블로그를 엄마가 봐 주길 간절히 바란다.'라는 표현에서 예진

이는 '나도 그런 적이 있는데, 내가 나름 잘하는 걸 엄마한테 보

여 주고 싶을 때가 있다.'라고 메모를 남겼지만, 원주는 '난 아니

다. 엄마가 내 블로그 같은 거 보지 않기를 바란다. 내 사생활이

다.'라고 했다. 두 아이의 마음이 모두 이해가 되었다.

혼자 읽기까지 마친 후 공감 지수를 확인해 보니 절대 공감 6명,

대략 공감 19명이 나왔다. 병국이가 술을 먹는 행동이나, 고집불통

이라서 그저 그렇다는 아이들도 더러 있었지만, 공감 안 됨이나

이해 불가는 없었다. 고민하며 고른 작품이 아이들에게 환영받는

것 같아서 안도가 되었다.

다음 시간에는 역할을 정하여 대화를 읽어 보기로 했는데, 주병국처럼 꿈이 주방장이라는 민규가 주병국을 읽겠다고 대뜸 나섰다. 엄마는 억척스러우니 주원이가 하면 좋겠다고 몇몇이 말했는데, 다행히 주원이가 기분 나빠 하지 않고 수락했다. 대화가 아닌 부분은 같이 읽고, 나머지 역할들도 정해서 읽었다. 민규와 주원이가 실감 나게 읽어 주어 연극 같은 분위기가 났다. 이렇게 한 번 더 읽으니 모두 세 번을 읽은 셈이었다.

이어서 새롭게 알게 되거나 궁금한 점을 중심으로 토론 주제를 뽑아 보았다. 우리 반에서는 강렬한 사투리 때문인지 '왜 작가는 사투리를 썼을까요?', '주방장을 반대하는 엄마가 이해가 된다 vs 주병국의 꿈을 존중해 줘야 한다', '꿈에서 깨는 결말은 마음에 들지 않는다 vs 이런 결말이 마음에 든다', '이 작품의 주제는?'과 같은 주제가 나왔다. 네 주제 중에서 하나만 뽑아서 전체 토론을 할까 하다가 다 해 봐도 좋을 주제라는 욕심에 네 팀으로 나누어 토론을 진행해 보았다.

보통 아이들은 논제가 명확하게 떨어지는 찬반 토론을 좋아하다 보니 두 주제는 나름 치열한 토론이 진행되었는데, 사투리 표현에 대한 토론 모둠은 처음에는 머뭇거리며 내게 질문을 던지기도 했다. 그러더니 나름대로 작가의 의도와 표현 방식을 생각해 보는 토론까지 이어 가는 모습이 대견했다.

토론 주제 | 왜 작가는 사투리를 썼을까요?

은지: 굳이 사투리를 안 써도 될 것 같은데?

도연: 어쨌든 사투리를 쓰니까 재밌었어. 작가는 책을 읽는 데

　　　흥미를 주기 위해서 썼을 것 같아.

은지: 이 작가가 사투리 쓰는 걸 좋아하는 거 아냐? 선생님, 다른

　　　작품도 사투리를 썼어요?

교사: 네 작품 모두는 아니고, 할머니가 나오는 「쑥대밭」이라는

　　　작품에서 할머니 말이 사투리네.

소정: 원래 할머니들은 사투리 쓰잖아.

도연: 여기는 다른 애들도 다 쓰는 걸로 나오니까 경상도겠다.

예진: 경상도로 한 이유가 있을까? 정말 왜 작가가 사투리를 썼

　　　을까?

다현: 나는 작가의 친한 친구 중에 실제로 주병국 같은 사람이

　　　있을 것 같아. 사투리를 쓰는.

예진: 다현이 말대로 실제로 주병국이 있을 것 같아. 그러니까

　　　이걸 읽으니 더욱 실감이 나고, 그래서 책을 잡으면 끝까

　　　지 읽게 되는 것 같아.

도연: 우리 아빠가 '경상도 싸나이' 이런 말을 자주 하는데, 자꾸

　　　그 말이 생각났어.

은지: 나도 그 말 들어 본 것 같아. '사나이'라고 안 하고 '싸나이'
　　　라고 발음하니까 더 세 보인다.

현희: 성격이 강하다는 말로 들리는데, 경상도 사투리를 쓰니까
　　　고집이 센 엄마와 주병국의 성격이 더 잘 드러나는 것 같
　　　지 않아?

다현: 그리고 현실감도 있고.

예진: 그러니까 이 작가는 고집이 센 병국이와 엄마를 잘 보여
　　　주고, 또 리얼한 느낌을 주기 위해 사투리를 쓴 것 같다는
　　　거지?

은지: 재미도 있고.

　　모둠별 토론을 마치고 토론 결과에 대한 발표를 들었다. 찬반 토론인 모둠은 결론을 내리기보다 찬성쪽 의견과 이유, 반대쪽 의견과 이유를 들어 보는 수준에서 마쳤다. 그리고 나서 자신의 꿈과 주병국의 고민을 비교하는 글을 간단하게 써 보자고 했다.

　　점심시간마다 축구를 하러 나가는 종혁이는 '나는 축구가 좋은데, 축구 선수를 꿈으로 생각해야 하는지에 대해서는 모르겠다.'라고 썼다. 현실감 없는 장래 희망보다 '모르겠다'라고 쓴 종혁이의 고민이 무겁게 다가왔다.(이유진)

네 꿈을 응원해!

「주병국 주방장」을 읽기 전에 나는 주병국이 원래 주방장인 줄 알았다. 그런데 읽고 보니 주병국이 주방장을 하고 싶다는 거였다. 하지만 병국이네 엄마는 그 꿈을 결사반대한다. 주병국의 장래 희망을 둔 주병국과 엄마의 한판 싸움. 난 이게 참 재미있다. 여기서 난 무조건 주병국의 편이다. 아무리 낳아 주고 길러 주신 엄마지만 자식의 장래 희망을 바꿀 권리는 없다. 그리고 자신이 하기 싫은 일을 하면 아무리 편하다 해도 뭔 소용이 있는가?

주병국은 나와 다르다. 말투도 다르고, 사는 곳도 다르고 또 학원도 다르다. 하지만 딱 하나 같은 게 있다. 그것은 바로 요리사가 되겠다는 꿈. 우리 엄마도 요리는 취미로 하라지만, 그래도 난 요리가 좋다. 취미로 하면 별로 많이 못 하지만 요리를 내 직업으로 삼으면 거의 매일 할 수 있으니까 말이다. 나는 엄마들이 이해가 안 된다. 하고 싶은 걸 직업으로 삼으면 얼마나 좋겠는가. 하는 내내 즐겁고 돈도 벌 수 있으니 이게 바로 일석이조다. 주병국, 그 꿈 포기하지 말고 꼭 이루래이.

작가는 아마 사투리로 주인공들의 성격을 맞추고 싶었던 것 같은데 아주 재미있었다. 그리고 사람들에게 꿈을 포기하지 말라고 이 책을 쓴 것 같아서 지금의 나한테는 아주 큰 의미로 다가온다. 주병국은 결국 주방장이 되었을까?(이병주, 5학년)

기묘하고 독특한 분위기로 전하는 위로

「혀를 사 왔지」(송미경, 『돌 씹어 먹는 아이』, 문학동네)

이 동화집의 앞표지와 뒤표지를 유심히 살펴볼 필요가 있다. 앞표지에서 『돌 씹어 먹는 아이』라는 제목과 흑백 동물과 파란색 사물 그림이 풍기는 으스스함을 느끼고 나면 책을 휙 돌려 뒤표지를 읽는다.

'어른들을 위한 이야기만 빼고 아이들을 위한 이야기는 모두 다 팝니다요, 팝니다요.', '할 말을 못 하고 끙끙 앓는 아이, 어딘가에 진짜 엄마 아빠가 있을 거라고 한 번쯤 꿈꿔 본 아이, 손톱, 심지어 발톱, 심지어 돌을 먹는 아이, 돌림노래처럼 이어지는 잔소리와 잠시 떨어져 있고 싶은 아이, 이런 아이들에게 권하는 일곱 편의 동화'라는 소개 글을 읽는다.

송미경 작가의 단편집 『돌 씹어 먹는 아이』는 작가의 말처럼 '아이들을 위한 이야기 일곱 편'을 싣고 있다. 그 한 편 한 편이 우리가 많이 읽어 왔던 동화의 느낌과 상당히 달라서 '이상하다, 기괴한 상상력이다.'라는 표현을 많이 한다. 읽고 나서도 한참을 생각하게 만들고, 해석도 저마다 달라서 읽고 대화를 꼭 나누어야 할 책이다.

「혀를 사 왔지」는 '시원'이가 '무엇이든 시장'에 가서 여러 물건을 구경한 후 자신에게 가장 필요한 '혀'를 사 온 후 주변 사람들에게 혀를 이용해 하고 싶은 말을 다 하게 되는 이야기이다. 시원이의 문제를 해결해 주는 혀의 대담하고 거침없는 말에 명해지지만 잠시 후 그동안 시원이는 어떻게 살아왔을까? 궁금증이생긴다. 시원이의 삶을 찬찬히 들여다보면 시원이의 아픔을 이해할 수 있다. 이야기 전체에 깔려 있는 으스스한 분위기와 기괴함이 현실과 판타지를 구분 짓게 해 준다. 아이들과도 많은 이야기를 나누게 되는 작품이다.

◉ 수업의 초점

시원이의 독백처럼 이야기가 시작된다. 1인칭 주인공 시점으로 전개되기 때문에 읽어 주다 보면 나 자신이 시원이가 되는 감정 이입을 겪게 된다. 시원이가 왜 혀를 살 수밖에 없었는지, 시원이는 어떻게 살아왔는지 이해하게 되고, 혀를 산 이후의 시원이의 말에 대해 여러 가지 생각을 하게 된다. 또 '무엇이든 시장' 풍경 묘사와 시장에서 갖가지 물건을 파는 동물들이 하는 말을 살펴보는 재미도 있다.

제목 '혀를 사 왔지'를 통해 작품 안에 담고 있는 내용을 유추할 수 있을 뿐 아니라, 기존 동화가 표현하지 못했던 부분 – 엄마에게 대들기, 가게 어른에게 대들기– 같은 장면을 가지고 대화를 나눌 거리가 풍부하다. '작품 속 세계와 현실 세계를 비교하며 작품을 감상하기', '근거를 제시하며 토론하기', '작품에 대한 이해와 감상을 바탕으로 다른 사람과 적극적으로 소통하기'와 같은 학습 목표를 잡으면 좋을 듯하다. 또 작품에 등장하는 인물의 이름과 인물의 행동과 성격과의 관계를 짚어 보는 것도 작품을 이해하는 데에 도움이 된다. 이 작품은 세상 속에서 자기 자신에 대해 고민하는 시기의 어린이들이 읽으면 좋겠다. 수업 시간에 읽는다면 6학년이 좋겠다.

◌◉ 온작품읽기의 흐름(3차시)

단계	활동
읽기 전	• 배경으로 이야기 나누기 – '무엇이든 시장'이 있다면 내가 사고 싶은 것은 무엇인가요? 자유롭게 이야기하기 – 제목을 알려 주지 않고 '〈　〉를 사 왔지'만 칠판에 쓴 후 주인공이 시장에서 어떤 물건을 살지 예측하기 • 작가 및 출처 언급하기 – 『돌 씹어 먹는 아이』에 실린 단편 동화입니다. – 송미경 작가의 작품입니다.
읽기 중	**1) 읽어주기** tip • 기존 동화에서 볼 수 없었던 기묘함을 느낄 수 있는 작품으로 교사의 읽어주기와 아이들과 이야기 나누기가 꼭 필요하다. • 끄적이며 듣기 • 읽다 멈칫하기

단계	활동

tip • 의미 있는 부분에서 멈추어 인물의 다음 행동을 질문하거나, 인물이 짐
작하는 바를 알아보는 질문 하기

– '무엇이든 시장'에서는 무엇을 팔았나요?

사실 나는 혀 같은 건 조금도 필요하지 않았어.(17쪽)

– 혀를 샀을까요, 사지 않았을까요?

*하지만 결국 그 어린 당나귀에게서 혀를 사 왔지. 왜 하필 혀를
사 왔느냐고?(17쪽)*

– 이유를 물어본 후 처음에 비워 두었던 제목의 〈　〉에 '혀'를
쓰기

난 혀가 없거든.(17쪽)

– 이 아이는 정말 혀가 없을까요?

*"이봐, 어린아이들한테 꼭 필요한 혀를 팔아. 갈 테면 가 보라고.
후회하게 될 테니."(18쪽)*

– 어린아이들한테 꼭 필요한 혀는 무엇일까요?

읽기 중

나는 씻지도 않은 혀를 덥석 삼켜 버렸어.(19쪽)

– 주인공은 왜 덥석 삼켰을까요?

*왜냐하면 내 혀는 매우 날카롭고 예리해서 마음을 후벼 파는 말
을 얼마든지 할 수 있었으니까.(30쪽)*

– 그래서 지금 시원이의 기분은 어떨까요?

*침대에 누워 초콜릿 크림빵을 먹으며 나는 또 한 번 내 혀에 감
탄했지.(31쪽)*

– 시원이가 또 한 번 '혀'에 감탄한 까닭은 무엇인가요? 왜 감
탄했을까요?

다음 날 아침 나는 학교로 가지 않고 버스를 탔어.(32쪽)

– 시원이는 어디로 갔을까요?

혀, 품절. 다행이오, 내게도, 혀가 필요했던 이들에게도(32쪽)

– 칠판에 당나귀가 써 놓은 팻말 그대로 쓴 후 질문하기

– 무슨 뜻일까요?

단계	활동
읽기 중	– 왜 내게도, 혀가 필요했던 이들에게도 다행일까요? – 시원이는 왜 혀를 다시 팔았을까요? – 시원이에게는 왜 더 이상 혀가 필요 없어졌을까요? **2) 혼자 읽기** • 작품 다시 읽기 – '나'의 생각으로 성격을 알 수 있는 부분 밑줄 치기 – 공감되는 문장에 밑줄 치며 읽기 – '무엇이든 시장' 완성하기
읽기 후	• 느낌 말하기 – 작품에 대한 각자의 느낌을 돌아가며 말하기 • 인물 탐구하기 – 등장인물 중 이름이 나오는 사람 찾기 – 등장인물의 이름과 성격 사이의 관계 찾기 • 나와 연결 짓기 – '무엇이든 시장'에서 내가 사고 싶은 물건이나 팔고 싶은 물건은 무엇인가요? 그 이유는? – '혀'를 산 것처럼 현실에서 사기 힘든 것 중 내가 사고 싶은 것은 무엇인가요? – 내가 시원이라면 '혀'를 팔 것인가에 대해 찬성 또는 반대 생각 쓰기

◌● 수업 이야기

'무엇이든 시장'에 가서 사고 싶은 것에 대해 대화를 나누면 우리 아이들의 욕망을 읽을 수 있다. 소비 욕구를 부추기는 온갖 광고가 홍수처럼 밀려드는 세상에 살다 보니 아이들은 사고 싶은 것도 갖고 싶은 것도 많다.

칠판에 '〈 〉를 사 왔지'만 쓰고 '무엇을 사 올까' 궁금증을 불러일으키며 읽어주기를 시작하였다. 아이들은 '고양이가 눈썹을 파는' 첫 부분부터 뜨악해한다. 무얼 판다고? 이제야 '무엇이든 시장'이 평범한 시장이 아님을 눈치챈다. 주인공 '나'와 함께 말이 파는 뼈 가게, 아이가 파는 귀 가게, 원숭이가 파는 꼬리 가게, 너구리가 파는 지갑 가게, 두더지가 파는 씨앗 가게를 지나 어린 당나귀가 파는 혀 가게까지 도착한다. '나'의 독백을 통해 우리는 '혀가 필요 없었던 주인공'의 삶을 상상할 수 있다. 그리고 이어지는 어린 당나귀의 외침과 나의 대화와 행동을 통해 '혀'의 능력을 알게 된다.

'혀가 생긴 주인공'이 쏟아 내는 말을 통해 '어린아이들에게 꼭 필요한 혀'란 무엇인지 생각하게 된다. 단지 어리다는 이유로 자기 생각을 표현하지 못했던 말, 힘이 센 동급생에게 괴롭힘을 당해도 속으로만 참아 두었던 말, 가족에게도 하고 싶은 말을 하지 못하고 불만도 속으로만 꽁꽁 쌓아 두었던 말이 '혀'가 생김으로써 폭발적으로 나오게 된다. 주인공 이름이 '시원'이라는 것도 알게 된다. 그리고 시원이를 괴롭히는 친구들의 이름은 '효

230

성'이와 '은성'이다. 이 세 사람의 이름이 담고 있는 뜻을 유추할 수 있었다.

혀, 품절.

다행이오. 내게도, 혀가 필요했던 이들에게도.(32쪽)

이 문장이 뜻하는 것이 무엇일까 이야기를 나누었다. 예은이는 이제 더 이상 혀를 팔 수 없으니 거친 말을 하는 사람이 없게 되어 다행이라고 한다. 무준이는 당나귀도 이제 다른 사람에게 상처 주는 말을 하지 않아도 되어서 다행이라고 하고, 민서는 더이상 팔 혀가 없기 때문에 시원이가 자신의 혀를 팔게 된 거라고 했다.

도입 부분에 그려지는 '무엇이든 시장'의 기묘한 풍경에 대한 묘사를 읽어 주는 동안 '헉' 하는 소리가 계속 이어졌다. 주인공 시원이가 혀를 살 수밖에 없었던 이유를 알게 되면서 시원이를 이해하고 공감하게 되었다. 다만 우리 반 아이들은 시원이가 다른 사람들에게 폭발하듯이 내뱉는 말은 모두 받아들였는데, '자신의 엄마'에게 말하는 장면에서는 많이 놀라면서 그렇게 말해도 되는 건지 충격을 받은 모습이었다. 아직 아이들에게 '엄마'의 영역은 하고 싶은 말을 겉으로 꺼내 다 말할 수 있는 부분은 아니었다.

우리 반에서는 '시원이가 혀를 다시 파는 것'에 대해 찬성과 반대 입장에서 자기 생각을 글로 쓰는 활동을 전개하면서 내 삶과 연결 지어 보고자 했다.

| 나와 연결 지어 쓰기 |

나는 그동안 말을 하지 못했던 시원이가 불쌍했고 시원이가 그동안 하지 못했던 말을 하게 되었을 때는 나도 덩달아 기분이 좋고 시원한 느낌이 많이 들었다. 그리고 나는 시원이를 놀리던 은성이처럼 되지 않게 조심하고 착하게 살아야겠다는 생각이 들었다. 시원이가 혀를 판 이유는 혀를 조금 더 가지고 있으면 다른 사람들에게 상처를 줄 수 있고, 또 자기가 혀를 사려 했을 때 혀를 팔고 있던 당나귀의 말투가 지금 시원이의 말투라는 걸 알게 되어서 판 것 같다. 또 그 혀는 당나귀의 혀처럼 다른 사람의 마음에 상처를 줄 수 있고, 혀를 사려고 했을 때 짜증 난 것처럼 다른 사람도 시원이의 혀 때문에 짜증이 날 수 있어서 판 것 같기도 하고, 또 12년 동안 참아 왔던 말을 시원이는 다 한 것 같고 그 혀를 계속 가지고 있으면 혀가 제멋대로 움직여서 죄가 없는 사람에게도 나쁜 말을 하고 다른 사람들에게도 입이 나쁜 말을 제멋대로 할 수 있기 때문에 혀를 판 것 같다. (김무준, 5학년)

이 책의 내용은 도시원이 무엇이든 시장에 가서 어린 당나귀에게서 혀를 산 후 하고 싶은 말을 시원하게 말하는 이야기다. 시원이는 원래 조용하고 소심

하고 말없는 아이였다. 하지만 당나귀한테 혀를 사고 나서 완전히 달라졌다. 하지만 나도 그러고 싶을 때가 있다. 난 학원 선생님이 나를 비교할 때 정말 나도 시원이의 혀를 가지고 싶어진다. 그리고 누군가 날 괴롭히면 나도 혀를 써서 욕을 하고 싶단 마음이 든다. 만약 무엇이든 시장이 있다면 사고 싶은 것이 있다. 저 혀보다는 좀 더 부드러운 말을 하는 혀를 당나귀한테서 사고 싶다. 말한테서는 뼈를 사고 싶다. 두더지한테는 내가 굴을 좋아하니까 굴 씨앗을 심어 달라고 하고 싶다. 우리 집에는 내가 태어난 해의 동전이 많이 있으니 무엇이든 시장이 있으면 그곳에 가서 맘껏 사고 싶다.

(손관욱, 5학년)

다음에는 읽기 후 활동으로 '내가 사고 싶은 혀를 그리고, 그 혀로 하고 싶은 이야기 써 보기(누구에게, 어떤 말을?)'를 하면서 아이들의 삶과 생활을 더 이해해 보고 싶다. 이 부분을 마저 다 하지 못해 아쉽다.(진현)

동화의 특권, 전복적 상상력!

「하위권의 고수」(이병승, 『아빠와 배트맨』, 북멘토)

『여우의 화원』, 『검은 후드티 소년』 등을 쓴 작가 이병승의 단편집 『아빠와 배트맨』에 들어 있는 단편 동화이다. 그의 단편 동화는 함축적이면서도 일상생활 속에서 '아하' 하는 반짝이는 깨달음을 준다. 「하위권의 고수」 역시 마찬가지이다.

제목부터 심상치가 않다. '하위권의 고수'라니? 세상에 누가 '상위권의 고수'가 아닌 '하위권의 고수'가 되고 싶을까? 어떤 특정 분야에서 실력이 아주 뛰어난 사람을 일컫는 낱말인 '고수'를 '하위권'이라는 낱말과 짝을 짓다니? 제목에서 풍겨 오는 아이러니가 작품을 읽는 내내 머리를 두드리고 마음을 짠하게 하는 작품이다.

변두리 교습소에 다니기 때문에 1등을 하지 못한다고 생각하는 '나'는 학원비를 모으기 위해 같은 반 꼴찌 '우재'에게 과외를 해 주기로 혼자 다짐한다. 하지만 우재의 성적을 올려서 과외를 더 늘리겠다는 '나'의 다짐은 우재와의 에피소드를 통해 예상치 못하게 무너지고, 도리어 나를 변하게 한다. '나'는 우재를 통해 세상에 더 소중한 가치가 있다는 것을 직접 깨닫게 된다. 1등만 중요한 세상, 협력이 아닌 경쟁이 전부인 세상이 아이들 학교 현실까지 그대로 들어온 요즘의 우리 세상에서, 아이들과 진짜 중요한 가치가 무엇인지 이야기 나눌 수 있다.

"하위권의 고수는 문파나 등수 따윈 연연하지 않아. 평소엔 아무도 모르게 바보처럼 삘삘거리면서 돌아댕겨. 하지만 결정적인 순간이 오면 진짜 실력을 발휘하지. 단숨에 악당을 무찌르고 힘없는 약자들을 도와줘. 남한테 인정받지 못해도 전혀 섭섭해하지 않아. 그의 목표는 오직 자신만의 궁극의 무술을 연마하는 거니까."라는 아빠의 말이 마음속에 가득 들어차는 작품이다.

∞ 수업의 초점

제목에서부터 모순을 느낄 수 있는 작품이다. '나'의 말과 행동을 통해 현실과 작품 속 세계의 가치를 견주어 볼 수 있고, '나'의 변화 과정을 통해 작품이 자기에게 어떤 영향을 줄 수 있는지 일깨울 수 있는 작품이다. 그리고 우리가 일상생활에서 흔하게 접할 수 있는 상황과 환경을 바탕으로 한 작품이기 때문에 아이들이 이해하고 공감하기에 어렵지 않았다.

우리 반에서는 토론하기 단원에서 이 작품을 읽고 토론 주제를 찾아 이야기를 나누었다. 우재를 향한 다른 인물들의 행동과 우재의 행동을 살펴보면서 토론할 만한 주제를 많이 찾을 수 있다. 실제로 '사람에 대한 존엄', '학생 인권' 등 같이 논의할 거리가 풍부하게 나왔다. 이야기의 전개가 어렵지 않고, 아이들이 공감하기 쉽고, 우리 주변에서 찾을 수 있는 인물이 등장하기 때문에 4학년 학생들부터 읽어도 좋을 듯하다.

㈜ 온작품읽기의 흐름(4차시)

단계	활동
읽기 전	• 제목 보고 유추하기 – (교사가 칠판에 제목을 쓴다.) 제목을 보고 떠오르는 생각을 말해 볼까요? – '하위권', '고수' 낱말에 대해 묻고 답하기 – 두 낱말이 함께 쓰인 까닭은 무엇일까요? – 어떤 이야기가 전개될까요? tip • 아이러니, 모순, 반어라는 용어에 대해 설명을 해 주어도 좋다. • 작가 및 출처 언급하기 – 『아빠와 배트맨』에 실린 단편 동화입니다. – 작가는 이병승, 그림 작가는 장은희입니다. • 7쪽 그림 보며 이야기 나누기 – 이 친구가 지금 무엇을 하는 것 같아요?
읽기 중	**1) 읽어주기** • 끄적이며 듣기 • 읽다 멈칫하기 tip • 의미 있는 부분에서 멈추어 인물의 다음 행동을 질문하거나, 인물이 짐작하는 바를 알아보는 질문 하기 *"아빠, 나 학원 옮겨 주면 안 돼?"(8쪽)*

단계	활동
읽기 중	– 이 질문을 왜 했을까요? 추측해 볼까요? *"옛날부터 전해 내려오는 무술 중에 하위권이라는 게 있어~궁극의 무술을 완성하는 거니까."(9~10쪽)* – 아빠가 설명한 '하위권의 고수'는 어떤 뜻인지 말해 볼까요? *나는 한 가지 묘수를 생각해 냈다.(11쪽)* – 여러분이라면 어떤 묘수를 생각해 냈을까요? – 우재에 대해 '나'는 어떤 생각을 하나요? *"내가 만약 하느님이라면 아프리카에도 눈이 오게 할 거야."(13쪽)* – 우재는 왜 이런 말을 했을까요? – 아프리카에 눈이 오게 하겠다고 말한 우재는 어떤 친구인 것 같아요? *"시험에 나오는 것만 공부해야 돼?~그렇게 꾸겨 넣다가 내 머리가 터지면 어떡해?"(18~19쪽)* – 우재와 '나'의 대화를 잘 생각해 봅시다. – '나'가 우재의 성적을 올리기 위해 커닝과 요약 쪽지를 만들어 주는데도 우재는 왜 싫다고 할까요? – 우재가 책을 많이 읽는다는 것을 '나'가 믿지 못했던 까닭은 무엇일까요? – 선생님이 종례를 하는 동안 내가 몇 번이나 우재를 돌아다본 까닭은 무엇일까요? *"아빠가 얼마나 훌륭한 사람인지 알아봐 주는 사람이 없어서 그런 게 아닐까?"(12쪽)* – '나'의 말은 무슨 뜻일까요? – '나'는 우재에 대해서 어떻게 생각이 바뀌었나요? – 제목 '하위권의 고수'는 어떤 뜻을 담고 있나요? **2) 혼자 읽기** • 작품 혼자 읽기 – '나'의 감정이 어떻게 변해 가는지 생각하며 다시 읽기

단계	활동
읽기 중	tip • 이 작품은 등장인물이 많지 않고, 우재와 나의 역할에 집중할 수 있어 둘이서 역할을 맡아 소리 내어 읽기를 할 수도 있다.
읽기 후	• 느낌 말하기 – 작품에 대한 각자의 느낌을 돌아가며 말하기 • 인물 살펴보기 – 작품 속 중심인물에는 누가 있나요? – 인물의 성격이 어떤 것 같습니까? – 인물의 성격을 알 수 있는 부분은 어떤 부분인가요? • 토론 주제 찾기 – 작품을 읽고 함께 이야기 나누고 싶은 주제 찾기 – 찾은 주제에 대하여 자기 생각 펼치기 • 나와 연결 짓기 – 나 자신은 어떤 고수인지 지금의 모습에서 장점 찾기 – '나도 고수다' 판에 별 스티커 붙이고 나를 칭찬하기

◐ 수업 이야기

칠판에 '하위권의 고수'를 써 놓고 '하위권'과 '고수'가 같이 쓰일 만한 낱말인지 먼저 생각해 보자고 했더니 '무술 이야기가 나올 것 같다.', '하위권 중에 고수니까 왕 꼴찌다.', '웃긴 이야기가 나올 것 같다.'며 얼른 읽어 달라고 한다. 이야기를 읽어 줄수록 교실 분위기가 차분해지고 조용하게 집중하는 자세가 저절로 만들어졌다. 재미있는 무술 이야기라거나, 꼴찌 중에 늘 꼴찌 하는 아이가 고수가 되는 이야기일 거라 짐작했던 아이들은, 이야기가 전개될수록 자신들의 짐작과는 다르게 진행되는 우재의 짠한 이야기에 숨을 죽인다.

먼저 교사가 한 번 다 읽어 준 후에 다시 읽기를 하는데 '슬픔'이라는 정서를 공유하게 되어서인지 짝과 같이 읽기보다는 혼자서 읽겠다고 해서 혼자서 다시 읽기를 진행하였다. 이 작품에 대한 느낌 나누기를 하는 동안 대부분의 친구들이 '우재'에게 감정이입을 하였다. '우재가 가난하고, 힘든 환경이고, 공부도 못해서 늘 꼴찌인 데다 돌대가리라는 말을 듣는데도 밝은 것이 대견하고, 싸움도 못하면서 겁도 없이 친구를 지키려고 나서는 모습이 대단하고 감동을 많이 받았다.'고 했다.

이 외에도 슬프다는 아이들이 아주 많았는데 특히 한 친구가,

"집안도 힘들고 무시당하는데 우재가 항상 긍정적이라서 더 슬프다."

라고 해서 긍정적이어서 더 슬픈 것이 어떤 느낌인지 함께 이야기를 나누었다. 교실에 우재에 대해 안타까워하고 공감하는 분위기가 가득해서 모두 작은 목소리로 소곤소곤 이야기를 나누었다.

또, 첫 부분의 '나'와 '아빠'의 대화를 들을 때에는 '아빠'의 말에 대해 우스워하던 친구들이 작품을 다 읽고 난 후에 '아빠'의 말에 대해 진지하게 생각하게 되었다고 한다.

어째서 '하위권의 고수'라고 했을까? 이 작품의 제목에 대해 다시 이야기를 나누었다. 아이들은 '우재'를 통해서 '아빠'가 한 말

을 이해하는 것 같았다. 공부는 꼴찌이지만 책 읽기를 잘하고, 상상력이 풍부하고, 긍정적인 우재가 '나'의 아빠가 설명한 하위권의 고수에 딱 들어맞는 사람이라고 한다. 또, 공부를 못한다고 돈을 못 번다고 무시하는 것은 잘못된 행동이라는 것에 공감했다.

선생님이 우재에게 하는 행동에 대해 아이들은 매우 불쾌해하며 이렇게 해서는 안 된다, 자신들이 우재 선생님이라면 차별하지 않을 거다, 우재를 따로 가르치겠다, 우재가 잘하는 것을 칭찬해 주겠다며 목소리를 높였다. 우리 반에서는 이 작품을 읽고 몇 가지 주제를 정해 이야기를 나누었다.

우리가 일상생활에서 별 생각 없이 하는 말이나 행동, 공부 잘하는 사람은 잘살게 되고, 공부 못하는 사람은 못살게 된다는 것이 과연 옳은 가치인가에 대해서도 이야기를 나누었는데, 생각을 정리하기 힘들어했다. 아직은 아이들이 가정에서 부모님이 하시는 말씀에 더 영향을 받고, 본인도 '공부를 잘해야 성공한다.'라는 생각에서 아직 벗어나지 못하고 불안해하기 때문이다. 이 주제에 대해서는 다음에 더 깊이 있게 이야기를 나누어 봐야겠다. 아이들에게 생각할 거리를 남겨 두는 것으로, 생각을 전환하는 출발점이 되었다는 의미로 만족하기로 했다.

이어서 '좋은 학원에 가야 공부를 잘하게 된다.'는 주제를 가지고 이야기를 나누었는데 '공부는 본인이 스스로 결심을 하고 열심히 해야 잘할 수 있다.'는 결론으로 이야기가 모아졌다. 마지막 활동으로 이 작품의 '고수'라는 낱말을 이용해서 '나도 고수다!'

▲ 자신이 잘하는 것을 적어 칠판에 붙이는 아이들

활동으로 나 자신과 연결 짓기를 했다. 각자 자신이 잘하는 내용을 별 모양 종이에 적어 칠판에 붙였다. 나 자신이 스타가 되는 의미를 두었고, 별표에 적힌 내용을 교사가 읽어 주면 어떤 친구인지 알아맞히는 과정을 통해 한 명 한 명을 반 친구들과 교사가 함께 인정하고 이해해 주며 활동을 마무리했다.

이 작품을 함께 읽고 수업을 하면서 우리가 일상적으로 당연하다고 생각해 왔던 것에 의문을 제기할 수 있었다. 아이들과 책을 읽는 즐거움은 이렇게 일상적인 생각에 전환점을 마련해 주는 계기를 만나는 것이고, 그 전환점이 우리 아이들의 삶을 더욱 풍요롭게 한다는 것이다. 우리 반 아이들도 자기 자신을 돌아보는 활동을 통해 자존감을 조금 더 키웠길 바란다.(진현)

4) 고학년 장편 동화

긴 시간 동안 함께 읽고 수업할 고학년 장편 동화를 선택할 때에는 아이들마다의 읽기 능력의 차이를 고려해야 한다. 고학년 아이들을 끌어당길 수 있도록 서사가 흥미로워야 하며, 작품 속에서 여러 유형의 인물을 만나 자신에게 질문을 던질 수 있는 작품이 좋다. 또, 국어 교과서에 일부만 수록된 장편 동화 중 같이 읽어 볼 작품을 아이들과 함께 선정하는 것도 좋다.

새빨간 유혹을 넘어서는 진실의 힘
『빨강 연필』(신수현, 비룡소)

『빨강 연필』은 '2011 개정 교육 과정'에 바탕을 둔 5학년『국어 5-1 ㉯』교과서에 수록된 작품이다.

외롭고 답답한 마음을 비밀 일기장에 적으면서 겨우 생활을 견디고 있는 '민호'에게 어느 날 '빨강 연필'이 나타난다. 저절로 멋진 글을 쓰는 빨강 연필을 갖게 된 민호는 빨강 연필이 쓴 글 덕분에 선생님과 친구들에게 인정을 받게 되고 학교에서 글쓰기로 상도 받지만 '진실과 거짓' 사이에서 갈등한다. 멋진 가짜의 유혹 앞에서 민호는 외로움을 느끼고, 갈등하면서 성장한다. 마침내 빨강 연필의 도움 없이 진짜 자기 이야기를 글로 쓸 수 있는 힘을 찾게 되면서 한 뼘 자라는 민호를 통해 우리 아이들도 같이 자라는 이야기이다.

어느 날 갑자기 찾아온 행운이 과연 진정한 행복이 될 수 있는가에 대해 생각하고 판단할 수 있는 근거를 빨강 연필을 통해 흥미롭게 제시하면서 독자를 이야기의 세계로 빠져들게 한다. 작가는 처음 이 작품의 제목을 '거짓말하는 연필'로 정했다고 한다. 그러나 '빨강 연필'이 더 강렬하고 상징적인 느낌으로 다가온다.

남들보다 잘하는 것이 있어야만 칭찬받고, 인정받고, 경쟁에서 살아남을 수 있다는 무시무시한 폭력이 난무하는 세상 속에서 평범하게 살아가는 아이들 삶은 존중받지 못하는 현실 세계에 대한 표현이 읽는 아이들의 공감을 이끌어 낸다. 우리 아이들이 살아가는 현실과 작품 속 현실이 크게 다르지 않아서 민호의 심리를 이해하면서 읽기가 수월하다. 빨강 연필로 쓴 글과 '비밀 일기장'으로 대비되는 '참과 거짓'의 의미를 이해할 수 있고, 민호의 성장을 바라보며 독자도 유혹의 손길을 떨치며 함께 성장할 수 있다.

◦● 수업의 초점

온전한 장편 동화를 수업 시간에 같이 읽고 함께 이해하고 해석하는 경험은 장편 동화 읽기에 익숙하지 않거나, 두꺼운 책 읽기에 두려움을 갖고 있는 아이들을 위해서도 필요하다. 혼자서 읽기 힘든 장편 동화를 반 친구들과 함께 읽는 경험은 긴 호흡을 유지하면서 책 한 권을 읽어 가는 방법을 알려 준다. 또 이렇게 장편 동화를 읽어 본 경험은 아이들에게 두꺼운 책에 대한 두려움을 덜어 주고 끝까지 읽어 냈다는 뿌듯함을 심어 준다. 더불어 한 권의 책을 같이 읽으면서 묻고 답하는 과정을 통해 해석을 깊이 할 수 있는 장점이 있다. 또 같은 책을 서로 다르게 해석할 수 있다는 것을 배우면서 다양한 생각이 존재함을 이해할 수 있다.

　장편 동화를 통해 읽기와 문학의 성취 기준을 충족할 수 있는 것은 기본이다. 하지만 장편을 읽으면서 이야기에 빠져드는 경험은 성취 기준을 뛰어넘는 의미가 있다. 교실에서 친구들과 같은 작품을 읽으면서 공통의 기억을 갖게 되고, 공통의 주제로 서로 같거나 다른 생각을 공유하는 시간을 통해 다양한 감정을 느낄 수 있다.

　장편 동화는 한 명씩 돌아가며 소리 내어 읽기, 두 사람이 번갈아 소리 내어 읽기, 선생님이 읽어주기와 같은 방법으로 읽을 수 있다. 『빨강 연필』은 해석과 설명이 많이 필요하지 않은 작품이어서 짝과 번갈아 가며 소리 내어 읽기를 하면서 '작품 속 인물의 마음을 이해하기', '현실 속 세계와 작품 속 세계를 비교하기', '작품을 읽고 가치를 내면화하기', '작품을 읽고 관점을 이해하기'를 충족할 수 있었다. 일부분만 수록된 작품을 온작품읽기 수업으로 전개하여, 장편 동화를 읽는 즐거움을 찾을 수 있었다.

◉● 온작품읽기의 흐름(9차시)

단계	활동
읽기 전	• 장편 동화 읽은 경험 이야기 나누기 – 장편 동화를 스스로 찾아 읽어 본 경험 이야기 나누기 • 장편 동화 읽기 계획하기 – 교사가 읽어주기, 짝과 번갈아 읽기, 한 명씩 돌아가며 읽기, 혼자 읽기 등의 방법 제시하고 읽기 방법 의논하기 • 표지와 차례 보며 이야기 나누기 – 제목으로 내용 예측하기 – 표지 보며 내용 추론하기 – 차례 보며 내용 추론하기 • 작가 알아보기 – 신수현 작가의 장편 동화입니다.
읽기 중	**1) 읽어주기** • 1~3장 읽어주기 tip • 시작 부분을 교사가 읽어 주어 이야기에 흥미를 갖게 하면 장편 동화 읽기에 대한 두려움을 줄일 수 있고, 이어질 이야기에 기대를 갖게 된다. *교실에 들어와 자리에 앉으려는데~제법 근사했다.(19쪽)* – 빨강 연필이 등장했네요. 빨강 연필은 어떤 능력이 있을까요? *'도둑질이 왜 나쁜가~'(26쪽)까지 읽어주기* – 이제 빨강 연필이 어떤 연필인지 알 수 있겠지요? – 빨강 연필을 왜 비밀 친구라고 했을까요? 빨강 연필이 생긴다면 어떻게 할까요? – 비밀 일기장과 학교에 내는 일기장을 따로 쓰는 것에 대해 어떻게 생각하나요? 선생님이 일기를 검사하는 게 좋은가요?

단계	활동

tip • 3장까지는 교사의 읽어주기로 작품과 만나는 시간을 마련하였다. 읽어 주는 중에 질문을 통해 이야기의 중요한 모티브인 빨강 연필에 대해 생각해 보는 시간을 마련하였다.

2) 함께 읽기 1

tip • 4장부터 17장까지는 짝과 번갈아 가며 읽기를 했다. 짝과 번갈아 가면서 한 쪽씩 소리 내어 읽기를 하면 눈으로 한 번, 귀로 한 번 읽을 수 있으며, 작품 속 인물에 쉽게 공감하며 이야기에 깊이 빠지는 장점이 있다. 특히 읽기를 어려워하는 학생에게 함께 읽는 작품을 끝까지 읽을 수 있도록 도와주고 장편 동화를 읽는 성취감을 느끼게 한다. 한 시간에 4장씩 읽기가 진행되었다. 질문은 짝과 함께 읽기를 마치고 난 후에 하였고, 아이들은 읽는 중간에 자신이 중요하다고 생각하는 부분이나 공감하는 부분에 밑줄을 긋거나, 빨강 연필 활동지에 옮겨 적기도 하였다.

읽기 중

– '호랑이보다 무서운 것'이 이달의 글로 뽑혔을 때 민호는 어땠을까요?

– '가장 잘한 작품만 한 편 뽑아서 게시판에 붙이는 것'에 대해 어떻게 생각하나요?

아빠를 미워하면 편한데 이해하려니까 힘들다.(61쪽)

– 이 문장은 무슨 뜻일까요?

– 여러분도 작가 선생님을 만나고 싶나요? 우리도 『빨강 연필』을 다 읽고 나서 작가 선생님한테 편지를 써 볼까요?

– 거짓 글을 포장하기 위해 새로운 거짓말을 하게 되는 민호를 보면서 어떤 생각이 드나요?

– 거짓과 비밀의 무게는 얼마나 될까요? 여러분도 경험이 있는지 떠올리며 읽어 봅시다.

– 민호 엄마가 민호의 '우리 집' 글을 읽고 어떤 생각을 했을까요? 또, 민호는 어떤 생각을 했을까요?

– 자기를 믿어 주는 사람들을 보면서 민호는 어땠을까요?

– 민호가 자신을 양치기 소년에 견준 까닭은 무엇일까요?

– 빨강 연필의 유혹에 넘어가는 민호를 보며 어떤 생각이 드

단계	활동
읽기 중	나요? **3) 함께 읽기 2** tip • 18장부터 21장은 이 작품의 절정과 결말 부분으로 반 전체가 속도를 맞춰서 함께 읽기로 진행하였다. 사건이 해결되는 과정과 작품의 주제가 가장 두드러지게 나타나는 부분으로 함께 읽으며 아이들과 이야기를 나눌 필요가 있었다. 특히 18장은 '민호'가 '빨강 연필'의 거짓 글이 아닌 진짜 자기 얘기를 글로 쓰는 부분으로 이 작품의 가장 중요한 부분이다. – 민호가 쓴 '고통' 글을 읽으며 민호의 생각을 알아봅시다. – *"가! 제발."*(190쪽)에서 민호는 어떤 마음일까요? – 민호가 '날아라 학교'에 합격한 까닭은 무엇인가요? *"자신을 돌아보고 고민하며 글을 쓸 용기."*(192쪽) – 이것은 무엇을 뜻할까요? • 생각과 느낌, 질문 자유롭게 끄적이기 **4) 혼자 읽기** – 함께 읽기를 마친 후 자유롭게 혼자 읽기 tip • 짝과 함께 읽기의 경우 읽는 학생들마다 읽는 속도가 다르기 때문에 읽기가 끝나면 혼자 읽기의 시간을 주는 것이 좋다.
읽기 후	• 내용 확인하기 – 느낌 말하기 – 작품의 구성 요소 파악하기 – 작품의 플롯 이해하기 – 작품 속 화자를 찾고 화자의 관점 변화 알아보기 – 작품 속 인물의 생각과 행동을 나와 견주어 보기 • 질문 찾고 이야기 나누기 – 민호가 수아에게 처음부터 사실대로 말했다면 어땠을까요?

단계	활동
읽기 후	– 빨강 연필은 왜 민호에게 나타났을까요? – 민호는 빨강 연필이 쓴 거짓 글을 제출하고 싶었을까요? – 내가 민호라면 빨강 연필을 사용했을까요? – 내가 민호라면 처음부터 수아에게 사실대로 말할 수 있었을까요? – 내가 수아라면 민호가 깨뜨린 유리 천사를 보고 어떻게 했을까요? – 재규는 어떻게 빨강 연필의 존재를 알아챘을까요? – 민호 엄마는 민호의 마음을 이해한 것일까요? – 빨강 연필이 거짓말을 쓰는 이유가 무엇일까요? – 빨강 연필은 왜 죽지 않는 걸까요? – 민호가 마지막에 보통 연필로 글을 썼는데도 '날아라 학교'에 뽑힌 까닭은 무엇일까요? – 21장의 '효주 이야기'는 무슨 뜻일까요? – 나에게 빨강 연필이 필요한가요? • 토의 주제 찾기 – 함께 토의할 주제 찾기 – 자기 생각 정리하고 쓰기 – 토의하기 • 작가에게 편지 쓰기 – 신수현 작가에게 편지 쓰기

∞● **수업 이야기**

이 작품은 '2011 개정 교육 과정'에 바탕을 둔 현행 교과서 5학년 『국어 5-1 ④』 12단원, '작품 속에서 말하는 이의 관점을 생각하며 글을 읽기' 차시에 제시된 텍스트이다. 우리 반에서는 교과서 텍스트가 아닌 온작품을 읽기로 계획하여 학생 수만큼 학교 예산으로 책을 구입하여 7월에 수업을 진행하였다. 온작품읽기 수업을 위해 시간을 조정하여 9차시를 배정하였다.

자신들의 이야기와 닮은 이야기여서인지 이 책을 읽고 나서 호응이 매우 높았다. 주인공 민호가 겪는 일련의 갈등과 사건이 자신의 이야기처럼 읽혔던 것 같다. 생활 동화가 갖는 매력이 이런 일상성의 발견이 아닐까 싶다. 일상적인 생활 속에서 자신과 쉽게 동일시가 되고, 자신과 비슷한 주인공의 성장을 보면서 함께 성장하는 것 같다. 그리고 200쪽이나 되는 작품을 자기 스스로 읽었다는 뿌듯함이 매우 컸다. 이제는 책 읽기가 두렵지 않다는 승현이 말이 교사에게도 큰 기쁨을 주었다.

『빨강 연필』표지와 제목을 통해 어떤 내용이 이어질지 예측하기로 장편 동화 읽기 수업을 시작하였다. '빨강 연필'이 제목이다 보니 마법이나 요술 연필일 것이라고 추측하였다. 교사가 '빨강과 연필은 어떤 관계가 있을까?' 하고 질문을 하니, '빨강이 갖고 있는 느낌, 거짓말을 할 때 새빨간 거짓말이 떠올라서 거짓말하는 연필'일 것 같다고 아주 정확하게 예측하는 친구가 있었다.

차례를 보면서 내용을 예측하는데 '16장 양치기 소년을 믿어줘를 보니 글을 쓰면서 이야기 속으로 들어갈 것 같다.'고 하는 친구도 있고, '10장 아무도 모른다를 보니까 거짓말을 많이 해서 친구들한테 왕따당하고 19장에서 혼자여도 괜찮다고 하니까 왕따여도 괜찮고 계속 거짓말을 하게 되는 것 같다.'고 하는 친구도 있었다. 아이들은 책 표지와 제목을 보고 추론할 때보다 차례를 보고 이어질 내용을 추론하는 과정에서 더 많은 이야기를 한다. 이 작품 역시 대화가 풍성해지면서 호기심이 커졌다.

1장부터 3장까지는 두꺼운 책으로 들어가는 두려움을 줄이고 이야기 몰입을 도와주기 위해 교사가 소리 내어 읽어 주었다. 그런데 자기들이 읽고 싶다고 해서 4장부터 17장까지는 짝과 번갈아 가며 한 쪽씩 소리 내어 읽기를 진행했다. 이렇게 했더니 읽기 속도가 훨씬 빨라졌고, 두 사람이 바짝 붙어서 눈으로는 책을 읽고 입으로 소리를 내고 서로의 목소리에 귀 기울이며 읽기 자체에 흠뻑 빠져들었다. 책은 두껍지만 글자가 커서 읽기에 수월하고, 지금 우리 아이들이 사는 현실 세계와 비슷한 세계여서 이해하는 데 어렵지 않았다. 중간에 한 친구가 17장까지 읽고 나더니 기분이 이상하다고 했다. 이렇게 긴 책을 같이 읽으니까 금방 읽는 것 같다며 자기가 이렇게 긴 책을 읽은 게 신기하단다.

18장부터 21장까지는 우리 반이 다 같이 함께 읽기를 진행하였다. 작품의 절정 부분이기도 하고 작품의 주제가 가장 잘 나타나는 부분이어서 함께 읽고 이야기를 나누어야 할 필요성이 있다고 생각했기 때문이다. 가장 감정이 고조되는 부분이어서 소리 내어 읽으면서 우리 반의 분위기도 함께 고조되는 기분이 들었다. 21장까지 다 읽고, 모두 숨을 폭 내쉬면서 작품을 다 읽고 난 여운을 느끼기도 했다.

책을 덮고 나서 먼저 소감 말하기를 해 보니 많은 아이들이 '빨 강 연필이 거짓말을 하니까 쓰면 안 되겠다.', '그래도 가지고 싶 다.', '민호네 가족을 만나게 해 주어서 다행이다.', '불사조처럼 계 속 살아나는 게 신기하다.'며 빨강 연필에 집중하여 느낌을 표현 하였다.

장편 동화를 읽으면서 아이들이 생각을 깊게 해 볼 수 있게 읽 는 중에 그때그때 떠오르는 질문을 적을 수 있도록 학습지를 만 들어서 이용하였다. 자신이 적어 놓았던 생각을 모아서 모둠별로 질문하고 대화하기 활동을 한 차시 동안 진행하였다. 모둠에서 한 사람이 질문하면 다른 세 명의 친구가 자기 생각을 말하고, 돌 아가며 묻고 답하는 활동을 하였다. 각 모둠에서 나온 질문 중 한 가지를 교실 전체로 확대하여 묻고 답하는 활동을 하며 작품의 내용을 확인하였다. 그 뒤 내가 민호라면 어떻게 할 것인지, 민호 의 마음은 어떨지 짐작하며 내 삶과 연결 짓기를 하였다.

두 번째 활동으로 이 작품을 읽고 서로 이야기해 볼 주제를 찾 아보았다. 우리 반에서는 '칭찬과 상은 필요한가?'를 주제로 토의 를 했다. 교실에서 한 명만 뽑아 '이달의 글'이라 해서 교실 뒤 게 시판에 붙여 놓는 것, 학교 글짓기 대회에서 글쓰기를 잘한 사람 몇 명만 상을 주는 것에 대해 이야기를 나누었다. 아이들은 한 명 의 작품만 뽑아서 교실 게시판에 붙여 두는 것은 잘못이라며, 모 든 학생의 작품을 붙여야 한다면서도 학교에서 잘하는 사람 몇 명만 상을 주는 것은 필요하다는 의견을 냈다. 특히 '칭찬과 상'

이 있어야 기분이 좋고 더 잘하게 된다고 생각하는 친구들이 많았다. 소수의 아이들이 '칭찬'은 좋지만 '상'을 주게 되면 못 받는 사람이 속상하고, 늘 잘하는 사람만 '상'을 받게 되어 못하는 사람이 더 슬퍼진다고 했다. 본인들의 경험이 반영된 대화라는 생각이 들었다.

마지막 활동으로 '신수현 작가'에게 편지 쓰기 활동으로 정리하였다. 책 속에서 민호가 작가를 만나 진실의 힘, 참의 힘을 얻게 된 경험과 비슷하게 우리 반에서도 이 작품의 작가에게 편지를 쓰고 답장을 받아 작품과 더 가까워지는 기억을 만들었다.

| 작가에게 쓴 편지 |

안녕하세요?

저는 제암초등학교 5학년 2반 최지유입니다. 우리 반은 『빨강 연필』로 공부를 했어요. 조그마한 책을 만들어서 거기에 궁금한 것, 새로 알게 된 것, 토론 내용을 적으면서 공부를 했어요. 이렇게 공부하니 『빨강 연필』의 내용이 귀에 쏙쏙 들어왔어요.

우리 반은 책을 많이 읽는데 지금까지는 『빨강 연필』이 가장 재미있었어요. 『빨강 연필』을 읽다 제가 생각한 건데 진짜 '빨강 연필'은 이 세상에 꼭 필요할까 궁금해요. 뭐든지 노력하고 자기가 할 수 있다면 충분히 할 수 있을 것 같아요. '민호'에게 자기 힘으로 하면 된다고, 글쓰기 할 때 꼭 '빨강 연필'을 사용하지 않아도 된다고 말해 주고 싶어요.

작가님은 글을 정말 잘 쓰시네요. 이제부터 제가 존경하고 본받고 싶어요. 신수현 작가님 덕분에 저도 작가라는 직업을 꿈꾸게 되었어요.

궁금한 게 있는데 지금쯤 '민호'는 '날아라 학교'에 가서 잘 지내고 있을까요? 그리고 그다음에 '빨강 연필'을 받은 '효주'는 어떻게 되었을까 정말 궁금해요.

제가 작가님께는 처음 편지를 쓰는 거라 정말 설레어요. 과연 작가님은 어떤 답변을 해 주실지도 기대되고요. 그럼 안녕히 계세요.

추신: 또 재미있는 책을 많이 써 주시면 좋을 것 같아요.

최지유 올림

신수현 작가님께

작가님, 안녕하세요? 저는 제암초등학교 5학년 2반 최명현이에요. 저는 작가님이 쓰신 『빨강 연필』을 정말 감명 깊게 읽었어요. 뭐랄까? 이 책을 읽으면서 여러 가지를 느꼈던 것 같아요. 지나친 승부욕은 화를 불러오고, 한 번의 거짓말은 열 가지의 거짓말을 가져오고, 결국에는 화는 또 다른 화를 가져오니 어느 누구 하나가 포기하지 않으면 싸움은 계속된다는 것 같아요. '재규'가 승부욕을 조금 낮추고 있었다면 백일장 날 '민호'와 싸우지 않

않을테고, '민호'가 거짓 글을 썼을 때 욕심을 가라앉혀 보통 연필로 썼다면 '재규'가 승부욕이 나지 않았겠죠?

저는 이 책을 읽으면서 '민호'가 자신을 뛰어넘었으면 좋겠다고 생각했어요. 아니면 안에 있는 자신을 꺼내든가. 제가 봤을 때 '민호'는 글을 잘 쓰는 아이 같아요. 전 진짜 잘 쓴 글은 진심으로 사실을 쓴 글이라고 생각하거든요. 하지만 '민호'의 말대로 일기는 보는 사람의 눈을 의식하면서 써야 하기 때문에 눈치가 보이거든요.

그런데 작가님, 21장의 효주 이야기는 뭔가요? 너무너무 궁금해요. 『빨강 연필』은 우리 반에서 제일 인기 있는 책이에요. 심지어 친구들과 연극까지 찍었어요. 『빨강 연필』이 우리 반을 너무 행복하고 기쁘게 만들어 주었어요. 저는 작가님께 너무 감사해요. 사람들은 아이 생일 때 당사자의 부모님께 인사한다죠? 이 책의 부모님은 작가이신 신수현 작가님이세요. 그래서 감사하다고 말씀드리는 거예요. 작가님! 앞으로도 좋은 작품 많이 만들어 주세요.

최명현 올림

작가에게 편지 쓰기를 하고 한 달 후. 와우! 아이들 모두 작가로부터 빨강 봉투에 담긴 답장을 받았다. 아이들은 '설마 작가가 직접 답장을 해 줄까?' 믿지 않았는데 실제로 빨강 봉투에 각자 자신의 이름과 '신수현' 작가의 이름이 손 글씨로 써진 걸 보고

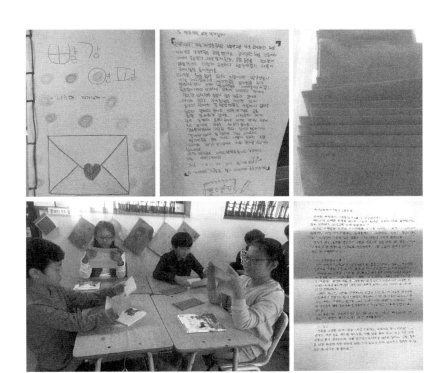

▲ 아이들이 작가에게 쓴 편지와 작가로부터 받은 답장

매우 감격했다. 특히 여섯 장이나 되는 답장에는 이 작품의 초고 때 제목, 작품을 쓰게 된 까닭, 우리 아이들이 궁금해하는 모든 질문에 자세하게 답을 해 주어서 아이들이 매우 신기해했다. 나아가 『빨강 연필』 책을 다시 꺼내 보게 만들었다. 작가뿐 아니라 편집자에 대해서도 아이들이 관심을 갖게 되었으며 책에 대한 사랑을 이어 갈 수 있는 징검다리가 되었다.

1학기를 마무리하는 7월은 서서히 시작되는 더위와 방학에 대한 기대로 아이들의 마음이 좀 느슨해지는 시기이다. 아마도 국어 교과서의 문학 단원이 늘 1단원과 12단원에 배치된 까닭은 처음과 마무리하는 시기를 문학과 함께 여유를 갖고 생각을 키우게 하기 위해서가 아닐까 한다.

우리 반에서는 7월 들어서 온작품읽기로 장편 동화 함께 읽기를 하면서 매우 의미 있는 시간을 만들었다. 아이들은 장편 동화를 스스로 읽어 냈다는 자긍심과 뿌듯함을 얻었으며, 교과서 텍스트만으로는 얻기 어려운 감동을 얻을 수 있었다. 작품에 몰입하여 며칠 동안 작품 이야기를 종알거리는 모습, 빨강 연필을 들고 와서는 자기도 '빨강 연필'을 쓴다며 웃는 아이들의 모습이 귀엽다. 다른 동화도 읽어 보겠다며 장편 동화를 찾아 들고 다니는 모습도 기특하다.(진현)

존재하는 모든 이들의 푸른 성장담

『푸른 사자 와니니』(이현, 창비)

"나는 약하지만 우리는 강해!"라는 메시지를 강렬하게 전해 주는 작품이다. 세렝게티의 푸른 초원에 사는 어린 암사자 '와니니'의 성장을 담은 이야기로, 동물의 세계를 세심하게 관찰하여 사실적으로 묘사한 이야기를 읽다 보면 마치 지금도 그곳에 '와니니 무리'가 살고 있을 것 같은 느낌이 든다.

암사자 '마디바 무리'에서 '와니니'는 무리에 도움이 되지 못하는 '쓸모없는 존재'로 내쳐져서 홀로 초원에서 살아남아야 하는 환경에 맞닥뜨린다. 독자는 와니니를 통해 '어떻게 살아야 하는가?' 하는 상황에 직접적으로 부딪히게 된다. 또 홀로 초원에서 살아간다는 것이 어떤 것인지 와니니의 경험을 통해 제대로 느끼게 된다. '아산테, 잠보, 말라이카'와 함께 새로운 무리를 만들어 넓고 강한 초원에서 살아갈 힘을 얻는 과정을 보면서 우리는 '와니니 무리'를 응원하게 된다. 혼자서는 모두 부족하고 약한 사자이지만 넷이 모여 서로를 의지하고 도우며 세상을 헤쳐 나가는 모습이 우리에게 많은 시사점을 던진다. 세상에 쓸모없는 존재는 없으며, 세상을 살아가기 위해 서로를 이해하고 배려해야 함을 동물의 세계를 통해 느낄 수 있다. 그리고 그 과정에서 서로 다르지만 틀리지 않았음을 읽어 낼 수 있다.

아이들이 좋아하는 사자를 주인공으로 해서 초원의 다양한 동물의 세계가 매우 흥미진진하게 펼쳐지며, 살아간다는 것이 무엇인가, 우리는 어떻게 살아야 하는가를 직접적으로 떠올릴 수 있다. 주인공 와니니의 성장을 바라보며 아이들도 같이 생각의 깊이가 깊어지도록 도와주는 작품이다.

◦● **수업의 초점**

와니니와 함께 초원에서 살아가는 과정을 통해 깊은 감동을 얻을 수 있는 작품으로 '작품에서 얻은 깨달음을 바탕으로 하여 바람직한 삶의 가치를 내면화하는 태도를 기를' 수 있다. 또, 작품을 읽고 받은 감동을 감상이 드러나게 글쓰기를 하며 정리하면 좋다. 와니니를 중심으로 초원에서 살아가는 여러 동물의 생활 모습이 생생하게 드러나므로, 동물의 성격을 나 자신과 견주어 볼 수도 있다.

와니니와 주변 동물들이 살아가는 모습을 통해 우리가 살아가는 세상과도 견주어 볼 수 있다. 또 어떻게 살아야 할 것인가에 대한 질문을 독자에게 계속 요구하고 있어서 자아가 형성되고 새로운 세계로 나갈 준비를 하는 시기인 4~6학년 어린이들에게 적합한 작품이다. 특히 '마디바 할머니'로 대표되는 전체를 위해 개인을 희생하는 전체주의에 대해 깊이 있게 생각할 여지가 있다. 개인의 희생을 전제로 사회 전체가 살아가는 것이 과연 진정한 의미가 있는지 돌아볼 수 있는 기회를 준다. 또한, 마디바, 무투, 와니니로 구분할 수 있는 세 우두머리의 모습을 통해 각각의 우두머리의 모습과 삶의 철학도 살펴볼 수 있겠다. 4학년 사회과 선거 단원에서 세 명을 대표로 선발하는 모의 선거 과정과 연계해도 좋겠다.

우리 반에서는 작품에서 받은 감동을 내 삶과 연결 짓기에 중점을 두고 수업을 진행했다.

◦● 온작품읽기의 흐름(9차시)

단계	활동
읽기 전	• 제목인 '푸른 사자 와니니'와 관련된 이야기 나누기 – '푸른 사자 와니니'라는 제목에서 무엇이 떠오르나요? – '사자'에 대해 알고 있는 것은 무엇인가요? – '푸르다'는 낱말에서 어떤 이미지가 떠오르나요? • 표지 그림 보며 이야기 나누기 – 노란색 왕관은 무슨 뜻일까요? – 표지에 있는 사자 실루엣 그림을 자세히 살펴보고 이야기해 볼까요? • 작가 알아보기 – 이현 작가의 장편 동화입니다. • 차례 보며 내용 유추해 보기

단계	활동
읽기 전	– 차례를 보며 어떤 이야기일까 짐작해 봅시다. • 작품의 배경 살펴보기 – 세렝게티 초원 사진과 자료 보여 주고 초원의 세계 이해하기 – http://www.serengeti.org/ 참고하기
읽기 중	**1) 읽어주기 1** tip • 1~3장은 교사의 읽어주기로 장편 동화 읽기를 시작한다. 도입 부분을 읽어 줌으로써 인물과 사건에 흥미를 북돋운다. 교사가 읽어 줄 때에는 학생들은 듣기에 집중한다. – 읽기 중 질문할 내용, 감동적인 내용 끄적이며 읽기 – 1장 해 뜰 무렵 읽어주기 : 교사의 읽어주기를 통해 세렝게티 초원의 암사자 무리의 생활 모습을 상상하고, 이야기 속으로 아이들을 초대한다. – 2장 마디바의 아이들 읽어주기: '와니니'와 '말라이카'의 대화 (20쪽)를 통해서 알 수 있는 점은 무엇인가요? – 3장 듣고 싶지 않은 말: 마디바 할머니로부터 *쓸모없는 아이*(38쪽)라는 말을 듣게 된 와니니의 심정은 어떨까요? **2) 함께 읽기** tip • 4장부터는 함께 읽기를 한다. 한 명씩 소리 내어 번갈아 읽기를 하면 학생들의 읽기 과정을 교사가 파악할 수 있는 장점이 있다. 또, 학급 전체가 한 작품을 같이 읽는다는 의미도 있다. 특히 읽기를 어려워하는 학생에게 함께 읽는 작품을 끝까지 읽을 수 있도록 도와주고 한 권의 장편 동화를 읽는 성취감을 느끼게 한다. – 4장 제목이 '한밤의 침입자'인데 어떤 이야기가 펼쳐질까요? – 와니니가 떠돌이 수사자 무리를 놓아준 까닭은 무엇일까요? – 무리에서 쫓겨난 와니니에게 랄라 엄마가 해 준 말 "오늘 네가 할 일을 해. 그럼 내일이 올 거야."(56쪽)는 무슨 뜻일까요?

단계	활동
읽기 중	– 가장 무거운 벌이 혼자가 되는 벌이라고 하는데 여러분은 혼자가 된다면 어떨 것 같은가요? – 혼자가 된 와니니가 초원에서 살아남기 위해 애쓰는 장면을 보면서 여러분은 어떤 생각이 드나요? – (초원에 사는 원숭이, 임팔라, 쇠똥구리에게 무시당하는 와니니의 모습을 보면서) '사자'의 삶에 대해 우리가 모르는 것도 많지요? – *"해! 사자는 뭐 별건 줄 아냐?~사자는 뭐 그리 저만 대단하든?"(89쪽)*라는 아산테의 말을 어떻게 생각하나요? – '와니니, 아산테, 잠보'에게 서로가 필요한 까닭을 생각해 볼까요? – 사냥한 토끼를 서로 먹겠다고 싸우는 아산테와 잠보를 보고 와니니가 토끼를 버린 까닭은 무엇일까요? *"영토를 가지면 언젠가는 큰 싸움이 나게 마련이에요.~어쩌면 이렇게 떠도는 편이 나은지도 몰라요."(135쪽)*라는 '잠보'의 말에 밑줄 치기 tip • 읽기 후 토의하기 주제로 선택하면 좋겠다. 9장 '수사자들'을 통해 암사자와 수사자가 살아가는 모습이 다름을 이해할 수 있다. – '말라이카'를 쫓아낸 '마디바 할머니'에게 '와니니'가 화를 내는 까닭은 무엇일까요? *144쪽~145쪽의 아산테와 말라이카의 대화를 읽고 밑줄 치기* tip • 마디바의 리더로서의 행동에 대해 토론하기에 알맞은 내용이다. – *"그럴 순 없어요.~사자답지 못한 일이라고요."(181쪽)*라고 잠보가 흥분하며 말한 까닭은 무엇일까요? *"글쎄, 다 안다니까. 그러니 너 혼자 보낼 수 없다는 거야. 위험한 곳이니까."(185쪽)* – 말라이카, 아산테, 잠보가 혼자 '마디바의 영토'를 다녀오려는 와니니에게 이렇게 말하는 장면에서 어떤 생각을 했나요? – *"진짜 무서운 건 뿔뿔이 흩어지는 거야."(186쪽)*라는 말은 무

단계	활동
읽기 중	슨 뜻일까요? **3) 읽어주기 2** tip • 16~17장은 작품의 절정 부분이자 마지막 부분으로 교사가 읽어 주어 작품 속에 흠뻑 빠지는 경험을 하도록 한다. – 와니니가 마디바의 제안을 거절한 까닭은 무엇일까요? – 와니니 무리가 뜻하는 것은 무엇일까요? – 아산테가 자신을 희생하면서까지 지키려고 한 것은 무엇인가요? – *아산테는 스스로의 왕이었다.(209쪽)*는 무슨 뜻일까요? tip • 마지막 문장을 읽어 주고 잠시 멈추어 작품을 다 읽고 나서의 감정을 갈무리하는 시간을 갖는다.
읽기 중	• 느낌 말하기 – 다 읽고 나니 어떤가요? 어떤 생각이 드는지 한 줄 평을 해 봅시다. • 내용 간추리기 – 주요 사건을 간추려서 말해 봅시다. • 월드카페 토의하며 인물에 대해 깊이 생각하기 – 이 작품에 등장하는 인물들에 대해 월드카페 토의를 하겠습니다. – 마디바를 비롯한 인물에 대한 내 생각 – 초원의 동물들이 살아가는 법에 대한 내 생각 • 나와 연결 짓기 – 마디바가 전체를 위해 약한 개인을 내쫓는 것을 어떻게 생각하나요? 우리가 살아가는 세상에서 이와 비슷한 일이 있을까요? – 아산테 아저씨가 죽으면서까지 명예를 지킨다는 것은 무슨 뜻일까요?

단계	활동
읽기 후	– 내가 와니니라면 어떻게 초원에서 살아남았을까요? – 와니니를 통해 얻은 점은 무엇인가요? • 이 작품이 나에게 준 영향을 쓰기 – '나답게'라는 것은 무슨 뜻일까요? – 『푸른 사자 와니니』를 읽고 내 삶에 어떤 영향을 주었는지 글로 써 봅시다.

∞ 수업 이야기

아이들이 좋아하는 동물 동화이다. 그중에서도 세계 어린이들이 좋아하는 사자 이야기. 우리 반 아이들도 3학년 때 동물에 대해 공부하여 암사자와 수사자를 구분할 수 있었고, 사자의 특성에 대해 기본적인 지식을 갖고 있었다. 그러나 이 작품을 읽고 나서야 진짜 사자의 삶을 알게 되었다고 놀라워했다. 동화를 통해 상식적으로 알고 있던 지식을 넘어서는 경험을 할 수 있었다며 신기해했다.

표지의 푸른빛을 보면서 진걸이는 '밤에 별이 빛나는 모습' 같다고 한다. '노란색 왕관'을 보고 떠오르는 것이 무엇이냐고 물어보니 현균이가 '사자는 동물 중의 왕이니까 와니니가 사자왕이 되는 것 아니냐?'며 '사자'와 '왕관'을 연결하여 말한다. '푸르다'는 색의 느낌에 대해서는 '건강하다, 희망적이다, 밝다, 젊다'는 이미지가 떠오른단다. 까닭을 물어보니 '푸르다'는 낱말에서 숲이나 나뭇잎의 초록이 생각난다고 한다. 작품의 배경이 되는 세 렝게티 국립 공원 누리집에 들어가서 여러 사진을 보여 주니 모두 감탄을 한다. 특히 사냥하는 사진에서는 흠칫 놀라기도 하면서 자연에서의 삶이 어떤 것인지 짐작했다.

　장편 동화를 처음 읽는 학생들도 있었기에 1장부터 3장까지는 교사가 읽어 주면서 작품 속으로 안내하였다. 4장부터는 모두가 한 쪽씩 번갈아 가면서 소리 내어 읽기를 하였다. 한 차시 동안 2~3장씩 읽을 수 있었는데, 읽는 도중에 교사의 질문에 답하며 생각하는 시간을 마련하였다. 솔직히 학생들은 빨리 뒷이야기를 읽고 싶어 하였다. 교사의 중간 질문이 맥을 끊는다고 생각한 모양이다. 그래서 질문은 2~3장씩 읽고 차시가 마무리되는 시점에서 하게 되었다.

　작품을 읽으면 읽을수록 아이들은 이야기 속으로 푹 빠져들었다. 와니니가 마디바 할머니에게 끝내 인정받지 못할 때, 어린 수사자들이 무리에서 쫓겨날 때, 말라이카가 다쳤을 때, 결국 와니니가 무리에서 쫓겨났을 때 와니니가 느꼈을 공포와 두려움에 대해 이야기했다. 약한 자를 무리에서 쫓아내는 마디바 할머니에게 격하게 분노하기도 했다. 무리를 이끄는 우두머리는 어떠해야 하는가? 아이들은 화를 내는 한편, 쫓아내는 것 말고는 방법이 없는지 고민하였다. 그리고 마디바, 무투, 와니니 세 우두머리 중 '나라면 어떤 우두머리가 속한 무리에 들어가겠는가?' 질문했을 때, 대부분의 아이들이 와니니를 선택하였다. 작품 속 주인공인 데다가 협동과 수평적 리더십을 발휘했기 때문일 것이다. 이 주제에 대해 조금 더 깊이 있게 토론해 본다면 더 다양한 의견이 나올 수도 있을 텐데 이번 수업에서는 그 부분까지 진행하지 못했다.

초원의 동물들이 살아가는 모습을 읽어 줄 때 아이들의 반응이 다양했다. 쇠똥구리에게까지 무시당하는 와니니를 보면서는 매우 안타까워했다. 사자는 동물의 왕이라고만 여겼는데 혼자 떨어진 사자가 이렇게까지 힘이 없다는 것에 슬퍼하기도 했다. 동족을 잡아먹는다는 하이에나에 대해 '잔인하다. 어떻게 그럴 수 있느냐?'며 다들 많이 놀라워했다. 또, 삭은 무화과를 먹은 개코원숭이가 취해서 행동하는 장면에서는 원숭이도 진짜 취하냐며 신기하다고, 꼭 술 마시는 어른들 같다며 우스워했다. 처음에는 동물의 습성이 사실이냐는 질문이 많이 나왔다. 그리고 아이들은 작고 약해서 무리에서 쫓겨난 와니니가 새로운 무리를 만들고, 그 무리와 함께 초원에서 살아남는 과정을 보면서 마치 자기 자신이 와니니가 된 것처럼 환호하였다.

16장과 17장은 이 작품의 절정이다. 이 부분은 교사가 읽어 주어 작품에 몰입할 수 있도록 하였다. 아이들은 아산테가 자신을 희생하면서까지 와니니를 돕는 장면에서 숨을 들이마시며 멈칫하였다. 아산테가 초원으로 돌아가는 장면을 떠올리며, 와니니의 새로운 출발을 상상하며 마지막 문장을 읽어 준 후 잠시 가만히 있었다. 모두 조용히 작품을 느꼈다. 이 순간은 함께 읽기 후에 오는 일체감과 같은 경험이었다.

잠시 숨을 고른 후에 자기 생각을 한 줄 평으로 나누는데 작품의 감동에서 아직 빠져나오지 못한 아이들이 몇몇 있었다. 그리고 선생님과 수업 시간에 장편 동화 한 권을 다 읽었다는 것을 매우 뿌듯해했다. 장편 동화 읽기가 처음이라는 승현이는 장편 동화 읽기에 또 도전해 봐야겠다며, 책이 이렇게 재미있는 건 줄 몰랐다고 말해 모두 같이 웃었다.

　작품을 깊이 이해하기 위해 등장인물의 성격에 대해 서로 이야기 나누는 월드카페 토의를 하였다. 와니니에 대해서는 긍정적인 평가가 많았다.

　"혼자 떨어져서도 끈질기게 살아남은 점이 대단하다."

　"와니니 무리를 만들어서 힘이 약한 다른 사자들과 함께 협동하는 점이 멋있다."

　"와니니가 서로 경쟁하던 말라이카를 같은 편으로 받아들인 점이 좋았다."

　"마디바 할머니가 다시 돌아오라고 하는데 돌아가지 않고 자신의 무리를 이끄는 모습이 근사하다."

　마디바 할머니에 대해서는 힘없고 약한 사자를 쫓아내면 죽으라는 것과 똑같은데 너무 잔인하다는 평이 대부분이었다. 전체 무리를 살리기 위해 약한 자를 내쫓는 마디바 할머니의 행동이 어쩔 수 없다고 생각하는 친구가 한 명 있었지만 대부분의 친구들은 그래도 전체를 다 같이 살리는 방법을 생각해야 하는 거 아니냐고 하였다.

▲ 월드카페 토의 내용

아이들은 끝까지 수사자의 명예를 지키며 자기 무리를 위해 무투와 싸우다 죽음을 맞이한 아산테에게 매우 감동하였다. 물론 죽으면서까지 명예를 지킨다는 것이 잘 이해되지 않는다는 아이들도 있었다. 무투와 세 아들에 대해서는 욕심부리면 안 된다, 수사자는 수사자답게 살아야 하는데 왜 남의 땅을 빼앗느냐며 부정적인 평가가 대부분이었다.

마지막 시간에는 작품과 나 연결 짓기를 하여 '작품을 읽고 가치를 내면화할' 수 있도록 전개하였다. '나라면 어떻게 했을까?', '나는 어떻게 살아야 할까?' '나답게 산다는 것은 무슨 뜻일까?' 생각하고 글쓰기로 정리하여 발표하면서 마무리하였다.

| 푸른 사자 와니니를 읽고 |

이 이야기를 읽을 때마다 감정이 계속 바뀌는 거예요. 처음 부분은 재미있기도 했고, 와니니가 불쌍하기도 했고, 중간에 와서는 마디바 할머니가 너무했다라고 생각도 하고……

마지막에 아산테가 마디바와 무투의 전쟁에서 내 이름이 들어갔다고 자기 명예는 지켰다고 죽어도 서럽지 않다고 할 때 정말 감동적이었습니다. 그래서 이 작품을 좋아합니다.

와니니처럼 무서운 일 어려운 일들을 겪었을 때에 당황하지 말고 침착하게 행동하여 이겨 나가고 자기 혼자가 아니라 친구를 버리지 않는 그런 용감하고 용맹한 모습을 나도 닮아야겠다고 생각을 합니다. 그리고 마디바 할머니처럼 약한 자를 버리기보다는 더 감싸 주고 지키기로 하자고 생각을 합니다. (박지민, 5학년)

이 와니니 책은 슬프기도 하고 재미있기도 하고 내가 읽은 책 중에서 제일 재미있다. 때로는 너무하다는 느낌과 때로는 잘했다는 생각. 이 책은 내게 약해지지 말고 당당하라고 말하는 거 같아서 이 작품을 좋아하게 되었다. 항상 당당하라고 약해져도 다시 와니니처럼 일어나서 맞설 수 있도록 이 책이 말하는 것 같다. 약해도 다시 와니니처럼 강해질 수 있고 내가 일어나서 당당하고 다시 와니니처럼 강해질 수 있는 이유는 바로 그 옆에서 응원해 주고 용기를 준 친구들이 있기에 와니니가 왕이 될 수 있던 이유다. 나도 힘들 때 내가 일어날 수 있는 이유도 바로 옆에서 응원해 준 친구 덕분이다.

(이승현, 5학년)

와니니가 혼자 살아가면서 사는 법을 배우고, 친구도 생기고, 많이 다투던 말라이카와 친해진 걸 보니 내 경험이 떠올랐다. 나도 친구와 다투었다. 그때 2명의 친구가 다가와 주어서 우리 3명은 매우 친해졌다. 그러다가 그 한 명의 친구와 큰 싸움이 있은 후 우리 3명과 그 친구는 다시 친해졌다. 지금까지도 친하다. 그래서 왠지 이 작품이 내 마음에 가까이 들어왔다. 와니니처럼 많은 슬픔, 아픔을 경험한 건 아니지만 와니니의 기분을 알 것 같다.

이 책을 읽다 이런 생각이 들었다. '과연 와니니가 무리에서 쫓겨나지 않았다면 이렇게 훌륭한 암사자로 클 수 있었을까?' 생각해 보니 아닌 것 같다. 그래서 느꼈다. 삶을 살아갈 땐 힘든 일이 있어야지 훌륭하게 클 수 있다고. 대통령이 죽을 때 아무 고생 안 하고 귀하게 키운 자식을 대통령으로 세우고 죽으면 어떻게 될까? 정치를 이끌어 갈 순 있지만 힘들게 살아가는 사람들의 마음은 모를 것이다. 그래서 많이 겪어 보아야지 더 훌륭한 사람이 될 수 있다는 걸 느꼈다. (장예원, 5학년)

별 볼 일 없는 암사자 와니니가 무리에서 독립하여 새로운 무리를 만들어 가는 과정은 우리 아이들이 스스로 독립적인 인물로 성장해 나가야 하는 모습을 보여 준다. 특히 와니니 무리로 표현되는, 서로 돕는 수평적인 관계는 앞으로 우리 세대가 만들어 나가야 할 모습이라고 여겨진다. 문학 작품을 아이들과 함께 읽는 것은 첫째 재미가 있기 때문이고, 둘째 우리 아이들에게 용기를 심어 주기를 바라는 마음에서이다.

우리 반은 이 작품을 함께 읽으면서 와니니의 독립 과정을 응원하고, 초원에서의 삶에 대해 상상하고, 같이 살아간다는 것이 무엇인지 느껴 보았다. 이 작품을 읽고 민주 시민 사회에서 우리가 어떤 자세로 살아가야 할 것인지를 함께 이야기 나누어도 좋을 것이다. 또, 세 명의 우두머리를 대표로 해서 각 무리를 소개하고 홍보하는 활동을 통해 선거와 연계하여 수업을 해 봐도 좋을 것 같다.(진현)

3장

온작품읽기를 위한
책과 노니는 교실

학년 교육 과정에 온작품읽기를 넣는다면 맨 먼저 교사들이
책을 읽고 토론을 해 보자. 교사들이 먼저 함께 읽기의 힘을 느껴야
아이들에게도 그 중요성을 제대로 알려 줄 수 있다.(중략)
교사들은 아이들이 작품을 읽고 감상하는 데 그치지 않고,
그 작품에서 얻은 의미를 실제 생활 속에서
구현할 수 있도록 지원해 주는 역할을 해야 한다.

1

책과 노니는 교실 만들기

초등 교사들이 교과 지도만큼 중요하게 생각하는 것이 바로 학급 운영이다. 학기 초마다 학급 교육 과정을 만들면서 여러 가지 학급 행사, 인성 교육, 학급 특색 활동, 독서 지도 계획 등을 함께 작성한다. 초임 교사 시절에는 이런 것을 왜 해야 하는지에 대한 고민 없이 남들을 따라 했던 것 같다. 이것저것 좋다는 것을 다 넣다 보니 때로는 수업보다 학급 행사가 더 중요했고, 그러느라 무척 바빴던 부끄러운 기억이 있다. 그중 가장 고민 없이 무작정 시작했던 것이 바로 '독서 지도'다.

'하루라도 책을 읽지 않으면 입안에 가시가 돋는다.'는 유명한 말을 귀에 닳도록 듣고 자라서 그런지 초임 시절부터 응당 '독서는 중요하고, 아이들은 책을 읽어야 한다.'라는 생각이 자리 잡혀 있었다. 책을 잘 읽게 하기 위해 독서장제를 운영하는 학교가 일반적이었고, 교실 책꽂이에는 학급 문고가 이미 채워져 있어서 별다른 고민 없이 학교 방침에 따라 독서록을 검사하는 것이 독서 지도라고 생각했다.

책을 무조건 많이 읽는 아이들이 금장이 되면 열심히 칭찬하였고, 책을 읽지 않는 아이들에게는 더욱 성실해질 것을 요구하였다. 책을 많이 읽는 사람이 성공한다더라, 누구는 독서를 통해 인생이 바뀌었다더라 등의 독서 명언이나 일화를 구구절절 이야기하면서 몇몇의 마음을 돌리려고 애썼고, 적절한 보상 등을 궁리하기도 하였다. 경쟁을 좋아하는 저학년 아이들은 그런대로 잘 따라와 주었고, 고학년 아이들 몇몇은 열심히 책을 읽었지만 대부분은 그렇게 하는 것을 버거워하였다. 아이들은 공부도 해야 하는데 날마다 일기도 써야 했고, 독서록도 써야 했다. 그래서 독서록은 검사를 위한 독서록이 되어 버린 지 오래고, 아이들은 언제 읽었는지 모르는 「흥부 놀부」를 가지고 독서록 한 편쯤은 거뜬히 써 낼 수 있는 능력자들이 되었다.

돌아보건대 독서록을 많이 써야 한다고 강조는 했지만, 독서록을 어떻게 써야 하는지 수업 시간에 제대로 가르쳐 주지 못했다. 교사인 내가 그것을 가르칠 필요를 느끼지 못하고, 아이들이 왜 독서록을 써야 하는지 근본적인 고민을 하지 않은 채, 활동을 시킨 것이다. 이렇게 해 온 독서 지도로 아이들은 책을 좋아하고, 책을 열심히 읽게 되었을까? 혹여 그렇게 된 아이들이 있을지 모르지만, 오히려 책을 더 싫어하게 된 아이들도 있을 것이다.

교실 대대로 내려오는 학급 문고 이야기도 빠트릴 수 없다. 새로 옮긴 교실 책꽂이에 어떤 책이 꽂혀 있는지 교사도 읽어 보지 않고, 아이들에게 읽으라고 하였다. 책꽂이가 비어 있으면 집에서 책을 몇 권씩 가져오라고 하여 채워 놨다. 그렇게 채워진 '우리 반의 작은 도서관'은 겉보기에는 그럴싸했지만, 아이들은 잘 찾지 않았다. 집에서 가져온 책들은 '우리 반 친구들이 꼭 읽었으면 하는 책'이 아니라, '내가 집에서 읽지 않는 책'이 대부분이었다. 점점 손길이 닿지 않은 채 먼지만 쌓여 가는 학급문고가 되어 버렸다. 독서의 즐거움을 알아 가도록 도와주는 것이 아니라 점점 독서와 멀어지게 한 셈이었다.

온작품읽기 실천은 이렇게 문제 많았던 독서 지도에 대한 반성에서부터 시작되었다. 아이들과 함께 온작품을 읽고 함께 성장하는 수업을 꿈꾸기 위해서는 우선 좋은 책을 아이들에게 권하고, 함께 읽는 분위기를 만드는 게 기본 전제였다. 무조건 '많이' 읽는 것만 강요하고, 공부를 잘하기 위한 수단으로만 생각했던 독서 지도의 방향도 바뀌었다. 좋은 작품으로 온작품읽기 수업을 하게 되면서 독서 지도의 방향이 함께 바뀐것인지, 좋은 책을 건네주다가 온작품읽기 수업을 하게 된 건지 구분이 모호할 정도로 온작품읽기 수업과 독서 지도는 함께 움직였다. 온작품읽기와 독서 지도 모두 책을 통해 세상을 좀 더 깊고 넓게 바라보며, 평생 독자를 키워 내려는 데 목적이 있기 때문이다. 온작품읽기와 마찬가지로 독서 지도 역시 과감하게 버려야 할 것들이 생겨났고, 적극적으로 해야 할 일이 생겨났다.

앞으로 살펴볼 것은 독서 지도가 어떤 방향으로 함께 발을 맞춰야 할지에 대한 내용이다. 아이들과 교사 모두 즐겁고 행복한 책 읽기를 위해 어떤 환경을 만들어야 하는지, 국어 수업 이외의 시간에 책으로 할 수 있는 다양한 수업의 모습은 어떠한지를 성글게나마 엮어 보았다.

1) 물리적 환경

버릴 것 하나. 독서 오름판

교사들 특히 초등 교사들에게는 교과 지도, 생활 지도, 학교 업무 외에 또 하나의 업무가 있다. 바로 교실 환경 꾸미기. 교실 앞과 뒷면에 있는 게시판을 채우는 일이 고역이 될 때가 많다. 그래서 손쉽게 꾸미는 방법으로 교사들이 온라인 게시판에 올려 둔 교실 환경 자료를 많이 활용한다. 큰 고민 없이 다운받아 활용하는 것 중 하나가 바로 독서 오름판 같은 게시물이다.

종이컵이나 계단, 때로는 스티커 판으로 한 아이가 얼마나 책을 읽고 있는지 표시하는 게시물은 교사가 독서 교육을 하고 있음을 보여 주는 실천적 결과물이며, 아이들에게 경쟁을 유발시키는 독서 활동 촉진제이다. 책을 몇십 권씩 읽어서 스티커 판을 채우고도 남는(또는 가장 높은 위치에 이름표가 붙은) 아이가 있는 반면 어떤 아이는 한 권도 못 읽어 맨 아래 칸에서 좀처럼 올라갈 기미가 보이지 않기도 한다. 책을 좋아하는 아이들은 상관없지만, 책 읽기가 힘든 아이들은 그 게시판을 볼 때마다 한숨이 나올 것이다. 때로는 거짓말을 하여 아래 칸을 탈출하기도 할 테고, 때로는 글자를 읽되 감동을 느끼지 못하는 기계적인 독서를 할 수도 있을 것이다. 또 읽기 쉬운 책만 골라 읽거나 자기가 좋아하는 분야의 책만 계속 읽을 수 있다. 책을 통해 정보만을 얻는다면 모를까, 그렇게 많은 양의 책을 빨리 읽는 것이 과연 어떤 울림을 줄 수 있을까?

더욱더 근본적인 질문을 던진다면 과연 책을 몇 권이나 읽었는지가 정말 그렇게 중요한가? 책을 많이 읽으면 독서를 잘하고 있다고 안심해도 되는 것일까? 학교에서 실시하는 독서장제는 차라리 폭력에 가깝다. 10권은 동장, 30권은 은장, 50권은 금장이라 칭하며 올림픽에서 금, 은, 동 메달에 따라 시상대의 높이를 달리하는 것처럼 아이들을 책 읽은 권수에 따라 단계를 나누는 제도다. 그래서 독서장제 시상이 있기 며칠 전이면 아이들은 쉴 새 없이 아주 옛날에 읽은 책부터 누구나 읽지 않아도 줄거리쯤은 알고 있는 이야기를 끌어 모아 독서록을 써 대기 시작한다. 목표는 금장을 받기 위해서이다.

아이들은 자신이 좋아하는 책을 한 번 읽고 마는 것이 아니라 여러 번 반복해서 읽기도 한다. 한 권을 열 번 읽어도 그 아이는 책 한 권을 읽은 것에 지나지 않는다. 단순히 읽은 책의 권수로 아이들을 비교하고 평가한다면 책 한 권을 깊게 읽는 것은 매우 어리석은 일이 되고 만다.

하지만 책은 경쟁적으로 읽어야 하는 것이 아니다. 독서는 빨리, 많이 읽어야 최선의 활동이 아니다. 교실에서 상벌점 제도가 없어지는 이유처럼, 독서 또한 올라가야 하는 정복 대상이 아니다. 한 권을 읽더라도 마음에 깊은 울림이 있다면 얼마나 멋진 독서를 한 것인가?

버릴 것 둘. 유산처럼 내려오는 학급 문고

새 학년을 배정받고 교실을 옮기면 맨 먼저 교실 책꽂이를 살펴보고,

별로다 싶은 책은 모두 버린다. 앞서 이야기했듯이 집에서 잘 읽지 않는 책들로 채워진 경우가 대부분이다. 이런 경우 교사들은 학년 말이 되면 아이들에게 가져온 책을 다시 가져가라고 하는데, 대부분 버리고 갈 만큼 애정이 없다.

전집류의 일부, 동화라는 이름을 달고 있지만 학습이 목적인 책, 학년 수준에 맞지 않는 책, 너무 낡아서 손이 갈 것 같지 않은 책은 자리만 차지할 뿐이다. 고전이라는 이름으로 포장되어 있지만, 옮긴이조차 제대로 밝히지 않으며 내용도 개작하거나 적당히 축약하여 놓은 책들도 부지기수다. 어린이들이 보는 책이니 삽화 몇 장 들어가 있으면 된다는 식으로 출판된 책도 아직 많다. 그거라도 읽으면 좋지 않으냐는 생각에 쉽게 버리지 못하는데, 뭐라도 먹으면 좋지 않으냐는 질문으로 바꿔서 생각해 보자. 아무리 잘 안 먹는 아이에게도 먹일 게 있고 먹이지 말아야 할 게 있듯이 읽히지 말아야 할 책들이 분명히 있다. 그것도 많이. 그러니 굳이 책꽂이에 좋지 않은 책을 꽂아 둘 이유가 없다.

버릴 것 셋. 독서록!

독서장제에서 아이들이 읽은 책의 권수를 증명하는 방법은 독서록(독서 학습지)의 개수이다. 또 책을 읽었으면 자동으로 독서록을 써야 한다는 인식이 많다. 그것도 바른 글씨로 길게 쓰면 쓸수록 좋다. 그렇게 쓰는 것이 다소 구태의연하게 느껴져 다양한 방식을 시도하기도 한다. 그것이 바로 독서 학습지이다. 책을 읽고 모두 다 '주인공 인터뷰하기', '네 칸 만화로 표현해 보기' 등을 한다. 독서 상상화 그리기 대회 등을 통해 아이들에게 상을 주기도 했다.(많은 아이가 독서 상상화를 그리라고 하면 표지나 책에 있는 삽화 등을 베껴 그리는데 결국은 그림 잘 그린 아이가 상을 받는다.)

여기서 잠깐. 교사인 나는 책을 읽고 나서 매번 독서 감상문을 쓰는가? 공책 한 바닥을 꽉꽉 채울 만큼의 독서 감상문을 매번 꼭 써야만 한다면 책 읽기가 과연 즐거운 일일까? 게다가 모든 책이 공책 한 바닥을 채울 수 있을 정도의 감동을 주지도 않을 것이다. 한 장을 채워야 한다면 지루하게 책의 줄거리를 주저리주저리 늘어놓을 수밖에 없을 것이다.

똑같은 책을 읽어도 감상을 표현하는 방법은 다양하다. 어떤 친구는 그림을 그리고 싶을 수도 있고, 또 다른 친구는 주인공에게 편지를 쓰고 싶을 수도 있을 것이다. 그럼에도 불구하고 독서 학습지라는 형태로 똑같은 표현 방식을 강요하는 것은 일종의 폭력이라고 할 수 있다.

책을 읽은 후에 그 책에 대한 느낌이나 인상 정도만 간단히 남겨도 좋다. 읽은 날짜와 책 제목, 지은이, 출판사 정도를 기록한 후 가장 인상적인 장면이나 그 장면에 대한 생각과 느낌을 적는 것이다. 또는 마음에 드는 구절을 베껴 써 놓아도 무방할 것 같다. 혹시라도 아이들이 시간이 지나 자신이 쓴 독서록을 다시 읽어 보더라도 그 정도의 기록이면 책에 대한 기억을 떠올리기에 충분하다고 생각한다. 장문의 독서록, 천편일률적인 독서 학습지가 아이들의 독서를 방해하는 걸림돌이 되어서는 안 된다고 생각한다.

채울 것 하나. 양질의 학급 문고

어떤 소설가는 자신은 동시에 여러 권의 책을 읽는다고 한다. 그러기 위해 침실에도, 욕실에도, 거실에도, 식탁 위에도 항상 책을 둔다고. 늘 손이 닿는 곳에 책이 있어 어느 곳에 있든 습관적으로 책을 집어 들게 된다고 말이다. 과정이 힘들거나 귀찮으면 차라리 하지 않는 쪽을 선택할 가능성이 높다. 집에서 먼 곳에 도서관이 있다면, 교실에서 먼 곳에 도서관이 있다면, 도서관에 가서 오랫동안 기다려야 대출을 할 수 있다면, 어떤 책을 읽어야 할지 고르는 과정이 힘들다면 아마도 아이들은 책을 읽지 않고 차라리 그림을 그리거나 밖에 나가서 노는 쪽을 선택할 가능성이 높다.

아이들이 손만 뻗으면 닿을 수 있는 곳에 책이 있어야 한다. 멀리 가지 않아도, 오래 기다리지 않아도 언제든지 읽을 수 있는, 재미있기까지 한 책이 가까이에 있다면 아이들이 책을 읽을 가능성은 높아진다. 선생님과 함께 읽은 책을 칠판에 표지가 보이게 올려놓으면 쉬는 시간에 칠판 앞을 지나가면서 쓱 훑어보다 급기야는 들고 자리에 가서 읽는 모습을 종종 본다.

꼭 책꽂이에 보기 좋게 책을 꽂아 놓을 필요는 없다. 책꽂이에도, 사물함 위에도, 창문 앞에도, 칠판 위에도, 교실 곳곳 아이들 가까이에 책을 놓아둔다면 놀다가 심심할 때 그냥 쓱 꺼내서 뒤적여 볼 수도 있는 일이니까.

또한 학급 도서는 반드시 그 학년 발달 단계에 맞는 책들로만 구성되어 있을 필요는 없다고 생각한다. 아이들이 책을 읽어 내는 수준은 매우 다양하기 때문이다. 글이 많지 않은 그림책만 골라 읽는 친구가 있는가 하면 매우 두꺼운 동화책을 읽어 내는 친구도 있다. 다양한 종류의 책이

▲ 아이들의 손이 닿는 곳 어디든 책을 놓아두자.

있으면 아이들은 그중에서 자신이 읽어 낼 수 있는 책을 골라 읽게 마련이다. 쏠림 현상이 있을 수 있는 흥미위주의 만화(그런 것은 집에서도, 도서관에서 읽지 말라고 해도 매우 열심히 읽는 책들이다.)를 제외한 다양한 종류, 다양한 주제의 책들로 학급 문고를 구성하는 것이 좋다고 생각한다.

학급 문고를 꾸미는 가장 좋은 방법은 교사가 구입하는 것이다. 교사가 구입하면 해가 바뀌어도 책을 돌려주지 않아서 좋다. 매달 일정액을 어린이 책 구입비로 정하여 꾸준히 모아 두면, 해가 갈수록 책이 점점 늘어나고 풍성해진다. 교육 과정과 발달 단계를 고려하여 저학년 담임을 할 때는 그림책이나 유년 동화를 많이 사고, 고학년 담임을 할 때는 장편 동화나 인문 교양 도서를 구입한다. 그러다 보면 몇 년이 지나 다양한 수준의 책들을 모을 수 있다. 그렇게 되면 책을 잘 읽지 않는 아이들도 자기 수준에 맞는 책을 골라 읽을 수 있다. 6학년 아이들은 도서관이나 집에서 그림책을 잘 보지 않는데, 교실 책꽂이에 있는 것은 가끔씩 뽑아 읽으며 재미있어한다.

학급 운영비로 구입하여 일 년 내내 교실에서 잘 돌려 보고, 학기 말에 아이들에게 책을 선물하는 것도 좋은 방법이다. 어떤 학교는 학급에 도서 구입비를 제공하기도 한다. 1년에 30권을 구입할 수 있는 비용을 제공해 주는데 해마다 학교에서 구입해 주는 도서가 교실에 쌓이면 교사의 의도가 담긴 책을 교실에 두기에 좋다.

요즘은 독후 활동을 보내면 학급 문고를 기증해 주는 출판사 이벤트가 많은데, 반 아이들과 참여하여 학급 문고를 늘려 가는 것도 좋은 방법이다. 학급 단위로 신청하는 단체 공모의 경우에는 학급용 도서를 적게는 10권에서 많게는 100권까지 기증해 준다. 이런 공모전에 참여하면 학생들의 성취 욕구도 불러일으킬 수 있고 책을 선물로 받았을 때 자랑스러워한다는 장점이 있다. 물론 이런 행사를 참여하는 것에는 교사의 관심과 노력이 필요한데, 책의 질이나 내용을 담보하기가 어렵다는 문제가 있으니 신중히 검토한 후 참여하면 좋다.

이 모든 것이 힘들다면 학부모의 도움을 받아도 좋다. 교사가 책 목록을 정하여 구입을 부탁하는 방법이 좋고, 여러 가지 문제를 줄이기 위해 학년 말에 책을 돌려주기로 약속하면 된다. 학부모 총회(교육 과정 설명회) 때 학급의 독서 교육 계획을 차근차근 설명하고, 함께해 주시기를 부탁하는 것이 좋다.

채울 것 둘. 함께 읽은 책 시각화하기!

독서 오름판 같은 게시물을 대신하여 책을 가까이하게 도와주는 물리적인 환경 조성도 필요하다. 아이들이 가져온 책으로 학급 문고를 만들 때는 자기가 가져온 책을 소개하는 글을 써서 전시해 두는 것도 좋은 방법이다. 책등을 접어서 꾸민 작은 책에 표지와 책 소개를 써 놓으면 책만큼 인기 있는 작은 책이 된다.

또 학급 전체가 책을 돌려 읽는 활동을 하거나, 책 목록을 정해서 책을 읽는다면 누가 어떤 책을 읽는지를 표시해 둘 수도 있다. 그렇게 하면 누가 어떤 책을 읽는지 알게 되니 친구와 나눌 수 있는 이야깃거리가 생긴다.

교실 앞뒤 게시판을 이용하여 책 소개 마당 만들기도 좋다. 달마다 읽은 책 표지를 붙여 두고, 함께 읽은 책의 한 줄 느낌을 적어 매달아 놓는 방법이다. 함께 읽은 책의 표지를 교실 한편에 게시해 두면 아이들은 자신이 읽은 책이 무엇인지 알 수 있고, 읽은 권수가 늘어날수록 모두 함께 마음이 뿌듯해질 수 있다. 그중에 정말 재미있었던 책은 스스로 다시 읽기를 시도하기도 하고 두고두고 이야기를 꺼내기도 한다.

만약 보상을 해 준다면 교사가 읽어 준 책을 선물하는 방법을 택하곤 한다. 선생님이 읽어 준 책이라고 시시해하기보다는 선생님과 함께 읽은 책을 소장할 수 있다는 것에 굉장히 크게 기뻐하고 만족해한다.

▲ 아이들이 직접 소개글을 쓰고 꾸민 책

▲ 선생님이 읽어 준 책(왼쪽)과 함께 읽은 책(오른쪽)

2) 정서적 환경

책 읽어 주는 선생님, 책 수다가 퍼지는 교실

▲ 수업 시간에 책을 읽어 주는 선생님

온작품읽기의 방법에서도 중요함을 언급했지만, '읽어 주기'는 책과 아이들을 만나게 하는 가장 쉬우면서도 좋은 방법이다. 온작품읽기로 수업하는 것도 필요하지만, 어떤 학습 목표나 활동을 염두에 두지 않고 그냥 읽어주기만 해도 좋다.

책 읽기를 싫어하는 아이들도 '이야기'는 좋아한다. 저학년 아이들뿐만 아니라 고학년 아이들도 그랬다. 새 교과서를 나눠 주면 맨 먼저 국어 교과서의 읽을거리를 찾아 읽기 시작하고, 그 교과서를 다 읽은 후에는 도덕 교과서의 이야기들도 읽는다. 책을 잘 읽지 않는 아이들이 재미없는 교과서를 받자마자 '이야기'를 읽는다니!

어쩌면 아이들은 태생적으로 이야기를 좋아하는 존재들일지도 모른다. 그래서 아동문학가 이재복은 '아이들에게 이야기는 밥이다.'[1]라고 했다. '독서는 마음의 양식'이라는 상투적인 격언과 맥락이 같은 말이다.

---

1) 이재복 『아이들은 이야기밥을 먹는다』(문학동네)

아이들은 정신과 마음의 밥을 먹어야 하는데, 차려 놓은 음식이 아이들에게 맞지 않거나 지나치게 맛이 없었던 셈이다. 아니, 제대로 차려 주지도 않은 채 '알아서 많이 먹으라'고 강요만 한 셈이다. 알아서 잘 챙겨 먹은 아이들도 있지만, 고학년으로 올라갈수록 알아서 챙겨 먹지 못하는 아이들이 점점 늘어 간다. 그런 아이들은 이야기에 굶주렸으나, 차려 먹을 줄 모르니 차라리 굶기를 선택한다.

> ……그 같은 장족의 발전을 이루기까지 교사가 한 일이라곤 거의 없다. 책읽기의 즐거움이란 결코 멀리 있지 않았다. 다만 읽어도 모를까 봐 지레 겁을 먹었던(그야말로 오랜 고질병과도 같은) 그 말 못 할 두려움으로 인해 줄곧 사춘기 아이들의 기억 저편에 묻혀 있었을 뿐이다.
>
> 단지 아이들은 책이 무엇이며, 무엇을 줄 수 있는지 잊고 있었을 뿐이다. 아이들은 이를테면 소설이란 무엇보다 하나의 이야기란 사실을 까맣게 잊고 있었다. 소설은 '소설처럼' 읽혀야 한다는 사실을, 다시 말해 소설 읽기란 무엇보다 이야기를 원하는 우리의 갈구를 채우는 일이라는 것을 몰랐던 것이다.
>
> – 다니엘 페나크 『소설처럼』(문학과지성사) 151쪽

페나크의 말처럼 책 읽기란 이야기를 원하는 아이들의 갈구를 채워 줘야 한다. 읽기를 힘들어한다면 읽어 주어서라도 이야기밥을 먹게 해야 한다는 사실을 까맣게 잊은 채, '읽어라'만 강요해서는 안 된다. 그러니 "얘들아, 책 읽어 줄게."로 시작하자. 우선은 읽어주기 쉬운 그림책부

터 시작하여, 긴 호흡으로 오랜 시간 읽어 주어야 하는 장편 동화까지.

책을 읽어 준 경험이 있는 사람들은 모두 알게 된다. 아이들의 눈과 귀가 오롯이 교사에게 향한다는 것을, 교사의 마음과 아이들의 마음이 만나고 있다는 것을. 읽어 주는 시간을 기다리는 아이들, 다 읽어 준 책을 빌려 읽는 아이들이 늘어난다. 읽어 주는 과정에 뒷이야기가 너무 궁금하여 그 궁금증을 못 참고 책을 사 달라고 조르는 아이들도 생겨난다.

"우리 아이가 (만화책이 아닌) 책을 사 달라고 한 것은 고학년이 되어 처음이에요."

라는 학부모님들의 감격 어린 소감도 들을 수 있다.

몇 해 전 졸업을 앞둔 아이들에게 "선생님이 책을 읽어 주니 어떤 점이 좋았나?"를 물었더니, "평소 책을 잘 읽지 않는데 다양한 책, 새로운 책을 접할 수 있어서 좋았다, 내가 눈으로 읽을 때는 감정이 없는데 선생님이 읽어 주시면 '이건 왜 이럴까?', '주인공은 왜 그랬을까?'라는 생각을 갖게 된다, 감정이 풍부해진다, 듣기만 해도 막 상상이 되니까 상상력이 풍부해진다, 직접 읽는 것보다 머리에 잘 들어온다, 지루하지 않다, 빠르고 쉽게 이해가 잘된다, 마음이 편안해진다, 집중력이 커졌다, 공부 시간이 따분할 때 책 읽는 소리를 들으며 쉬는 것이 좋다, 학교생활에 흥미를 느끼게 된다, 다음 이야기가 궁금해지는 게 재미있어 그 시간이 기다려진다"라고 답했다.

책 읽어 주는 선생님이라니! 아이들은 선생님을 통해 책과 이야기를 만나는 그 시간을 너무도 좋아한다. 아침 시간이나 5교시 시작 후 10분 정도 책 읽어 주는 시간을 정례화해서 꾸준하게 책을 읽어주기 시작한다. 이때는 그림책이나 장편 동화의 일부분을 읽어 주는 것이 좋다. 그림 책은 생각할 게 많은 주제를 담았거나, 자세히 들여다볼 그림이 아닌 경우라면 짧은 시간에도 읽어주기에 적당하다. 장편 동화의 경우 매일 조금씩 읽어 주는 시간을 가지면 마치 일일 드라마를 기다리는 애청자처럼 이야기에 흠뻑 빠지는 아이들을 보게 된다.

선생님이 책에 관심을 갖고 책을 읽어 주며, 때로는 읽은 책에 대해 이야기를 나누면 아이들도 자연스레 책에 관심을 갖는다. 그럴 때 아이들에게도 책 이야기를 할 판을 열어 주면 좋다. 가장 재미있게 읽은 책 소개하기, 가장 슬픈 이야기가 담긴 책 소개하기 등 책에 관하여 주제를 정한 후 이야기판을 벌이거나, 매일 1분 말하기 같은 활동에서 책 소개하기로 돌아가며 말할 수도 있다.

책 읽을 시간 만들기

가장 좋은 시간은 아침 시간이다. 예전에는 아침 자습 시간이 있었는데, 9시 등교를 시행하면서 아침 시간이 없어진 학교들이 많다. 그래도 9시 이전에 오는 아이들이 여전히 많다. 아침에 교실에 오면 선생님과 인사를 나누고 수업 시작 전까지 책을 읽는 시간을 갖도록 한다. 이때 교사도 같이 책을 읽는 모습을 보여 주면 책 읽기가 더욱 빨리 정착된다. 아이들은 교사가 읽는 책에 관심이 높아서 흥미를 불러일으키기도 한다. 또 수업 시간에 학습할 과제를 다 하고 난 후에는 자기가 좋아하는 책을 읽는 시간을 갖도록 하는 것도 좋다. 개별 학습의 경우, 학습 속도가 학생들마다 다르기 때문에 학습을 일찍 마친 학생에게 학급 문고에서 골라 읽게 하는 것도 방법이다.

함께 읽는 시간을 만들어 주는 것도 좋다. 교사뿐만 아니라 아이들도 읽어 주는 경험을 쌓게 해 줄 수 있다. 저학년 학급에서는 같은 학급 친구들에게 책을 읽어 주는 시간을 가질 수 있다. 아이들은 친구들이 읽어 주는 것도 기다려 주며 잘 들을 수 있고, 또 읽어 주는 아이들은 읽어 주며 자신감을 갖게 된다. 교실 구석에 매트를 깔아 놓으면 자투리 시간에 자발적으로 읽어주기 모둠이 만들어진다. 장소는 꼭 교실이 아니어도 좋다. 사실 좁은 교실에서 여러 모둠이 한 번에 읽어주기 시간을 갖기란 쉽지 않다. 그럴 때는 학교 숲이나 야외로 나가서 삼삼오오 모여 읽어 주거나 들도록 한다. 읽어 주는 아이들에게도, 듣는 걸 좋아하는 아이들에게도 특별한 시간이 될 수 있다.

후배 학급의 동생들에게 그림책을 읽어 주는 시간을 갖도록 한 적도 있는데, 한두 번의 이벤트 형식이더라도 자신이 후배에게 책을 읽어 준 경험을 하고 나면 책에 더욱 큰 관심이 생기고 책 읽어 주는 기쁨을 맛볼 수 있다. 책 읽는 동아리를 운영하는 것도 좋다. 이렇게 하면 책을 좋아하고 즐겨 읽는 아이들이 모이기 때문에 교실에서보다 다양하고 폭넓은 활동이 가능하다는 장점이 있다.

▲ 후배 학급에서 책을 읽어 주는 아이들

② 책과 놀고 책으로 공부하기

1) 책과 놀기

여러 가지 방법으로 책과 친해지는 환경을 만들었다면 아이들이 책과 친해지는 여러 가지 활동도 함께할 수 있다. 준비 과정이 어렵거나 복잡한 활동, 시간이 오래 걸리는 활동을 피하고, 준비하기 쉬우면서 본래 책놀이의 의미를 살린 것인지에 대한 고민과 함께 활동이 이루어지면 좋을 것이다.

책갈피와 도서관 지도 만들기

학기 초에 맨 먼저 책갈피를 만든다. 교사가 예쁜 그림을 넣어 만들어 선물하는 것도 좋은 방법이지만, 아이들이 직접 독서에 대한 다짐이나

▲ 아이들이 만든 책갈피

책 읽기 계획 등을 쓰도록 한 후 그것을 코팅해서 책갈피로 만들어 주는 것도 좋다. 책갈피의 용도는 당연히 읽던 곳을 표시하기 위함이다. 그러니 책갈피를 만들고 나면 책을 소중하게 보는 방법에 대해서도 함께 이야기 나눌 수 있다. 이렇게 하지 않으면 읽다 만 곳을 표시하기 위해 책의 한쪽을 접거나, 펼친 채로 덮어 두거나, 책날개를 펼쳐서 책장 사이에 끼워 넣는다. 그렇게 하다 보면 책이 망가지게 된다. 책을 소중히 여기는 사람이 책을 사랑한다.

우리 조상들은 한지 책을 오래 보관하기 위해 가끔씩 책을 햇빛과 바람에 말렸다고 한다. '포쇄'라는 풍습이다. 이런 이야기를 알려 주면 책을 소중히 대하는 마음가짐을 갖는 데 도움이 된다. 또 교실이나 도서관에서 여럿이 함께 보는 책에는 밑줄을 긋거나 메모를 하면 안 된다는 잔소리도 필요하다. 이런저런 이야기와 함께 자기가 만든 책갈피를 나누어 주면 아이들은 예절을 잘 지켜서 책을 읽으려 하고, 자신의 책갈피도 소중히 여긴다.

교실 안에 학급 문고가 잘 마련되어 있다면 교실 속 작은 도서관을 소개하는 활동도 좋다. 학교 도서관에 관심을 갖게 하려면 학기 초에 '도서관 지도 만들기'를 하면 좋다. 많은 아이들이 학교 도서관을 이용하지만 관심 있는 책꽂이만 왔다 갔다 하는 경우가 많다. 도서관 지도는 도서관 입구에서부터 출발하여 책꽂이마다 어떤 책들이 꽂혀 있는지 도서관의 구석구석을 살펴보고 그림지도로 나타내는 것이다. 십진 분류에 대해서도 어렴풋이 알게 되고, 자기가 좋아하는 책들이 어디에 있는지 관심을 갖게 된다.

책 나들이

책과 놀이하고 책을 읽는 장소는 굳이 교실에만 한정될 필요는 없다. 야외에서 책 읽기도 좋은 방법이다. 돗자리 등을 가져와서 학교 숲이나 등나무 아래 벤치, 또는 원하는 장소에 펼쳐 놓고 자유롭게 책 읽는 시간을 갖는다면 즐거운 느낌과 함께 잊지 못할 추억도 만들 수

▲ 운동장 책 나들이

있다. 더운 여름날 매미 소리를 들으며 책을 읽거나, 선선한 바람이 불어오는 가을날 하늘을 보며 책을 읽는 경험을 만들어 보면 어떨까?

책의 느낌은 한 줄 쓰기로!

'책과 노니는 교실 만들기'에서 독서록이나 독서 학습지의 폐해를 언급했는데, 간단하게 써 보는 한 줄 서평이나 한 줄 느낌은 서로 생각을 공유하는 즐거움을 선사한다. 포스트잇에 간단하게 써서 교실 벽에 게시해 두는 방법은 교사의 품도 덜 들이며 아이들의 관심도 높일 수 있는 방법이다. 또 학급 누리집이나 밴드 같은 인터넷 게시판을 이용하여 한 줄 느낌을 댓글로 써 보게 했는데, 댓글이다 보니 글쓰기에 대한 부담이 없고, 친구들끼리 손쉽게 책에 대한 느낌을 나눌 수 있어 고학년 아이들이 무척 좋아했다.

세상에 하나뿐인 우리 반 책 만들기

우리 반은 가끔씩 책을 읽고 쓴 글을 모아 '세상에 하나뿐인 우리 반 책'으로 만들기도 한다. 아이들은 간단하게 글을 써서 내고 교사는 표지를 만들어 아이들 글과 함께 묶으면 된다. 『친구를 모두 잃어버리는 방법』이라는 그림책을 읽고, 아이들과 '친구를 얻는 방법'에 대해 이야기 나눈 후 색종이에 한 가지씩만 써 보자고 했다. 색종이 서른 장을 묶어서 '친구를 얻는 여러 가지 방법'이라는 제목을 붙여 우리 반 책을 만들었다. 그랬더니 아이들은 쉬는 시간마다 그 책을 닳도록 보며 좋아했다.

아이들의 활동 결과물을 묶고(방법은 다양하다. 링제본기가 학교에 있다면 제본을 하면 좋고, 없다면 집게로 집어도 된다. 펀치 등을 이용하여 구멍을 뚫고 5침법으로

▲ 아이들과 만든 세상에 하나뿐인 우리 반 책

묶는 방법도 있고, 스테이플러로 찍은 후 만들어도 된다.) 표지를 만든 후, 아이들과 상의하여 제목을 붙이면 되니 정말 간단한 책 만들기 방법이다. 책처럼 묶고 표지를 만들고 제목을 붙이는 순간 하나하나가 아주 커다란 이야기가 되는 신기한 경험을 할 수 있다. 이렇게 묶어 두면 세상에 하나뿐인 우리 반 책이라며 볼 때마다 뿌듯해하고 지루해하지 않는다. 교실 게시판에 전시되는 작품은 계속 바뀌지만, 우리 반 책은 두고두고 볼 수 있으니 참 좋은 방법이다.

북아트와 같은 활동이 만들고 꾸미기 자체에 집중한다면, 이 활동은 책 자체에 관심을 갖게 한다. 활동지의 크기만 다르게 하여도 책의 크기와 판형 같은 형식적인 부분에 대해서도 이야기를 나눌 수 있다. 매우 단순하면서 아이들이 재미있어하는 의미 있는 활동이다. 이렇게 몇 권을 만들어 교실 책꽂이에 둔 적이 있었는데, 그해 1학년 아이들은 마음에 맞는 친구들끼리 모여 자발적으로 이야기를 쓰고 그림을 그려 자기들만의 책을 만들며 놀기도 했다. 품이 많이 들지 않으면서도 교육 활동 결과를 손쉽게 엮어 놓을 수 있다는 점에서 교사에게도 유용하다.

책 인형으로 놀기

책 속 인물들을 인형으로 만들어 인형극을 하거나 역할 놀이를 할 수도 있다. 아이들이 쉽게 만들고 흥미를 느낄 수 있는 것에 초점을 맞춰야 책을 읽고 즐거운 놀이까지 할 수 있다. 두꺼운 종이에 인물을 그려서 오린 후 나무젓가락만 붙여도, 종이컵에 눈, 코, 입을 그려 넣기만 해도 아주 간단하게 인형을 만들 수 있다. 신문지나 서류 봉투 같은 종이에 책 속 인물을 그리고, 솜 등으로 안을 채워 테두리를 스테이플러로 찍으면 근사한 입체 인형이 되기도 한다.

이렇게 만든 인형으로 인형극까지 하면 더할 나위 없이 좋다. 짧은 대본은 아이들도 쓸 수 있다. '실감 나게 말하기', '역할극 하기' 등의 국어 교육 과정과 연계할 수도 있다. 인형극까지 하지 않더라도 인형을 만든 것 자체만으로 아이들은 책에 대해 이야기꽃을 피운다.

◀ 젓가락으로 간단하게 만든 인형

▲ 접었다 펴면 입술이 움직이는 인형

▲ 서류 봉투에 솜을 넣어 만든 인형

그 밖의 활동

수수께끼처럼 문제를 내고 맞히는 것도 훌륭한 책 놀이가 된다. 또는 그림책 『틀려도 괜찮아』(마키다 신지, 토토북)를 읽고 난 뒤 일부러 빵점 맞기, 엉뚱한 답 쓰기처럼 정답을 맞히는 형태에서 벗어나 보는 것도 좋다. 학급 문고나 함께 돌려 읽는 책 목록이 있다면 책 제목 초성 퀴즈도 재미있다.

맞고 틀리는 것보다 책에 대한 관심을 불러일으키는 것이 책과 놀이하는 목적이 되어야 한다. 책을 읽고 나서 흔히 하는 독서 골든벨이나 독서 퀴즈는 아이들이 시험처럼 생각하고, 경쟁을 부추길 수 있으며, 책을 통해 무언가를 알아내야 한다는 강박 관념에 빠질 수 있다는 문제가 있다. 교사는 그 점을 유의하고 경계하면 좋겠다.

이 외에도 책과 놀이할 수 있는 것은 너무도 많다. 『파도야 놀자』를 읽어 주던 날, 커다란 조개껍데기와 소라 껍데기를 들고 와 바다 소리를 들어 보자고 한 적도 있다. 아주 작은 활동이었지만, 훨씬 더 생생하게 바다를 만날 수 있었다. 『시리동동 거미동동』(권윤덕, 창비)을 읽고 나서 말꼬리 따기 노래를 직접 만들어 부르기도 했다. 우리 지역, 우리 학교, 우리 반, 우리 가족 꼬리 따기 노래 등으로 얼마든지 바꾸어 부를 수 있다. 『똥벼락』(김회경 글, 조혜란 그림, 사계절)을 읽고 똥을 그려 보거나 찰흙으로 만들어 보는 활동은 아이들에게 아주 인기 있는 놀이다. 글자 없는 그림책은 읽어 주고 직접 이야기를 만들어 보거나 말풍선을 그려 보는 활동도 재미있게 할 수 있다.

2) 책으로 공부하기

2장에서 살펴본 온작품읽기의 실제 사례들은 주로 국어 시간에 이루어진 것들이다. 단순히 작품의 내용만을 확인하는 수업이 아니라 온작품읽기를 통해 작품을 깊이 제대로 읽어야 함을 살펴봤다면, 여기서는 다른 교과 수업 시간에 책을 활용하는 사례를 살펴보려 한다. 학습에 도움을 주는 다양한 지식 정보책과 문학 작품을 적절하게 활용한다면 지루한 교과 수업을 벗어날 수 있으며 교과의 본질에 닿는 배움이 일어날수도 있다. 사회, 과학, 수학, 음악, 미술, 통합 교과 등 교과 시간마다 활용할 수 있는 책이 많다. 지도 그림책으로 지도 수업을 할 수도 있다. 『티나와 리코더』(마르코 짐자, 비룡소) 같은 그림책은 음악 시간에 리코더를 배우기 시작할 때 활용하면 좋다. 앞으로 살펴볼 내용은 아주 일부이다. 교과별로 모두 소개하기에는 무리가 있지만 몇 가지 사례만으로도 수업에 활용할 실마리를 얻을 수 있으리라 생각한다.

역사 수업 시간에 책 읽기

역사를 다룬 동화나 그림책에 관심을 갖게 된 이유는 아이들에게 역사가 외워야 할 사실이 아니라 사람들의 삶이라는 것을 느끼게 해 주고 싶었기 때문이다. 사실 사회 교과 시간에 공부하는 역사는 역사적 사건들과 주요 인물들의 이야기가 전부다. 그 인물들에게 어떤 고민이 있었는지, 어떤 어려움을 겪었는지는 잘 알기 어렵다. 당시 백성들의 삶은 더욱 그렇다.

사회 교과 시간에 그 많은 역사 동화를 같이 읽거나 읽어 줄 수는 없는 일이다. 저마다 관심 있는 역사적 사건이나 인물에 따라 읽고 싶어 하는 책도 조금씩 달랐다.

그래서 '역사 수업과 함께 하는 문학 작품 읽기'라는 이름으로 책을 스스로 읽기로 했다. 조선 후기 역사 수업이 끝나가는 시점에서 읽기 시작했다. 수업을 하며 기억에 남는 역사적 사건이 배경이 되는 동화를 스스로 선택해서 읽는 동안 장편 동화에 익숙해지길 바라는 바람이 제일 컸다. 그다음엔 자기가 읽은 책 가운데 가장 마음에 와 닿은 작품을 소개하는 글을 써 보는 것이 이 수업의 목표다.

책 읽기 기간은 한 달(4주차)로 정했다. 정해진 기간 동안 자신이 읽고 싶은 만큼, 읽을 수 있는 만큼 읽는다. 대신 아이들이 읽는 과정을 확인하고, 책 소개를 꾸준히 하며 읽고 싶은 마음이 들도록 하기 위해 매주 2~3차시씩 계획했다.

1주차	읽기(2차시)	– 역사 동화 소개하기 : 역사 동화 간략하게 소개 – 역사 동화 선택하기 – 읽기
2주차	읽기(2차시)	– 읽은 책 소개하기 – 혼자 읽기
3주차	읽기(2차시)	– 읽은 책 소개하기 – 혼자 읽기
4주차	읽기(3차시)	– 가장 인상 깊은 역사동화 투표하기 – 마음에 드는 책을 골라 서평쓰기

함께 읽은 작품은 『꽃신』(김소연, 창비), 『나는 바람이다』(김남중, 비룡소),

『책과 노니는 집』(이영서, 문학동네), 『창경궁 동무』(배유안, 푸른숲주니어), 『서찰을 전하는 아이』(한윤섭, 푸른숲주니어), 『궁녀 학이』(문영숙, 문학동네)로 결정했다. 도서관에 미리 3권씩 준비해 놓고 교사의 책을 더하면 작품당 4권 정도가 확보된다. 부족한 권수는 지역 도서관에서 빌려 왔다. 이마저 기다리기 힘들다며 직접 사서 읽는 친구가 생겼고, 집중 읽기 기간 동안 책을 기증하기도 하여 크게 불편함 없이 읽기를 진행할 수 있었다.

그리고 수업 시간 중에 읽는 시간을 확보해 주었다. 교사가 책을 소개하고 아이들이 읽을 책을 선택하고 남는 시간은 각자 고른 책을 읽도록 했다. 이 시간이 중요한 이유는 장편 동화 읽기의 고비를 넘길 수 있도록 붙들어 주는 시간이기 때문이다. 수업이 끝난 후 쉽게 책을 덮지 못하는 모습이 발견되면 일단 성공이다.

일주일 정도 지나 자기가 읽은 책에 대한 소감을 나누었다. 어떤 장면이 인상적이었는지, 읽고 난 느낌은 어떠한지, 지금 읽는 책은 무엇인지, 한 명씩 돌아가며 이야기를 나누었다. 책 읽기를 좋아하는 아이들은 이미 2~3권을 읽은 상태였다. 이 시간에 아직 안 읽은 책에 대한 정보를 얻고 서로의 생각을 간단히 나눌 수 있다. 그리고 나머지 시간은 다시 자기 책을 읽어 나간다.

여기서 제일 중요한 것은 교사의 자극과 격려다. 책을 좋아하는 아이들에게는 이미 읽은 책에 대한 이야기를 나누고, 아직 읽지 않은 책에 대한 정보를 계속적으로 주어야 한다. 서로 마음에 드는 부분을 찾아 다시 읽어 보기도 하고, 친구가 읽고 싶어 하지 않으면 좋은 책을 놓치지 말라는 광고도 했다. 책 읽기를 어려워하는 아이에게는 특히 격려가 필요하다. 역사 동화를 읽으면 도무지 무슨 내용인지 모르겠다는 친구들이 있다. 아무래도 역사적 사실을 바탕으로 이야기가 전개되다 보니 역사를 모르면 배경을 제대로 파악하지 못할 수 있다. 그래서 역사 동화는 수업이 진행된 다음에 읽는 것이 좋다. 수업을 한 다음이라도 필요에 따라 동화 속 역사적 사실을 좀 더 설명해 주며 이미 배운 내용을 환기시켜 주어야 한다.

다양한 대화가 책 읽기를 하는 과정에서 계속 일어났다. 물론 책 읽기를 싫어하고 힘들어하는 아이들은 늘 있다. 그래도 한 권도 읽지 않는 것보다는 낫다. 그래서 한 권이라도 읽기를 끝마치면 다독여 주고 다음 책을 읽을 수 있도록 격려해 주었다. 역사 동화 읽기를 시작한 첫해, 한 남자아이가 청소 시간에 청소를 하다 말고 갑자기 빗자루를 들고는 90도 각도로 인사를 하더니 이렇게 말했다.

"선생님, 고맙습니다. 선생님 덕분에 제가 책을 좋아하게 됐어요. 인터넷에서 책을 주문한 것도 처음이고요. 이젠 잠자기 전에 책을 읽다가 자요. 그래서 엄마가 선생님한테 고맙대요."

다음 해에는 좀 더 책을 보태고, 조선 후기뿐 아니라 역사 전체에 걸쳐 한 단원을 시작할 때 책을 소개해 주고, 읽고 싶은 책을 골라 읽어 나가도록 했다. 아이들은 자신이 좋아하는 시대와 사건을 배경으로 한 책을 먼저 읽고 싶어 했다. 그리고 친구들의 추천을 받으며 자연스럽게 한 권 한 권, 역사와 문학의 접점을 탐색해 나갔다. 한 아이의 소감을 만나보자.

책을 많이 읽고 또 관심 있는 사건에 깊이 들어가 그 주제가 자세히 있는 책을 찾게 되었다. 지금 관심이 있는 주제는 임진왜란이다. 많은 책이 있는 만큼 사연이 많으니깐 다양한 정보를 얻어 올 수 있을 것 같다. 또 영화 역린을 책으로 바꿔 놓은 책을 읽어 보려 한다. (김채호, 5학년)

분량이 긴 역사 동화와 달리 그림책은 수업 시간에 같이 읽으며 이야기 나눌 수 있는 장점이 있어 역사 수업에 활용하기도 했다. 『꽃할머니』(권윤덕, 창비)는 '일제 강점기 역사 여행'이라는 주제로 사회 수업을 마치고 국어, 미술 교과를 통합하여 아이들과 함께 읽고 활동을 계획하기에 좋았다. 여건만 허락된다면 작가와의 만남, 수요 집회 및 서대문 형무소 체험학습과 연결하여 그야말로 생생한 문학과 역사 체험이 가능하다.

일본군 '위안부'라는 소재가 초등학교 어린이에게 적합하냐는 우려와 궁금증이 많다. 하지만 일본군 '위안부' 문제는 여전히 해결의 기미가 보이지 않은 채 끊임없이 언론에서 다루고 있어서 예전보다는 익숙한 역사이다. 또 성폭력이나 성추행 등으로 얼룩진 사회 속에서 일본군 '위안부' 문제는 자세히는 모르지만 참기 힘든 고통을 받았을 것이라는 짐작이 가능한 소재가 되었다. 그래서 아이들도 이런 문제를 외면하지 말고 당당히 바라보게 해야 한다고 생각했다.

『꽃할머니』로 수업을 할 때는 책표지부터 한 장 한 장, 넘기는 손도 무겁고 그림책을 바라보는 아이들 표정도 잔뜩 무거워졌다. 몇 번을 읽었지만 어느 대목이 되면 어김없이 읽어 주는 목소리가 흔들렸고, 교사의 목소리에 아이들 사이에서는 한숨이 깊이 흘러나왔다. 눈이 발개지며 눈물을 뚝뚝 흘리는 아이들도 있다. 그림책 한 권을 읽을 뿐인데도 그렇다. 아이들의 정서를 건드리는 부분도 다 달랐다.

그림책을 함께 본 후 위안부 피해 할머니들의 문제를 다시 정리해 볼 수 있도록 동영상도 보고 기사문도 읽게 했다. 긴 기사문을 읽는 내내 아이들은 숨소리도 내지 않고 집중했다. 필요한 정보에 밑줄도 치고 잘 모르는 것은 물어보며 읽기를 마쳤다. 그다음엔 할머니들께 편지를 쓰고 광고 포스터에 들어갈 문구를 생각하고 필요한 사진을 검색하여 출력 후 포스터를 만들어 보았다. 편지와 포스터는 작가와의 만남 전까지 학교 학생들이 모두 볼 수 있도록 전시해 두었다가 한국정신대문제대책

▲ 수요 집회에 참여한 아이들

협의회(정대협)로 발송했다. 할머니들께 전달된다는 사실만으로도 대부분 아이들이 고쳐쓰기도 마다하지 않았다.

권윤덕 작가와의 만남도 이루어졌다. 작가와 직접 만나는 특별한 문학적 체험을 통해 좀 더 생생하게 이 문제를 현재의 문제로 받아들이는 아이들을 볼 수 있었다.

이 수업을 하면서 수요 집회 이야기가 자연스럽게 나왔고, 아이들은 그 현장에 가 보고 싶어 했다. 학교의 여건이나 학부모의 동의가 없다면 쉬운 문제가 아닌데, 다행히 학부모와 학교의 호의적인 반응으로 체험 학습을 다녀올 수 있었다. 그날 역사의 현장에 다녀온 아이들은 역사가 외워야 할 과목이 아니라 현재 우리가 살고 있는 삶과 연결된다는 것을 느끼고 깨달았을 것이다.

오늘은 우리가 다 같이 함께 처음으로 지하철을 타고 수요 집회를 간 날 이다. 우리끼리라서 더욱 의미 있었다. 날씨가 추워서 많이 힘들고 피곤했지만 뜻 있는 피곤함이라서 그런지 그 피곤함마저 즐거웠다. 할머니를 못 본 건 무척이나 아쉽다. 좋은 추억이 5학년 때 하나 더 생겼다. 나중에 내가 결혼해서 아이를 낳으면 내가 수요 집회를 갔던 날 찍힌 뉴스를 보여 줄 것이다. 평소에 그냥 1시간을 밖에 서 있으라면 10만 원 줘도 안 할 것이었는데 옆에서 누구 하나 힘들어하지 않았기에 나도 잘 버틴 것 같다. 그리고 할머니들이 수요 집회를 참석하시지 못해서 더 잘 버틴 것 같았다. 우리가 할머니의 빈자리를 채웠다고나 할까. (김소영, 5학년)

그럼에도 역사동화로 역사 수업을 하는 데는 한계가 있다. 문학 작품은 작은 역사적 실마리에서 시작된 작가의 상상력의 산물이기에, 역사를 오해하거나 잘못 이해하게 될 문제가 있기 때문이다. 그러나 역사 수업과 연계하여 역사 동화나 그림책을 같이 읽는 것은 여전히 매력적이다. 역사적 사실이 문학 작품으로 변해 가는 과정에 대한 문학적 즐거움을 맛봄과 동시에, 옛사람이 오늘을 사는 우리에게 전하는 이야기에 귀 기울이게 한다. 비로소 역사가 과목이 아니라 삶이 되는 것이다.

과학 교과 시간에 책 읽기

과학 교과 시간에는 활용할 그림책이나 지식 정보책이 비교적 많다. 그림이나 사진이 있어 지식을 효과적으로 전달할 수도 있으며, 나름의 서사 구조를 갖추고 있어 이야기처럼 흥미롭게 책을 읽을 수 있다. 특히 과학 교과 시간에는 단원의 도입에서 활용하거나, 단원 정리에서 배운 내용을 정리하고, 좀 더 확장시키도록 호기심을 자극해 줄 수 있다.

교사가 책 목록을 제시할 수도 있지만, 아이들이 책을 가져올 기회를 주는 것도 방법이다. 예를 들어 '동물의 겨울나기'에 대해 배울 때 관련 책을 갖고 와서 친구들과 돌려 보거나, 책의 내용을 친구들에게 소개해 주는 활동을 할 수 있다. 또는 단원 시작할 때 책을 갖고 와 교실에 전시해 두고, 자투리 시간에 오며 가며 읽도록 하는 방법도 있다.

앞서 지식 정보책 역시 독자의 흥미를 끌기 위해 나름의 서사 구조를 갖추고 있다고 말했는데, 그런 점은 과학 교과의 태도적인 측면에서 함께 나누기에 적합하다. 지식과 정보뿐만 아니라 자연 현상을 바라보는 감수성, 생명을 존중하는 태도 등을 가르치는 것도 중요하기 때문이다. 주제별로 활용할 수 있는 지식 정보책이 많으니 교사가 잘 골라 활용할 수 있다.

3학년 『과학 3-1』 3단원은 '동물의 한살이'에 대한 내용으로, 동물의 한살이에 따른 변화를 이해하고 동물에 따라 한살이가 다르다는 것을 알도록 구성되었다. 이 단원의 학습을 통하여 우리 주변과 나아가 지구상에 존재하는 동물이 나고 자라서 자손을 남기고 죽을 때까지 한살이

책 소개(고른 이유)	관련 활동
『나는 3학년 2반 7번 애벌레』 3학년 2반 사육 상자에서 기르는 애벌레에 관한 동화. 이파리를 갉아 먹으면서 무늬 만들기를 좋아하는 애벌레가 교실 속의 여러 위기를 넘기고 멋진 나비가 되는 과정을 애벌레의 1인칭 시점으로 잘 풀어내었다. 배추흰나비 애벌레를 키우면서 좀 더 애정 어린 시선과 생명을 키우는 데 필요한 책임감 등을 느끼기를 바라는 마음에 사육 상자를 들여놓는 날 읽어 주었다. 그 덕분에 어떤 한살이를 거치는지를 보여 주는 도구가 아닌, 우리가 관찰하는 대상을 살아 있는 생명으로 바라보게 되었다. 『배추흰나비 알 100개는 어디로 갔을까?』 '100개의 알이 모두 나비가 될 수 있을까?'라는 질문으로 시작하는 이 이야기는 배추흰나비의 한살이라는 과학적인 지식을 충분히 전달하는 동시에 생태계의 평형과 순환이라는 지점도 살펴보게 만든다. 장면마다 천적 곤충에게 잡아먹히는 극적인 사건이 담겨 있어 흥미진진하게 볼 수 있는 동시에 곤충들의 움직임과 형태까지 섬세하게 그려 낸 세밀화가 사진보다 더 생생하게 아이들의 눈길을 사로잡았다.	• 줄거리 간추리기를 통해 배추흰나비 애벌레 한살이 알아보기 • 먹이 및 키울 때 주의점 알아보기 • 나비(애벌레)에게 편지 쓰기

를 거친다는 것을 배운다. 그리고 실제로 한살이를 관찰할 수 있는 동물을 키워 봄으로써 동물을 아끼고 사랑하는 마음과 동물을 제대로 보살펴야 한다는 책임감을 배운다. 하지만 여기에서 그치지 않고 생명의 다양성까지 알아야 생명의 존엄성도 깨달을 수 있다.

마침 배우는 기간에 세계 환경의 날이 있어, 다양한 생태 놀이 및 멸종 위기의 동물을 알아보는 활동 등을 통해 생태 감수성을 기르는 방향으로 주제를 재구성하였다. 여기에는 『나는 3학년 2반 7번 애벌레』(김원

책 소개(고른 이유)	관련 활동
『강아지가 태어났어요』 어미 배 속에서부터 출산, 이후 강아지가 되기까지의 과정을 흑백 사진으로 천천히, 자세히 보여 주는 책이다. 얇은 막에 싸인 강아지 사진부터 뛰어놀 만큼 자란 강아지의 모습까지 아이들은 어느 한 장면도 빼놓지 않고 호기심을 갖고 살펴보았다. 아이들은 강아지가 자라는 모습을 지켜보는 과정에서 자신의 성장도 자연스럽게 떠올리며 이야기를 나누었다. 새끼를 낳는 동물들이 어떻게 성장하는지에 대한 활동으로 적합하였다.	• 새끼를 낳는 동물의 한살이 알아보기
『안녕, 폴』 남극 기지에 찾아온 펭귄 한 마리와 친구가 된 기지 사람들이 얼어 죽게 된 펭귄 알들을 부화시키는 내용의 그림책이다. 환경 파괴로 인한 남극의 기후 변화 문제까지 자연스럽게 다루고 있다. 귀여운 펭귄의 모습과 부화 과정을 재미있게 보여 주지만, '폴'이 버려진 알들을 돌보기 위해 쓰레기를 주워 덮던 장면은 우리에게 묵직한 생각거리를 던져 주었다.	• 알을 낳는 동물의 한살이 알아보기 • 멸종 위기의 동물 알아보기 • 멸종 위기의 동물을 위한 캠페인 구호 만들기

아, 창비), 『배추흰나비 알 100개는 어디로 갔을까?』(권혁도, 길벗어린이), 『강아지가 태어났어요』(조애너 콜, 비룡소), 『안녕, 폴』(센우, 비룡소)이 바탕이 되었다. 그 외에도 아주 많은 책을 활용할 수 있는데, 이 네 권을 선택한 이유는 아래와 같다.

기존 교과서에서 제시한 차시보다 몇 차시 주제를 확대시켜서 책을 읽고 관련 활동을 할 시간이 넉넉했다. 배추흰나비를 관찰만 했다면 느끼지 못했을 감성들이 『나는 3학년 2반 7번 애벌레』를 통해 길러졌다. 『배추흰나비 알 100개는 어디로 갔을까?』도 마찬가지였다. 관찰 일지를 쓰면서 세밀화를 그린 화가의 정성을 떠올리며 되도록 세밀하게 그리려고 노력하는 아이들이 많았다. 나머지 두 책도 교과의 내용을 더 쉽게, 넓게 전달하면서 잔잔한 감동까지 더해 주었다.

이와 더불어 프로젝트 수업의 결과물을 학년 복도에 전시하면서 3학년 아이들이 집에서 가져온 동물의 한살이에 관한 책도 함께 전시했다. 쉬는 시간마다 복도가 작은 도서관이 되는 진기하고 귀한 풍경이 연출되었다.

▲ 애벌레에게 쓴 편지

통합교과 시간에 책 읽기

주제 중심 교육 과정 도입으로, 저학년 통합교과는 주제별로 구성되어 있다. 각 단원마다 앞부분에는 그림책이 실려 있다. 교과서에 실린 그림책들은 주제와 밀접한 관련이 있어 주제 열기에 그리 나쁘지 않다. 교과서에 실려 있는 그림책을 원작을 찾아 읽어 주고 주제와 관련된 그림책을 몇 권 더 찾아 읽어 준다. 되도록 이야기가 생동감 있게 그려진 그림책을 찾으려 노력한다. 그래야 아이들과 나눌 수 있는 이야기가 더욱 풍부해지기 때문이다. 또는 조금 색다른 이야기가 실려 있는 그림책도 좋다. 미처 생각해 보지 못한 것을 이야기하는 그림책을 읽으며 아이들의 다양한 사고를 이끌어 낼 수 있기 때문이다.

2학년 『봄』은 크게 '봄이 왔어요'와 '봄나들이'로 나뉘어 있다. 각 단원의 앞부분에는 주제를 여는 그림책이 실려 있다. '봄이 왔어요'에는 『봄이 오면』(한자영, 사계절)이라는 그림책이, '봄나들이'에는 『우리 순이 어디 가니』(윤구병, 보리)라는 그림책이 실려 있다. 이 그림책들도 주제를 여는 그림책으로 나쁘지 않다. 하지만 무언가 아쉬움이 남았다. 두 그림책 모두 봄날의 모습을 아름답게 담고 있지만 이야기가 실감 나게 살아 있지는 않았기 때문이다.

그래서 손녀와 할머니가 봄에 나는 나물들을 캐다가 장에 내다 팔며 강아지도 사고 핫도그도 사 먹는 이야기가 생생하게 살아 있는 『할머니 어디 가요? 쑥 뜯으러 간다!』(조혜란, 보리)를 찾아 읽었다. 에피소드 세 개로 이루어진 책을 아침 시간에도 읽고, 봄 주제 통합 시간에도 읽었다. 그림까지 꼼꼼하게 살펴보니 이야기가 더욱 재미있게 느껴졌다.

책 읽기를 마치고 아이들과 느낌을 나누어 보았다. '옥이는 왜 할머니하고만 살까?', '장에서 할머니가 옥이에게 핫도그를 사 줘서 좋았다.'처럼 교사는 크게 관심을 두지 않았던 장면에 아이들의 생각과 느낌이 머문다. "엄나무순이 뭐예요?", "선생님은 먹어 봤어요?" 하며 할머니가 내다 판 봄나물들에 관심을 보이기도 한다. 내친김에 아이들과 함께 데친 엄나무순을 초장에 찍어 먹고 쑥버무리를 해서 나누어 먹었다. 엄나무순과 쑥버무리를 먹고 나서 쓴 아이들의 소감문에 봄이 생생하게 들어 있었다.

2학년 『나』 주제를 공부할 때는 『난 네가 부러워』(영민, 뜨인돌 어린이)를 읽으며 나의 고민이 다른 친구에게는 부러움이 되는 상황을 이야기하면서 학급 그림책을 만들었다. 먼저 아이들이 자신의 고민을 포스트잇에 써서 칠판에 붙인다. 칠판에 붙인 포스트잇 중에서 자신이 부러운 점을 갖고 있는 것을 골라 부러운 부분을 쓴다. 그렇게 앞뒤로 그림을 그리고 글을 쓴 뒤 순서대로 묶으면 우리 반만의 '난 네가 부러워' 책이 완성된다. 책 표지로는 우리 반 친구들 사진을 모두 넣었다.

1학년 『가족』 주제와 관련해서는 그림책 두 권을 더 읽어 주었다. 『엄마에게』(서진선, 보림)는 전쟁으로 헤어진 엄마를 그리워하는 내용의 그림책이다. 읽어 줄 때마다 교사가 먼저 목이 메는 그림책이기도 하다. 그림책을 읽은 후 가족에 대한 이야기를 조금 더 깊이 있게 나누어 보았다. 『5대 가족』(고은, 바우솔)은 몽골의 대가족 이야기이다. 우리와는 다른 환경에서 5대 가족이 함께 각자의 역할을 나누어 맡으며 양 떼를 키우고 유목을 하는 이야기이다. 이야기 자체만으로도 아이들은 매우 흥미로워한다. '가족을 부르는 말'을 공부할 때 이 책을 읽으며 "'아빠의 아빠의 아빠의 아빠'는 뭐라고 부르면 좋을까?" 등의 질문을 건네면 아이들은 눈을 반짝이며 기발한 호칭을 만들어 내기도 했다.

2학년 『여름』 주제를 공부할 때는 『수박 수영장』(안녕달, 창비)을 함께 읽었다. 잘 익은 수박 한 통이 커다란 수영장으로 변신하고, 구름 양산으로 햇빛을 피하기도 한다. 재미있는 아이디어가 아이들을 자극하였다. 그림책을 읽고 나서 아이들이 각종 과일들로 신나는 놀이동산을 그렸다. 그림을 그리는 아이들의 표정을 보니 이미 그곳에서 놀고 있는 것처럼 보였다.

통합교과 시간에 주제 관련 그림책을 여러 권 찾아 읽어 주면 수업이 훨씬 풍성해진다. 주제와 관련된 이야기들을 더 깊이, 다양하게 나눌 수 있고 그림책을 읽고 연상되는 재미있는 활동을 더 해 볼 수도 있다. 꼭 활동을 하지 않더라도 그림책을 온전히 읽어 주고 함께 이야기를 나누는 것만으로 충분할 때도 있다. 그렇게 이야기를 나누다 보면 재미있는 일들이 새록새록 생각이 난다. 함께 마음껏 그 활동에 빠져 보면 즐거운 통합교과 시간이 만들어질 것이다.

그림책으로 읽기 따라잡기

그림책 읽어주기가 학습 부진아 및 지적 장애아에게 도움이 된다는 연구 결과[2]가 많다. 학습 부진이 심한 아이들에게 받아쓰기를 시키거나 재미없는 읽기 자료를 읽게 하는 것은 오히려 학습으로부터 멀어지게 만드는 방법이다. 우선 즐겁고 재미있어야 동기 부여가 된다. 글이 상대적으로 적은 그림책이야말로 읽기 자료로 적합하다. 그림이 주는 재미와 치유의 힘이 학습 부진아를 그림책으로 끄는 힘이 있고, 교사가 일대일로 읽어 주는 시간이 아이들의 정서에도 크게 도움이 된다.

학습 부진아 친구들은 대체로 저학년 때부터 누적된 학습 부진으로 자존감이 현저하게 떨어져 있다. 주변 친구들도 '저 애는 원래 못해요. 원래 그랬어요.'라며 당연하게 여긴다. 이 친구들의 경우 대부분 가정에서 도움을 받기도 힘들다. 심한 경우에는 부모님도 두 손 두 발 다 들었다며 학교에 다니는 것만으로 만족하는 경우도 있었다. 주변의 기대 수준도 낮고 본인 스스로의 기대 수준도 낮은 이 친구들에게 교사로서 줄 수 있는 것은 결국 애정과 믿음이라고 생각했다. 교사와의 유대감과 친밀감을 바탕으로 친구들 관계를 긍정적으로 연결해 주는 것이 중요하다고 여겼다.

먼저 학습 부진 학생들의 부모님께 현재 상황과 앞으로의 학습 계획을 조심스럽게 편지로 써서 동의를 구하였다. 대부분의 부모님께서 현재 아이들이 처한 학습 부진의 상황에 대해 충분하게 이해하고 있었다. 교사의 진심을 좋게 인정해 주시면서 오히려 더 감사하다고 말씀해 주셨기에 무리 없이 방과 후 공부방 데이트 시간을 확보할 수 있었다. '공

2) 함성희,『그림책 읽어주기를 통한 문학교육 실행연구-지적 장애 아동 '민지'의 사례를 중심으로』, 춘천교육대학교대학원(2012) / 강순일,『책 읽어주기 활동이 경도정신지체아의 독해력 향상에 미치는 효과』, 대구대학교 특수교육대학원(2007) / 김현지, 김자경,『그림책 읽어주기가 초등 고학년 읽기 장애 학생의 독해력에 미치는 효과』, 한국학습장애학회(2010) 등 다수

부 못해서 남는다'는 것이 싫은 학생이 있을 때에는 방과 후 책 읽어 주는 시간에 하고 싶은 다른 아이들과 같이 했고, 자기들만 봐 달라고 하는 경우에는 다른 친구들은 초대하지 않고 학습 부진 친구와의 시간으로 꽉 채웠다.

월, 화, 수, 목, 일주일에 4회 매회 30분씩 시간을 확보하였다. 교실 바닥에 매트를 펴 놓고 매일 그림책 읽어주기를 했다. 이 친구들이 어렸을 때 책 읽어 주는 사람이 없었던 탓에 읽기와 이해 능력이 많이 부족했다. 두 달 동안 매일 그림책을 읽어 주고 경험 나누기를 했다. 다른 학습 활동은 하지 않고 아이들이 서로 자기 이야기를 하고 들어 주었다.

『배고픈 외투』(데미, 비룡소)를 읽어 주었을 때 이 책의 의미를 찾지 못하고 '왜 외투가 밥을 먹냐?'며 의아해하는 모습을 보면서 아직 갈 길이 멀다고 느끼기도 했지만, 이렇게 매일매일 그림책을 읽어 주면서 친구와 진솔하게 대화를 나누다 보니 교사와 학생 간에 따뜻한 유대감이 많이 형성되었다. 특히 이 친구들이 자기 자신을 돌아볼 수 있게 되었고, 선생님과 관계 맺기를 두려워하지 않게 된 것이 뿌듯했다. 감정 조절을 어려워하는 친구 지석(가명)이가 하루 일과 중에 짜증을 부리거나 떼를 쓴 날은 오후에 이 문제에 대해서 같이 이야기하면 자기가 무엇을 잘못했는지 알고 교사에게 사과를 했다. 다음 날 친구들에게도 사과하겠다며 의젓한 모습을 보여 주었다. 이렇게 오후의 데이트는 서로가 서로에게 힘이 되어 주는 시간이었다.

그림책 읽어주기를 계속하다가 이후에는 그림책 읽어 준 내용을 공부 일기로 한 줄 쓰기를 하였다. 처음에는 정말 딱 한 문장을 쓰는 것도 귀

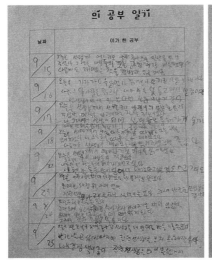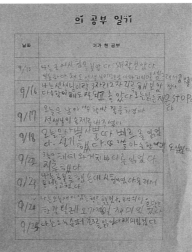

▲ 학습 부진 아이들이 쓴 공부 일기

찾아하던 친구들이 시간이 흘러 공부한 내용을 척척 쓸 수 있게 되었다. 그리고 이렇게 공부 일기를 쓴 내용이 차곡차곡 쌓이면서 본인들이 더욱 뿌듯해하였다.

물론 아직도 이 친구들은 여전히 학습 부진아이다. 글을 읽고 주제를 찾는 것을 힘들어하고, 서술형 평가를 힘들어한다. 하지만 자기 이야기를 하고, 자기가 읽은 책에 대해 말하기를 좋아하게 되었고, 자기 생각을 한 줄이라도 쓸 수 있는 수준까지 향상되었다. 가장 큰 변화는 우리 반 아이들이 더 이상 "지석(가명)이는 선생님도 포기한 아이야."라는 말을 하지 않는다는 것이다. 특히 아이들이 좋아하는 주제의 그림책을 골라서 읽어 주다 보니 나중에는 이 아이들이 내게 그림책을 읽어주기도 할

만큼 성장했다. 그림책 읽어주기를 통해 학습 부진아 학생들이 책을 좋아하게 되었고, 자발적으로 독서하려는 태도를 길러 줄 수 있었다. 교사와 돈독한 유대감을 형성하여 정서적 안정감을 찾았다. 이러한 경험을 통해 조금이나마 삶을 풍요롭게 하는 문학적 경험을 얻었으리라 생각해 본다.

가슴에서 발로 이어지는 여행

꿈꾸는 교실

교실 문을 열고 들어간다. 교실 책꽂이에는 우리 반 아이들이 읽을 좋은 책들이 충분히 꽂혀 있다. 책꽂이 주변에 아이들이 편하게 앉거나 누워서 책을 읽을 수 있는 공간이 마련되어 있다. 벌써 몇몇 아이들은 그곳에서 책을 읽고 있다. 자기가 읽은 책을 들고 재미있다며 읽어 보라고 친구에게 권하는 아이도 있다. 아침부터 책 수다가 한창이다.

본격적인 온작품읽기 수업이 시작된다. 아이들은 이 수업 전에 '이야기의 구성 요소를 생각하며 글을 읽을 수 있다.'라는 성취 기준에 맞는 책 목록을 살펴보고, 자기가 수업 시간에 읽을 책을 골랐다. 고른 책은 학교에서 구입해 주었다.

아이들은 자신들이 고른 책을 집중하여 읽는다. 책에 메모지를 붙이며 읽기도 하고, 밑줄을 그으며 읽기도 한다. 이해가 되지 않는 부분은 교사에게 묻는다. 같은 책을 읽던 아이들끼리 토론을 시작했는지 웅성거리는 소리가 들린다. 작가에게 편지를 쓰는 아이, 그림을 그리는 아이, 뒷이야기를 상상하여 글을 쓰는 아이 등 다양한 활동을 하는 모습이 보인다.

두껍고 긴 책이 어려운 아이들은 분량이 짧은 작품을 골라서 읽는다. 교사는 수시로 어떤 점이 어려운지 확인하고 도움을 준다. 책을 다 읽으면 각자 이야기의 구성 요소를 찾아 정리한다. 이와 더불어 작품에서 얻은 감동을 나와 연결 지어 발표한다. 아이들의 살아 있는 이야기가 교실을 가득 채운다. 그 이야기들은 작품만큼 울림이 크다. 친구들의 발표를 듣다 보니 읽고 싶은 책이 생기기도 하고, 학급 전체가 함께 읽을 책이 정해지기도 한다.

오후에는 날씨가 좋아 아이들과 함께 책 나들이를 간다. 오늘은 시집을 읽기로 한 날이다. 볕 좋은 곳에 자리를 잡고 앉거나 등나무 아래 의자에 앉아서 가져온 시집을 읽는다. 마음에 드는 시를 골라 친구에게 낭송해 주는 아이들의 모습이 오늘의 햇살만큼 밝아 보인다. 오늘은 시 산책하기 딱 좋은 날이다.

생각만 해도 입꼬리가 슬쩍 올라가며 웃음이 번진다. 어쩌면 꿈같은 이야기일지 모른다. 그리고 쉽지 않을 모습이기도 하다. 하지만 이런 수업과 교실을 꿈꾸며 온작품읽기를 실천했고, 실천해 나갈 것이다.

지금까지의 온작품읽기는 교사가 좋은 작품을 골라 아이들에게 주는 모습이었다. 여기에서 좀 더 나아가 아이들 스스로 마음에 드는 작품을 골라 읽을 수 있는 기회와 학습 활동을 구성하는 경험도 주어야 한다. '도서관에 가서 읽고 싶은 책 읽어라'와 같은 방관이 아니다. 교사는 아이들의 개별적인 읽기 능력과 아이들의 삶, 개인적 성향에 주목하여 지속적인 격려와 자극을 주어야 한다.

아이들이 스스로 선택한 작품으로 하는 수업은 즐거움과 재미를 주며, 읽고자 하는 내적 동기를 살린다는 점에서 중요하다. 읽고 난 후의 활동을 위한 도구가 아니라 읽기 과정 자체가 온전한 목적이기 때문에 읽기에 몰입할 수 있다. 이렇게 작품을 만나고 작품과 대화한 아이들은 한 뼘 더 성장해 있을 것이다. 이때 교사는 토론과 소통의 장을 만들어 서로의 생각과 느낌을 나누며 더 폭넓은 세계를 만날 수 있게 해 주어야 한다. 바로 이것이 해석 공동체로서 교실이 빛나는 순간이다.

우리가 꿈꾸는 교실 속 온작품읽기의 모습은 이러하다. 아이들이 스스로 선택한 작품을 읽고, 그 속에 그려진 세계를 이해하여 자신의 생각과 비교한 후 그것을 다시 말하고 토론한다. 여러 가지 낯설거나 비슷한 생각과의 만남을 통해 발전된 자기 생각을 다시 쓰며 정리한다. 얼마든지 다시 읽고 쓰고 말하고 듣는 언어 활동이 이어질 수 있다. 이것이야말로 국어 교육에서 늘 말해 온 총체적인 언어 교육이다. 더 나아가 이렇게 자신들의 생각이 받아들여지고 존중받는 교실이라면 아이들은 한층 더 성숙하고 주체적인 사람으로 성장해 나가지 않을까.

꿈꾸는 학교

학기가 시작되기 전 동학년 교사들이 모여 교육 과정의 틀을 협의한다. 교과와 차시 목표에만 얽매이지 않고 좀 더 통합된 방향으로 학년 교육 과정을 운영하기로 하고, 그 얼개의 바탕에 온작품을 둔다. 도서관에는 학년 교육 과정에 필요한 도서가 이미 구비되어 있다. 학년 교육 과정의 얼개가 짜이면 아이들과 함께 읽을 작품 목록을 교사들이 먼저 읽는다. 함께 작품에 대해 이야기 나누다 보면 미처 생각지 못했던 점을 깨닫게 된다. 이 과정을 통해 몇 년에 걸쳐 다듬어진 작품 목록에 매해 새로운 작품이 추가된다. 저학년부터 다양한 작품을 수업 시간에 만날 수 있다.

저학년의 경우 교사들이 주제별로 선정한 다양한 그림책이 각 교실에 꽂혀 있다. 아이들은 주제가 마무리될 때까지 마음껏 그 책들을 읽는다. 교사도 수업 시간에 언제든지 연관된 책을 골라 읽어 준다. 그래서 한 주제가 끝날 때면 교실에 꽂혀 있는 그 주제에 해당하는 그림책을 모두 읽을 수 있다.

고학년은 책 읽기 프로젝트 수업이 주를 이룬다. 아이들은 자신이 읽고 싶은 책을 작가별, 주제별로 자유롭게 선정한다. 혼자 읽기도 하고 팀을 이루어 읽기도 한다. 1학년 때부터 꾸준히 온작품읽기를 해 와서인지 고학년 아이들은 제법 비평적으로 깊이 있게 책을 읽어 낼 수 있다. 6학년 아이들이 쓴 글들은 모아서 매년 책으로 출간하여 졸업 선물로 준다. 그리고 학교 도서관에도 꽂아 놓는다. 해마다 출간된 책들이 학교의 역사를 보여 준다.

학교 도서관은 우리 학교에서 가장 넓으며 아름답고 환한 장소이다. 넓은 도서관에는 양질의 책들이 가득 꽂혀 있다. 도서관은 아이들의 놀이터이기도 하다. 누워서 책을 읽을 수도 있고 다락방 같은 곳에 숨어서 책을 읽을 수도 있다. 다양한 책 놀이 프로그램과 책 읽어주기 활동은 학부모와 학생 자치회 주관으로 열린다. 그림자 연극 공연, 선후배 짝 책 읽어주기, 작가와의 만남 같은 행사를 운영한다고 하니 올해도 도서관이 북적북적할 것 같다.

학교에는 학생들이 만든 다양한 동아리들이 있다. 소설을 시나리오로 바꿔 영화를 찍는 영화 동아리, 소설 창작 동아리, 모여서 시를 함께 쓰고 시화전도 열고 시집도 펴내는 시 동아리, 극본을 써서 인형극 공연을 하는 인형극 동아리, 경쟁률이 가장 높은 창작 뮤지컬 동아리까지. 학생들은 4교시 수업이 끝나면 동아리 방에 모여 오늘도 열심히 활동을 한다. 얼마 남지 않은 '문화 예술 축제'에서 발표를 할 예정이기 때문이다. '문화 예술 축제'는 도서관과 학생 자치회가 주축이 되어 진행한다. 수업 시간을 비롯해 아이들이 일상적으로 꾸준히 읽어 온 책 읽기 활동이 다양한 예술의 형태로 변형되거나 창작되어 발표된다. 학생들이 가장 손꼽아 기다리는 날이기도 하고 학교의 가장 큰 행사이자 마을의 축제다.

교실 안에서 실천해 온 온작품읽기 활동이 학교를 바꾼다면 어떤 모습이 될까 상상해 보았다. 도서관은 학교의 심장 같은 곳, 가장 크고 아름다운 곳, 그래서 누구든 저절로 발길이 향하게 되는 장소가 될 것이다. 또한 수업을 위해 작품을 만나는 것을 넘어서 아이들이 스스로 창작하고 즐기고 느끼는 문학과 예술. 결국 문학이 온전한 문학의 모습으로, 다양한 예술의 모습으로 아이들의 삶 속에 뿌리 내리게 되는 것이다. 이런 학교, 정말 멋지지 않은가?

그러나 학교를 바꾸는 것은 쉽지 않다. 다양한 구성원이 함께 뜻을 모아 가는 과정은 지난하고 어렵다. 하지만 내 교실만 바꾸는 데 그칠 수도 없다. 올해 내가 맡은 아이들만 잘 가르치는 게 교육의 목표가 될 수는 없다. 내가 사랑하며 가르쳤던 아이들이 다음 해에도 좋은 교육을 받을 수 있도록 해야 하고, 내가 가르쳐야 할 아이들도 이전 해에 좋은 교육을 받고 올라올 수 있도록 해야 한다. 그러니 학교를 바꾸려는 노력은 힘들고 더디더라도 포기할 수 없는 싸움이다. '싸움'이란 단어가 불편한 교사들도 있겠지만, 기존의 생각과 구태의연한 교육 행태가 있다면 마땅히 싸울 수도 있어야 한다.

아직도 학교 도서관의 꼴이 제대로 갖춰져 있지 않은 곳이 얼마나 많은지 모르겠다. 전집이나 각종 사전류 수백 권이 서가의 가장 많은 부분을 차지하고 있거나, 아이들 키 높이를 무시한 서가 배치를 비롯하여 찾아오기 힘든 층에 도서관을 배치한 학교도 있다. 학교 예산을 편성할 때 도서 구입에 인색한 학교도 많다. 그런데도 책을 많이 읽으라고만 강요한다. 학교의 구성원이 모두 한마음 한뜻으로 학교 도서관을 바꾸려 한다면 좋겠지만, 그것이 힘들다면(대부분 힘들다.) 매해 좋은 도서를 구입하여 서가를 채우는 것부터 시작해야 한다.

학년 교육 과정에 온작품읽기를 넣는다면 맨 먼저 교사들이 읽고 토론을 해 보자. 교사들이 먼저 함께 읽기의 힘을 느껴야 아이들에게도 그 중요성을 제대로 알려 줄 수 있다. 이를 통해 교사들이 작품을 보는 깊은 안목을 길러야 좀 더 의미 있는 수업이 가능하다. 그리고 학교와 교사들은 아이들이 작품을 읽고 감상하는 데 그치지 않고, 그 작품에서 얻은 의미를 실제 생활 속에서 구현할 수 있도록 지원해 주는 역할을 해야 한다.

교실에서의 온작품읽기가 머리에서 가슴까지의 여행을 목표로 두고 시작했다면, 이젠 가슴에서 발까지의 여행도 어떻게 시작해야 할지 함께 고민해 보자. 우리는 꿈꾼다, 아이들과 함께 가슴으로 생각하고 느낀 것을 발로 실천하는 학교를.

꿈꾸는 마을과 세상

4학년 산이는 부모님이 맞벌이를 하신다. 아빠도, 엄마도 산이가 등교할 때보다 일찍 나가셔서 산이가 잠들기 전에 지친 몸을 이끌고 집으로 돌아오신다. 산이는 엄마 아빠가 오실 때까지 잠들지 않고 기다린다. 오늘 마을 도서관에서 직접 만든 예쁜 인형과 가방을 엄마 아빠에게 자랑하고 싶어서이다.

학교가 끝나면 산이는 마을 도서관에 간다. 마을 도서관은 작은 집처럼 생겼다. 도서관인데 식당도 있고 따뜻한 선생님들도 계신다. 도서관 문을 열면 선생님이 환하게 웃으며 "산이 왔어? 어서 들어와." 하며 반겨 주신다. 손을 씻고 간식을 먹으며 어제 읽다 만 책을 꺼내 읽는다. 조금 있으면 선생님이 책을 읽어 주신다고 하셨다. 선생님이 읽어 주는 책은 늘 재미있다. 선생님이랑 책을 함께 읽고 작은 책을 만들었다. 엄마 아빠한테 읽어 드릴 생각을 하니 기분이 참 좋다. 마을 도서관에서 저녁을 먹고 학교 숙제도 하고 내일 준비물도 확인했다. 선생님이 집까지 데려다 주셨다. 엄마 아빠가 오시기 전까지 도서관에서 빌린 책을 읽고 있을 것이다. 책을 읽고 있으면 하나도 무섭지 않다.

'4학년 산이 이야기'를 가상으로 상상해서 써 보았다. 집 같은 도서관 이야기는 가상일 수 있지만 '4학년 산이'는 가상의 아이가 아니다. 우리 주변에서 쉽게 볼 수 있는 아이이다. 부모님이 맞벌이를 하고 특별히 돌봐 줄 사람이 없을 경우 아이들은 방과 후에 학원을 여러 곳 전전하며 시간을 보낸다. 끼니는 엄마가 주신 용돈으로 편의점에서 삼각김밥을 먹거나 컵라면으로 때울 때가 많다. 집에 돌아와도 부모님이 계시지 않으면 혼자 텔레비전을 보거나 게임을 하다가 잠이 든다.

하지만 마을에 집 같은 작은도서관이 있으면 아이들은 편안하게 쉴 수 있을 것이다. 도서관 선생님과 학교에서 있었던 일을 즐겁게 이야기하고 읽고 싶은 책을 꺼내 뒹굴거리며 읽을 수도 있다. 아이들은 좁은 강의실, 딱딱한 의자에 앉아 머릿속에 들어오지도 않는 수학이나 영어 공부를 하는 것보다 행복할 것이다.

교실과 학교만 변화하는 것이 아니라 그 아이들을 품은 가정과 마을도 함께 변화해야 한다. 그래야 우리 아이들이 살아갈 세상이 좀 더 나은 세상이 되리라 기대할 수 있다.

하지만 이러한 낙관이 얼마나 큰 냉소로 돌아올 것인지 잘 알고 있다.

짐짓 모른 체하며 교실을 바꾸고, 학교를 바꾸고, 세상을 바꾸자고 선동하고 싶은 유혹도 있지만, 솔직히 이 과정은 너무도 어렵고 힘든 일이라는 것을 모른 체할 수가 없다. 사실 덜컥 도전을 시작해 애를 먹고 있기도 하다.

작년 겨울, 뜻 있는 교사들이 모여 수원의 한 마을에 '작은도서관'을 열었다. 그 마을은 아이들이 방과 후 자유롭게 머무를 쉼터가 없고, 경제적으로도 어려운 아이들이 많아서 집에서조차 제대로 된 돌봄이 이루어지지 않는 상황이었다. 이런 상황을 안타까워한 교사들이 시간과 돈을 모아 도서관을 운영하기로 한 것이다.

그러나 토요일과 방학 등에 시간을 내는 것은 쉽지 않았고, 겨우 마련한 몇 칸의 서가를 좋은 책으로 채우는 일도 쉽지 않았다. 또 옹기종기 모인 아이들에게 책을 읽어 주는 낭만적인 풍경은 도서관 일과 중 작은 부분에 지나지 않았다. 함께 놀아도 주고 밥도 먹여야 했다. 도서관을 열기만 하면 우르르 몰려올 줄 알았던 아이들은 '학원 가기 바쁘다.', '도서관은 왠지 재미없다.'며 발걸음이 뜸했다. 학부모들과 함께 공부하고 운영하는 마을 도서관의 모습을 기대했지만, 돌봄 교실처럼 아이들만 맡겨 놓고 부리나케 사라지기 일쑤였다. 우리가 시작한 작은도서관은 우리가 꿈꾸던 모습과 동떨어진 채로 겨우 운영되는 셈이다. 세상을 바꾸기는커녕 마을을 바꾸기도 이렇게 힘들다는 것을 매일 뼈저리게 느끼고 있다.

그럼에도 이쯤에서 멈추면 안 된다는 것을 우리는 알고 있다. 많은 시행착오, 기대와 어긋나는 이 모든 과정도 결국 변화의 과정이기 때문이다. 실패가 두려워 더 나은 세상을 꿈꾸는 것을 포기할 수는 없는 노릇이다. 설사 우리 도서관에 한 명의 아이가 오더라도, 그 한 명의 인생이 풍성하게 자라도록 도와주는 것도 가치 있는 일이다. 천천히 더디게 가더라도 한 발 한 발 끊임없이 내딛는 일 자체가 소중하다.

섣불리 마을과 세상을 바꾸자고 말하는 게 아니다. 힘들고 어려운 길이지만, 교실과 학교를 바꾸는 것에만 그치지 말고 세상을 보자고 제안하는 것이다. 우리가 하는 온작품읽기의 작품들은 세상과 맞닿아 있다. 외면하고 포장하지 않은 채, 한 치도 비켜서지 않은 채 당당히 말이다. "문학은 써먹을 수가 없다. 그럼에도 불구하고 문학을 한다면 도대체 문학은 무엇을 할 수 있는가? (중략) 문학은 배고픈 거지를 구하지 못한다. 그러나 문학은 그 배고픈 거지가 있다는 것을 추문으로 만들고, 그래서 인간을 억누르는 억압의 정체를 뚜렷하게 보여 준다. 그것은 인간의 자기기만을 날카롭게 고발한다."라고 했던 김현의 말[1]이 아직도 유효하다고 생각한다. '문학'이라는 말의 자리에 다양한 갈래의 온작품을 넣어도 좋겠다. 당장 마을과 세상을 바꿀 수는 없지만, 여기저기 방방곡곡에서 온작품읽기가 작은 바람을 일으킬 수 있다고 믿는다. 그래서 온작품읽기는 세상에 변화의 싹을 틔울 수 있는 힘이다.

---

1) 김현 『한국 문학의 위상』(문학과 지성사) 23~33쪽에서 부분 인용

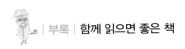
동시집

제목	시인 · 엮은이	출판사	비고
가랑비 가랑가랑 가랑파 가랑가랑	정완영	사계절	
가자 가자 감나무	편해문	창비	옛 아이들 노래 2
고양이와 통한 날	이안	문학동네어린이	
귀뚜라미와 나와	권태응 외	보리	겨레아동문학선집 10
근데 너 왜 울어?	동시마중 편집위원회	상상의힘	「동시마중」 동시선집 1
글자동물원	이안	문학동네어린이	
까만 밤	정유경	창비	
까만 손	오색초등학교 어린이들 시	보리	어린이시집
까불고 싶은 날	정유경	창비	
깜장 꽃	김환영	창비	
깨롱깨롱 놀이 노래	편해문	보리	옛 아이들 노래
나 혼자 자라겠어요	임길택	창비	
나도 모르는 내가	김상욱 엮음	상상의힘	「어린이와 문학」 동시선집
날아라, 교실	백창우 외	사계절	
냠냠	안도현	비룡소	
너 내가 그럴 줄 알았어	김용택	창비	
놀아요 선생님	남호섭	창비	
동무 동무 씨동무	편해문	창비	옛 아이들 노래
딱지 따먹기	초등학교 아이들 시, 백창우 곡	보리	노래가 된 시(음반)
최승호 시인의 말놀이 동시집 1~5	최승호	비룡소	
맨날맨날 착하기는 힘들어	안진영	문학동네어린이	
바닷물 에고, 짜다	함민복	비룡소	
새 그리는 방법	송진권	문학동네어린이	
새들은 시험 안 봐서 좋겠구나	한국글쓰기교육연구회	보리	어린이시집
소똥 경단이 최고야!	김바다	창비	
숫자 벌레	함기석	비룡소	
쉬는 시간 언제 오냐	초등학교 93명 아이들	휴먼어린이	어린이시집
아니, 방귀 뽕나무	김은영	사계절	
어이없는 놈	김개미	문학동네어린이	
엄마야 누나야	김소월	보리	겨레아동문학선집9
오리 발에 불났다	유강희	문학동네어린이	
요놈의 감홍시	이호철 엮음	보리	어린이시집

우리 반 여름이	김용택 시, 백창우 곡	보리	노래가 된 시(음반)
우리 집 한 바퀴	박성우	창비	
잠자리 시집보내기	류선열	문학동네어린이	
재운이	윤동재	창비	
저녁별	송찬호	문학동네어린이	
전봇대는 혼자다	장철문 외	사계절	
지구의 맛	이정록	한겨레아이들	
축구부에 들고 싶다	성명진	창비	
코딱지는 조금 외롭고 쓸쓸한 맛	김상욱	사계절	
콩, 너는 죽었다	김용택	실천문학사	
팝콘 교실	문현식	창비	
동시마중	동시 전문 격월간지(http://cafe.daum.net/iansi에서 정기구독 가능)		

그림책

주제	제목	글 · 그림	출판사
계절	가을을 만났어요	이미애, 한수임	보림
	겨울 할머니	필리스 루트, 베스 크롬스	느림보
	겨울 저녁	유리 슐레비츠	비룡소
	나그네의 선물	크리스 반 알스버그	풀빛
	덩쿵따 소리 씨앗	이유정	느림보
	민들레는 민들레	김장성, 오현경	이야기꽃
	봄이 오면	한자영	사계절
	봄이다!	줄리 폴리아노, 에린 E. 스테드	별천지
	수박 수영장	안녕달	창비
	수영장	이지현	이야기꽃
	여우의 정원	카미유 가로쉬	담푸스
	파도야 놀자	이수지	비룡소
	팔랑팔랑	천유주	이야기꽃
	할머니, 어디 가요? 밤 주우러 간다!	조혜란	보림
나	난 네가 부러워	영민	뜨인돌어린이
	내가 좋아하는 것	민느, 나탈리 포르티에	어린이작가정신
	너는 어떤 씨앗이니?	최숙희	책읽는곰
	아무래도 멋쟁이	나디아 부데	씨드북
	이게 정말 나일까?	요시타케 신스케	주니어김영사
	짧은 귀 토끼	다원시, 탕탕	고래이야기

친구	브라운 아저씨의 신기한 모자	아야노 이마이	느림보
	우리는 단짝 친구	스티븐 켈로그	비룡소
	잘가, 나의 비밀친구	그웬 스트라우스, 앤서니 브라운	웅진주니어
	친구랑 싸웠어!	시바타 아이코, 이토 히데오	시공주니어
	친구를 모두 잃어버리는 방법	낸시 칼슨	보물창고
	친구를 사귀는 아주 특별한 방법	노튼 저스터, G. 브라이언 카라스	책과콩나무
가족	5대 가족	고은, 이억배	바우솔
	미영이	전미화	문학과지성사
	아빠와 아들	고대영, 한상언	길벗어린이
	엄마를 화나게 하는 10가지 방법	실비 드 마튀이시윅스, 세바스티앙 디올로장	어린이작가정신
	엄마에게	서진선	보림
	우리 가족입니다	이혜란	보림
	이상한 엄마	백희나	책읽는곰
선생님	들꽃 아이	임길택, 김동성	길벗어린이
	선생님은 몬스터!	피터 브라운	사계절
이웃, 배려, 질서	갈색 아침	프랑크 파블로프, 레오니트 시멜코프	휴먼어린이
	어제저녁	백희나	책읽는 곰
	행복한 우리 가족	한성옥	문학동네어린이
우리나라	둥그렁 뎅 둥그렁 뎅	김종도	창비
	설빔	배현주	사계절
	연이네 설맞이	우지영, 윤정주	책읽는곰
	우리는 집지킴이야	최미란	사계절
	할머니 제삿날	이춘희, 김홍모	비룡소
크리스마스	산타클로스는 할머니	사노 요코	어린이나무생각
	우체부 아저씨와 크리스마스	앨런 앨버그, 자넷 앨버그	미래아이
여행	머나먼 여행	에런 베커	웅진주니어
	여름휴가	장영복, 이혜리	국민서관
	한나의 여행	사라 스튜어트, 데이비드 스몰	비룡소
	할머니의 여름휴가	안녕달	창비
모험	바바의 끝없는 모험	장 드 브루노프	시공주니어
	비클의 모험	댄 샌탯	아르볼
	빨간 풍선의 모험	옐라 마리	시공주니어
	압둘 가사지의 정원	크리스 반 알스버그	베틀북
상상	장난꾸러기 개미 두 마리	크리스 반 알스버그	국민서관
	구름 공항	데이비드 위즈너	베틀북
	달 샤베트	백희나	책읽는곰
	이상한 화요일	데이비드 위즈너	비룡소
	장수탕 선녀님	백희나	책읽는곰

	커졌다	서현	사계절
오싹한 이야기	똥떡	이춘희, 박지훈	사파리
	여우누이	김성민	사계절
	오싹오싹 당근	애런 레이놀즈, 피터 브라운	주니어RHK
	토끼들의 밤	이수지	책읽는곰
감정	검은 새	이수지	길벗어린이
	노란 달이 뜰 거야	전주영	이야기꽃
	여우	마거릿 와일드, 론 브룩스	파랑새
	청소기에 갇힌 파리 한 마리	멜라니 와트	여유당
용기	거짓말	고대영, 김영진	길벗어린이
	글짓기 시간	안토니오 스카르메타, 알폰소 루아노	아이세움
	네모 상자 속의 아이들	토니 모리슨 · 슬레이드 모리슨, 지젤 포터	문학동네어린이
환경, 생태	돼지 이야기	유리	이야기꽃
	두꺼비가 간다	박종채	상상의힘
	안녕, 폴	센우	비룡소
	앗, 깜깜해	존 로코	다림
	양철곰	이기훈	리잼
	플라스틱 섬	이명애	상출판사
평화	나무 도장	권윤덕	평화를품은책
	마지막 거인	프랑수아 플라스	디자인하우스
	아툭	미샤 다미안, 요세프 빌콘	보물창고
	왜?	니콜라이 포포프	현암사
	춘희는 아기란다	변기자, 정승각	사계절
	파란파도	유준재	문학동네어린이
인권	거짓말 같은 이야기	강경수	시공주니어
	루비의 소원	시린 임 브리지스, 소피 블랙올	비룡소
	아지의 머나먼 여행	사라 갈랜드	초록개구리
	울타리 너머 아프리카	바르트 무이아르트, 안나 회그룬드	비룡소
	위를 봐요	정진호	은나팔
	행복을 나르는 버스	맷 데 라 페냐, 크리스티안 로빈슨	비룡소
	헨리의 자유 상자	엘린 레빈, 카디르 넬슨	뜨인돌어린이
예술	꼬마 예술가 라피	토미 웅게러	비룡소
	마법의 저녁 식사	마이클 갈런드	보림
	못 말리는 음악가 트레몰로	토미 웅거러	비룡소
	벤의 트럼펫	레이첼 이사도라	비룡소
	브레멘 음악대 따라하기	요르크 슈타이너, 요르크 뮐러	비룡소
	시인과 요술 조약돌	팀 마이어스, 한성옥	보림
	아트 & 맥스	데이비드 위즈너	베틀북

	이백과 두보	프랑수아즈 케리젤, 마르틴 부르	아이들판
책, 도서관	도서관 아이	채인선, 배현주	한울림어린이
	도서관에서 만나요	가제키 가즈히토, 오카다 치아키	천개의바람
	브루노를 위한 책	니콜라우스 하이델바흐	풀빛
	이 작은 책을 펼쳐 봐	제시 클라우스마이어, 이수지	비룡소
	책 빌리러 왔어요	오진원, 정승희	웅진주니어
	책 속의 책 속의 책	요르크 뮐러	비룡소
패러디	개구리 왕자 그 뒷이야기	존 셰스카, 스티브 존슨	보림
	늑대가 들려주는 아기돼지 삼형제 이야기	존 셰스카, 레인 스미스	보림
	로베르토 인노첸티의 빨간 모자	에런 프리시, 로베르토 인노첸티	사계절
	쉿! 책 속 늑대를 조심해!	로렌 차일드	국민서관
	아기돼지 세 자매	프레데릭 스테르	파랑새어린이
	아기 늑대 세 마리와 못된 돼지	유진 트리비자스, 헬린 옥슨버리	시공주니어
똥 이야기	똥자루 굴러간다	김윤정	국민서관
	입이 똥꼬에게	박경효	비룡소

창작 동화

학년	제목	작가	출판사
1학년	개구리와 두꺼비가 함께	아놀드 로벨	비룡소
	개구리와 두꺼비는 친구	아놀드 로벨	비룡소
	김배불뚝이의 모험1~5	송언, 유승하	웅진주니어
	나도 편식할 거야	유은실, 설은영	사계절
	나랑 화장실 갈 사람?	수지 모건스턴, 김효진	사계절
	내 동생 싸게 팔아요	임정자, 김영수	아이세움
	내 모자야	임선영, 김효은	창비
	내가 제일이다(동화집)	현덕, 한병호	창비
	목기린 씨, 타세요!	이은정, 윤정주	창비
	무지무지 힘이 세고, 대단히 똑똑하고, 아주아주 용감한 당글공주(동화집)	임정자, 강을순	우리교육
	빗방울 목걸이(동화집)	조안 에이킨	우리교육
	슈퍼스타 우주 입학식	심윤경, 윤정주	사계절
	우리 반 권정생	송언, 홍기한	상상의힘
	초등학생 이너구	전경남, 김재희	문학동네어린이
	초록 고양이(동화집)	위기철, 안미영	사계절

1학년	칠판 앞에 나가기 싫어!	다니엘 포세트, 베로니크 보아리	비룡소
	콩 하나면 되겠니?	배유안, 남주현	창비
	학교에 간 개돌이(동화집)	김옥, 권문희 외	창비
	화산 폭발 생일 파티	심윤경, 윤정주	사계절
	화해하기 보고서	심윤경, 윤정주	사계절
2학년	고얀 놈 혼내주기	김기정, 심은숙	시공주니어
	김구천구백이	송언, 최정인	파랑새
	까막눈 삼디기	원유순, 이현미	웅진주니어
	내 이름은 구구 스니커즈	김유, 오정택	창비
	노란 양동이	모리야마 미야코, 쓰치다 요시하루	현암사
	놀고먹는군과 공부도깨비	김리리, 이승현	창비
	달을 마셨어요(동화집)	김옥, 서현	사계절
	뛰어라, 점프!	하신하, 안은진	논장
	멋지다 썩은 떡	송언, 윤정주	문학동네어린이
	멋진 여우 씨	로알드 달, 퀜틴 블레이크	논장
	멍청한 두덕 씨와 왕도둑	김기정, 허구	미세기
	명탐정 두덕 씨와 탈옥수	김기정, 허구	미세기
	바보 1단	김영주, 정문주	웅진주니어
	빙하기라도 괜찮아	이현, 김령언	비룡소
	뻥이오, 뻥	김리리, 오정택	문학동네어린이
	어두운 계단에서 도깨비가(동화집)	임정자, 이형진	창비
	우리 집에 놀러 오세요(동화집)	송미경, 윤진현	웅진주니어
	이슬비 이야기 시리즈1~5권	김리리, 한지예	다림
	재미나면 안 잡아먹지	강정연, 김정한	비룡소
	책 먹는 여우	프란치스카 비어만	주니어김영사
	책 읽는 강아지 몽몽	최은옥, 신지수	비룡소
	탐정 두덕 씨와 보물창고	김기정, 허구	미세기
	하루와 미요	임정자, 박세영	문학동네어린이
	화장실에 사는 두꺼비	김리리, 오정택	문학동네어린이
3학년	겁보 만보	김유, 최미란	책읽는곰
	공부 잘하게 해 주는 빵	김리라, 홍지연	북멘토
	그림 도둑 준모	오승희, 최정인	낮은산
	꼬리 잘린 생쥐	권영품, 이광익	창비
	꼬마 너구리 삼총사	이반디, 홍선주	창비
	나쁜 어린이표	황선미, 권사우	웅진주니어
	나완벽과 나투덜	조 외슬랑, 소복이	주니어 RHK
	내 짝꿍 최영대	채인선, 정순희	재미마주
	네버랜드 미아	김기정, 이지현	시공주니어

	다락방 명탐정1~3권	성완, 소윤경	비룡소
	도깨비 잡는 학교	김리리, 김이조	한겨레아이들
	동생	조은, 김혜진	푸른숲주니어
	두근두근 걱정 대장	우미옥, 노인경	비룡소
	마법사 똥맨	송언, 김유대	창비
	만복이네 떡집	김리리, 이승현	비룡소
	바나나가 뭐예유?	김기정, 남은미	시공주니어
	박뛰엄이 노는 법	김기정, 허구	계수나무
	사월 그믐날 밤(희곡집)	방정환, 김경신	우리교육
	삼백이의 칠일장1,2	천효정, 최미란	문학동네어린이
	어찌하여 그리 된 이야기	김장성, 강우근	사계절
3학년	영리한 공주	다이애나 콜즈, 로즈 아스키즈	비룡소
	우리 집에 온 마고할미	유은실, 백대승	푸른숲주니어
	으랏차차 도깨비죽	신주선, 윤보원	창비
	조아미나 안돼미나	장주식, 구자선	문학동네어린이
	좋은 엄마 학원	김녹두, 김용연	문학동네어린이
	진짜 도둑	윌리엄 스타이그	베틀북
	진짜 별이 아닌 별이 나오는 진짜 이야기	오카다 준, 윤정주	보림
	짜장 짬뽕 탕수육	김영주, 고경숙	재미마주
	최기봉을 찾아라!	김선정, 이영림	푸른책들
	축구왕 차공만	성완, 윤지회	비룡소
	칠판에 딱 붙은 아이들	최은옥, 서현	비룡소
	화요일의 두꺼비	러셀 에릭슨, 김종도	사계절
	조커, 학교 가기 싫을 때 쓰는 카드	수지 모건스턴, 미레유 달랑세	문학과지성사
	건방이의 건방진 수련기1~4	천효정, 강경수	비룡소
	건방진 도도군	강정연, 소윤경	비룡소
	검정 연필 선생님	김리리, 한상언	창비
	고양이는 알고 있다(동화집)	전성희, 손지희	사계절
	그때 나는 열한 살이었다	현길언, 이우범	계수나무
	나의, 블루보리 왕자	오채, 오승민	문학과지성사
4학년	난 뭐든지 할 수 있어	아스트리드 린드그렌, 일론 비클란드	창비
	내 머리에 햇살 냄새	유은실, 이현주	비룡소
	내 이름은 삐삐 롱스타킹	아스트리드 린드그렌, 롤프 레티히	시공주니어
	늑대왕 핫산	백승남, 유진희	낮은산
	랑랑별 때때롱	권정생, 정승희	보리
	마법의 설탕 두 조각	미하엘 엔데	한길사
	마틸다	로알드 달, 퀸틴 블레이크	시공주니어
	멀쩡한 이유정(동화집)	유은실, 변영미	푸른숲주니어

4학년	명탐견 오드리	정은숙, 배현정	바람의아이들
	밤티 마을 영미네 집	이금이, 양상용	푸른책들
	수상한 아파트	박현숙, 장서영	북멘토
	수일이와 수일이	김우경, 권사우	우리교육
	신기한 시간표(동화집)	오카다 준, 윤정주	보림
	아토믹스	서진, 유준재	비룡소
	엄마 사용법	김성진, 김중석	창비
	우리 동네 전설은	한윤섭, 홍정선	창비
	찰리와 초콜릿 공장	로알드 달, 퀜틴 블레이크	시공주니어
	축구생각	김옥, 윤정주	창비
	프린들 주세요	앤드류 클레먼츠, 양혜원	사계절
5학년	갈매기에게 나는 법을 가르쳐준 고양이	루이스 세풀베다, 이억배	바다출판사
	감정종합선물세트	김리리, 나오미양	문학동네어린이
	고양이 학교 시리즈	김진경, 김재홍	문학동네어린이
	곰의 아이들	류화선, 이윤희	문학동네어린이
	꼴뚜기	진형민, 조미자	창비
	끝없는 이야기	미하엘 엔데, 로즈비타 콰드플리크	비룡소
	나의 린드그렌 선생님	유은실, 권사우	창비
	난 원래 공부 못해	은이정, 정소영	창비
	너만의 냄새(동화집)	안미란, 윤정주	사계절
	노잣돈 갚기 프로젝트	김진희, 손지희	문학동네어린이
	드림 하우스	유은실, 서영아	문학과지성사
	마당을 나온 암탉	황선미, 김환영	사계절
	무기 팔지 마세요	위기철, 이희재	청년사
	문제아	박기범, 박경진	창비
	방학 탐구 생활	김선정, 김민준	문학동네어린이
	보물섬의 비밀	유우석, 주성희	창비
	복수의 여신	송미경, 장정인	창비
	빨강 연필	신수현, 김성희	비룡소
	샬롯의 거미줄	E. B. 화이트, 가스 윌리엄스	시공주니어
	수상한 학원	박현숙, 장서영	북멘토
	씨앗을 지키는 사람들	안미란, 윤정주	창비
	아빠와 배트맨(동화집)	이병승, 장은희	북멘토
	악당의 무게	이현, 오윤화	휴먼어린이
	여름이 반짝	김수빈, 김정은	문학동네어린이
	영모가 사라졌다	공지희, 오상	비룡소
	오메 돈 벌자고?	박효미, 이경석	창비
	옥상정원의 비밀	박영란, 이경하	북멘토
	우리 누나	오카 슈조, 카미야 신	웅진주니어

학년	제목	저자	출판사
5학년	으랏차차 뚱보 클럽	전현정, 박정섭	비룡소
	일수의 탄생	유은실, 서현	비룡소
	자존심(동화집)	김남중, 이형진	창비
	푸른 사자 와니니	이현, 오윤화	창비
	플레이 볼	이현, 최민호	한겨레아이들
	플루토 비밀결사대1~5	한정기, 유기훈	비룡소
	하얀 얼굴	안미란 외, 이고은	창비
	헨쇼 선생님께	비벌리 클리어리, 이승민	보림
6학년	걱정쟁이 열세살	최나미, 정문주	사계절
	귀신 잡는 방구 탐정	고재현, 조경규	창비
	그 사람을 본 적이 있나요?	김려령, 장경혜	문학동네어린이
	그래도 즐겁다	김옥, 국민지	창비
	기호 3번 안석뽕	진형민, 한지선	창비
	나의 달타냥	김리리, 이승현	창비
	내가 나인 것	야마나카 히사시, 고바야시 요시	사계절
	너는 나의 달콤한 □□	이민혜, 오정택	문학동네
	달려라 바퀴(동화집)	이경혜 외, 양경희	바람의 아이들
	돌 씹어 먹는 아이(동화집)	송미경, 안경미	문학동네어린이
	로봇의 별1~3	이현, 오승민	푸른숲주니어
	마지막 이벤트	유은실, 강경수	비룡소
	만국기 소년	유은실, 정성화	창비
	모르는 아이	장성자, 김진화	문학과지성사
	바느질 소녀	송미경, 김세진	사계절
	봉주르, 뚜르	한윤섭, 김진화	문학동네어린이
	불량한 자전거 여행	김남중, 허태준	창비
	사자왕 형제의 모험	아스트리드 린드그렌, 일론 비클란드	창비
	소나기밥 공주	이은정, 정문주	창비
	엄마의 마흔 번째 생일	최나미, 정문주	사계절
	여우의 화원	이병승, 원유미	북멘토
	오이대왕	크리스티네 뇌스틀링거	사계절
	우리들의 움직이는 성(동화집)	이현 외, 주성희	창비
	장수 만세!	이현, 변영미	창비
	주병국 주방장(동화집)	정연철, 윤정주	문학동네어린이
	천사를 미워해도 되나요?	최나미, 홍정선	한겨레아이들
	청소녀 백과사전(동화집)	김옥, 나오미양	낮은산
	클로디아의 비밀	E. L. 코닉스버그	비룡소
	힘을, 보여 주마(동화집)	박관희, 변영미	창비

역사 동화

시대	제목	작가	출판사
삼국	나는 비단길로 간다	이현, 백대승	푸른숲주니어
	마지막 왕자	강숙인, 한병호	푸른책들
	바람의 아이	한석청, 양상용	푸른책들
	부처를 만난 고구려 왕자	백승남, 홍정선	푸른숲주니어
	서라벌의 꿈	배유안, 허구	푸른숲주니어
	왕자 융과 사라진 성	박효미, 조승연	푸른숲주니어
고려	사금파리 한 조각1,2	린다 수 박, 김세현	서울문화사
	첩자가 된 아이	김남중, 김주경	푸른숲주니어
조선 전기	나는 바람이다	김남중, 강전희	비룡소
	옹주의 결혼식	최나미, 홍선주	푸른숲주니어
	임진년의 봄	이현, 정승희	푸른숲주니어
	채채의 그림자 정원	이향안, 호랑	현암사
	초정리 편지	배유안, 홍선주	창비
조선 후기	궁녀 학이	문영숙, 이승원	문학동네어린이
	기이한 책장수 조신선	정창권, 김도연	사계절
	꽃신	김소연, 김동성	주니어파랑새
	서찰을 전하는 아이	한윤섭, 백대승	푸른숲주니어
	성균관의 비밀 문집	최나미, 박세영	푸른숲주니어
	창경궁 동무	배유안, 이철민	푸른숲주니어
	책 읽어주는 아이 책비	김은중, 김호랑	파란정원
	책과 노니는 집	이영서, 김동성	문학동네어린이
일제 강점기	꽃반지	탁영호	고인돌
	꽃할머니	권윤덕	사계절
	끝나지 않은 겨울	강제숙, 이담	보리
	마사코의 질문	손연자, 김재홍	푸른책들
	명혜	김소연, 장호	창비
	봉선화가 필 무렵	윤정모, 일본군 위안부 할머니	푸른나무
광복 이후	무옥이	이창숙, 김재홍	상상의힘
	1945, 철원	이현	창비
	곰이와 오푼돌이 아저씨	권정생, 이담	보리
	기찻길 옆동네1,2	김남중, 류충렬	창비
	노근리,그 해 여름	김정희, 강전희	사계절
	몽실 언니	권정생, 이철수	창비
	새 나라의 어린이	김남중, 안재선	푸른숲주니어
	손바닥에 쓴 글씨	김옥, 이은천	창비
	아버지의 눈물	박신식, 김재홍	푸른나무
	연이동 원령전	김남중, 오승민	상상의힘
	오월의 달리기	김해원, 홍정선	푸른숲주니어

이야기 넘치는 교실
온작품읽기

1판 1쇄 발행일 2016년 12월 14일 1판 9쇄 발행일 2020년 1월 13일
글쓴이 신수경 · 이유진 · 조연수 · 진현 **펴낸곳** (주)도서출판 북멘토 **펴낸이** 김태완
편집장 이미숙 **편집** 김정숙, 송예슬 **마케팅** 이용구 · 민지원 **디자인** su: · 안상준
출판등록 제6-800호(2006. 6. 13.)
주소 03390 서울시 마포구 월드컵북로 6길 69(연남동 567−11), IK빌딩 3층
전화 02-332-4885 **팩스** 02-332-4875

ISBN 978-89-6319-202-4 03370

이 도서의 국립중앙도서관 출판시도서목록(CIP)은 서지정보유통지원시스템
홈페이지(http://seoji.nl.go.kr)와 국가자료공동목록시스템(http://www.nl.go.kr/kolisnet)에서
이용하실 수 있습니다.(CIP제어번호: CIP 2016029067)